Jochen Legewie

INDUSTRIE UND GÜTERTRANSPORT IN JAPAN - VERÄNDERUNGEN DER UNTERNEHMUNGSLOGISTIK SEIT MITTE DER SIEBZIGER JAHRE

KÖLNER FORSCHUNGEN

ZUR WIRTSCHAFTS- UND SOZIALGEOGRAPHIE

HERAUSGEGEBEN VON EWALD GLÄSSER
UND GÖTZ VOPPEL

BAND 46

INDUSTRIE UND GÜTERTRANSPORT IN JAPAN - VERÄNDERUNGEN DER UNTERNEHMUNGSLOGISTIK SEIT MITTE DER SIEBZIGER JAHRE

VON

JOCHEN LEGEWIE

1996

SELBSTVERLAG IM WIRTSCHAFTS- UND SOZIAL-
GEOGRAPHISCHEN INSTITUT DER UNIVERSITÄT ZU KÖLN

Geographisches Institut
der Universität Kiel

Schriftleitung: Jochen Legewie

ISSN 0452-2702
ISBN 3-921 790-24-7

Alle Rechte, auch die der Übersetzung, vorbehalten.

Druck: Bagher Mortazavi, Offsetdruck
       Franzstraße 24
       50931 Köln
       Tel.: 0221 / 40 38 48

Bestellungen bitte an:

    Selbstverlag im
    Wirtschafts- und Sozialgeographischen
    Institut der Universität zu Köln
    Albertus-Magnus-Platz
    50923 Köln

VORWORT

Diese Arbeit entstand während meiner Tätigkeit als wissenschaftlicher Mitarbeiter am Wirtschafts- und Sozialgeographischen Institut der Universität zu Köln und während eines einjährigen Forschungsaufenthaltes an der Hitotsubashi Universität, Tokyo, in Japan. An erster Stelle danke ich meinem Doktorvater Prof. Dr. G. Voppel, der mir diese Dissertation ermöglichte und den Fortgang meiner Forschungen mit wertvollen Anregungen begleitete. Ebenso geht mein Dank an Herrn Prof. Dr. E. Gläßer für die Übernahme des Korreferates.

Auf japanischer Seite möchte ich mich zunächst bei der Japan Foundation für die großzügige Gewährung eines Forschungsstipendiums bedanken. Großen persönlichen Dank schulde ich Herrn Prof. Hirotaka Yamauchi, der mir als persönlicher Betreuer an der Hitotsubashi Universität jederzeit die notwendige sachliche und fachliche Unterstützung zukommen ließ. Ebenfalls unerläßlich war das freundliche Entgegenkommen meiner zahlreichen Gesprächspartner aus Unternehmen, Ministerien, Universitäten und Forschungsinstituten.

Stellvertretend für den Kreis meiner Freunde möchte ich zudem ausdrücklich meinem Kollegen Werner Halver danken, der mir durch seine fachliche Anregungen und tägliche Aufmunterung über die Höhen und Tiefen des Forschungsprozesses hinweghalf. Ebenso geht der Dank an meine Frau, die mir jederzeit großes Verständnis entgegen brachte, wie sie mich auch bei der stetigen Auseinandersetzung mit der japanischen Sprache und der Erstellung aller Karten tatkräftig unterstützte. Darüber hinaus trug Joachim Abrolat maßgeblich dazu bei, daß die Arbeit in der jetzigen Form vorgelegt werden kann.

Nicht zuletzt bin ich meinen Eltern zu Dank verpflichtet, da sie mir meine Ausbildung ermöglichten.

Köln, im März 1996 *Jochen Legewie*

INHALTSVERZEICHNIS

Verzeichnis der Tabellen 11
Verzeichnis der Abbildungen 13
Verzeichnis der Abkürzungen 17

I. Einleitung 19
   I.A. Relevanz und Zielsetzung der Arbeit 19
   I.B. Vorgehensweise 22
   I.C. Theoretischer Bezugsrahmen 24

II. Industrieproduktion und Gütertransportaufkommen im gesamtwirtschaftlichen Überblick 27
   II.A. Begriffliche und statistische Abgrenzungen 27
   II.B. Entwicklung der Industrieproduktion 29
      II.B.1. Sektorale Entwicklung 29
      II.B.2. Regionale Entwicklung 31
   II.C. Entwicklung des industriellen Gütertransportaufkommens 36
      II.C.1. Sektorale Entwicklung 36
      II.C.2. Regionale Entwicklung 40

III. Produktionsorganisatorische Veränderungen und Anforderungswandel im Gütertransportbereich 45
   III.A. Grundsätzliche Merkmale der Produktionsorganisation 45
   III.B. Hintergrund produktionsorganisatorischer Veränderungen 48
      III.B.1. Notwendigkeit von produktionsorganisatorischen Veränderungen 48
      III.B.2. Möglichkeit zu produktionsorganisatorischen Veränderungen 51
   III.C. Ausprägung produktionsorganisatorischer Veränderungen 54
   III.D. Anforderungswandel im Gütertransportbereich 60
      III.D.1. Stellung des Gütertransportes innerhalb der gesamten Unternehmungslogistik 60
      III.D.2. Ausprägung der Anforderungen an Organisation und Durchführung des Gütertransportes 63

IV. Entwicklung der Leistungsfähigkeit der Verkehrssysteme 69
    IV.A. Begriff der Leistungsfähigkeit 69
    IV.B. Relevante Determinanten der Leistungsfähigkeit 70
    IV.C. Tatsächliche Leistungsfähigkeit der einzelnen Verkehrssysteme 75
        IV.C.1. Eisenbahn 75
        IV.C.2. Küstenschiffahrt 77
        IV.C.3. Straßenverkehr 80
        IV.C.4. Flugverkehr 86
        IV.C.5. Sonstige Verkehrssysteme 89
    IV.D. Kostenentwicklung der einzelnen Verkehrssysteme 90

V. Reorganisation des Gütertransportes - Betrachtung ausgewählter
    Industriezweige 93
    V.A. Eisen- und Stahlindustrie 93
        V.A.1. Stellung und Charakterisierung des Industriezweiges 93
        V.A.2. Gestaltung des Gütertransportes Mitte der siebziger Jahre 95
        V.A.3. Veränderungen der Transportbedingungen 98
            V.A.3.a. Transportanforderungen 98
            V.A.3.b. Transportsysteme 102
        V.A.4. Transportkosten und Veränderungen bei der Gestaltung des
            Gütertransportes 104
    V.B. Bierindustrie 118
        V.B.1. Stellung und Charakterisierung des Industriezweiges 118
        V.B.2. Gestaltung des Gütertransportes Mitte der siebziger Jahre 121
        V.B.3. Veränderungen der Transportbedingungen 124
            V.B.3.a. Transportanforderungen 124
            V.B.3.b. Transportsysteme 126
        V.B.4. Transportkosten und Veränderungen bei der Gestaltung des
            Gütertransportes 127
    V.C. Halbleiterindustrie 138
        V.C.1. Stellung und Charakterisierung des Industriezweiges 138
        V.C.2. Gestaltung des Gütertransportes Mitte der siebziger Jahre 142
        V.C.3. Veränderungen der Transportbedingungen 143
            V.C.3.a. Transportanforderungen 143
            V.C.3.b. Transportsysteme 148
        V.C.4. Transportkosten und Veränderungen bei der Gestaltung des
            Gütertransportes 150

VI. Ansätze zur Verallgemeinerung der Untersuchungsergebnisse 159
    VI.A. Allgemeine Tendenzen der Entwicklung der Transport-
           anforderungen, - möglichkeiten und - kosten 159
    VI.B. Allgemeine Tendenzen der sachlichen und räumlichen
           Neugestaltung des Gütertransportes 168

Literaturverzeichnis 179
Verzeichnis der Interviewpartner 203
Summary (englische Zusammenfassung) 205
Matome (japanische Zusammenfassung) 207

VERZEICHNIS DER TABELLEN

Tab. 1: Umsatzentwicklung in der japanischen Industrie nach Industriezweigen und Hauptgruppen 1975-1993 (alle Betriebe ab einem Beschäftigten) 29

Tab. 2: Anteilige Umsatzentwicklung der Industrie in Japan nach Regionen und Hauptgruppen 1975-1990 34

Tab. 3: Industrielles Gütertransportaufkommen nach Gewicht und Anzahl der Transportbewegungen und daraus resultierendes Transportlos in Tonnen, Gegenüberstellung nach Industriehauptgruppen 1975 und 1990 38

Tab. 4: Umsatz und Transportaufkommen (in Tonnen und Transportbewegungen) der Industrie, Anteile der einzelnen Regionen 1975 und 1990 41

Tab. 5: Vergleich der durchschnittlichen Eigenfertigungstiefe in ausgewählten Industriezweigen in Deutschland und Japan 1975 und 1990 47

Tab. 6: Anteile der einzelnen Verkehrssysteme an den öffentlichen Investitionen im Verkehrssektor Japans 1975-1992 71

Tab. 7: Strukturdaten zur Entwicklung der Leistungsfähigkeit der Eisenbahn beim Gütertransport in Japan 1975-1992 76

Tab. 8: Strukturdaten zur Entwicklung der Leistungsfähigkeit der Küstenschiffahrt beim Gütertransport in Japan 1975-1992 78

Tab. 9: Strukturdaten zur Entwicklung der Leistungsfähigkeit des Straßenverkehrs beim Gütertransport in Japan 1975-1992 81

Tab. 10: Verhältnis von Kraftfahrzeugbestand und Straßenlänge in Japan im Vergleich mit Deutschland und Großbritannien 1975 und 1992 84

Tab. 11: Strukturdaten zur Entwicklung der Leistungsfähigkeit des Flugverkehrs beim Gütertransport in Japan 1975-1991 87

Tab. 12: Kostenentwicklung für die Inanspruchnahme der verschiedenen Verkehrssysteme beim Gütertransport in Japan 1985-1993 (Preisindex: 1985 = 100) 90

Tab. 13: Entwicklung des inländischen Verbrauches von Normalstahlprodukten nach Hauptabnehmergruppen in Japan 1973-1991 (Anteile in %) 99

Tab. 14: Kostenentwicklung beim Transport von Stahlprodukten ab Werk im Verhältnis zu Produktion und Umsatz 1986-1992 (Durchschnitt der sechs größten Stahlhersteller) 104

Tab. 15: Strukturdaten zum Stahltransport im Lastkraftwagen-Ersttransport, bezogen auf die sechs integrierten Stahlwerke des Herstellers Nippon Steel 1990 112

Tab. 16: Strukturdaten zum Stahltransport im Lastkraftwagen-Zweittransport nach Auslieferungsregionen des Herstellers Nippon Steel 1990 112

Tab. 17: Transportkosten im Verhältnis zu transportierter Menge und Transportart beim absatzseitigen Gütertransport des Herstellers Nippon Steel innerhalb Japans 1993 114

Tab. 18: Direkte Kosten des Biertransportes zwischen Brauereistätte und Abnehmer als Anteil am Gesamtumsatz 1987-1993 128

Tab. 19: Gesamte Logistikkosten bei Beschaffung und Absatz in der Bierindustrie 1993 128

Tab. 20: Zahl der Brauereistätten und Auslieferungslager (in Klammern) der Hersteller Kirin, Asahi und Sapporo nach Regionen 1993 131

Tab. 21: Anteile des Straßenverkehrs am Transportaufkommen in Tonnen und Transportbewegungen nach Industriezweigen 1975 und 1990 162

Tab. 22: Zusammensetzung der Transportkosten in der Industrie Japans nach betrieblicher Leistungsphase und Bezugsart der Leistungen 1975-1993 165

Tab. 23: Rangfolge der zehn Industrieunternehmungen mit den höchsten anteiligen Transportkosten in Japan 1984 und 1990 167

VERZEICHNIS DER ABBILDUNGEN

Abb. 1: Administrative und regionale Gliederung Japans 32

Abb. 2: Entwicklung des Industrieumsatzes in Japan nach Präfekturen, Regionen und Industriehauptgruppen zwischen 1975 und 1990 33

Abb. 3: Entwicklung des industriellen Gütertransportaufkommens nach Hauptgruppen 1975-1990 (Mio. Tonnen) 36

Abb. 4: Entwicklung des industriellen Gütertransportaufkommens nach Hauptgruppen 1975-1990 (Mio. Transportbewegungen) 37

Abb. 5: Veränderungen bei der Größe des einzelnen Transportloses in Tonnen in der Industrie 1975-1992 40

Abb. 6: Umsatzentwicklung und Transportaufkommen der Industrie in Tonnen nach Präfekturen 1975 und 1990 42

Abb. 7: Umsatzentwicklung und Transportaufkommen der Industrie in Transportbewegungen nach Präfekturen 1975 und 1990 43

Abb. 8: Ausweitung des Produktionssortimentes in ausgewählten Industriezweigen in Japan (jährlicher Anstieg der Artikelzahl in %) 49

Abb. 9: Produktseitige Veränderungen mit Auswirkungen auf die Produktionsorganisation seit 1970 50

Abb. 10: Vergleich der Anzahl von Industrierobotern in Japan, Deutschland und den USA 1981-1993 52

Abb. 11: Vergleich der Anzahl von flexiblen Fertigungssystemen in Japan, Deutschland und den USA seit 1975 53

Abb. 12: Produktionsorganisation im innerbetrieblichen Bereich nach dem herkömmlichen Prinzip und nach dem Just-in-time-Prinzip 56

Abb. 13: Produktions- und Distributionsorganisation im zwischenbetrieblichen Bereich nach dem herkömmlichen Prinzip und nach dem Just-in-time Prinzip 58

Abb. 14: Überblick über Veränderungen wesentlicher Transportcharakteristika von Industrieunternehmungen in Japan (Unternehmungsbefragung 1989, Anteil der jeweiligen Nennungen) 64

Abb. 15: Wandel der Transportanforderungen in ausgesuchten
Industriezweigen (Unternehmungsbefragung 1985, Anteil
der jeweiligen Nennungen) 66

Abb. 16: Veränderungen der Zahl der Auslieferungsorte auf Empfänger-
seite nach Industriehauptgruppen zwischen 1980 und 1985
(Unternehmungsbefragung 1985, Anteil der jeweiligen
Nennungen) 67

Abb. 17: Veränderung der Länge des durchschnittlichen Transportweges
nach Industriehauptgruppen zwischen 1980 und 1985
(Unternehmungsbefragung 1985, Anteil der jeweiligen
Nennungen) 68

Abb. 18: Transportaufkommen nach Verkehrsmitteln im Personenverkehr in Japan 1975-1993 (Mrd. Personenkilometer) 73

Abb. 19: Transportaufkommen nach Verkehrsmitteln im Güterverkehr
in Japan 1975-1993 (Mrd. Tonnenkilometer) 73

Abb. 20: Anzahl und Transportleistung der Spezialschiffe im kombinierten Verkehr in Japan 1983-1993 79

Abb. 21: Ausbaustand des Autobahnnetzes in Japan 1975, 1985 und
1994 82

Abb. 22: Räumliche Verteilung der Standorte der Eisen- und Stahl-
industrie in Japan 1993 94

Abb. 23: Schema des Stahltransportes zwischen Stahlwerk und Abnehmern mit Anteilen der einzelnen Verkehrsmittel 1973 97

Abb. 24: Schema des Stahltransportes zwischen Stahlwerk und Abnehmern mit Anteilen der einzelnen Verkehrsmittel 1991 105

Abb. 25: Gegenüberstellung von Rohstahlproduktion und Transportaufkommen (nur Inland) ab Werk in der japanischen Eisen- und
Stahlindustrie 1973-1991 107

Abb. 26: Räumliche Verteilung der Stahlwerke und der Verteilzentren
des Herstellers Nippon Steel in Japan 1995 109

Abb. 27: Auslieferungsgebiete beim Stahltransport ab Werk per Lastkraftwagen (Beispiel der sechs integrierten Stahlwerke des
Herstellers Nippon Steel 1990) 110

Abb. 28: Schema des Stahltransportes des Herstellers Nippon Steel
zwischen dessen zehn Stahlwerken und den Abnehmern
in Japan 1993, Anteile der einzelnen Transportarten in
1000 Tonnen/Monat 113

Abb. 29: Räumliche Verteilung des Bierverbrauches und aller
37 Brauereistätten in Japan 1994 119

Abb. 30: Schema des Biertransportes zwischen Brauereistätte und
Abnehmern 1975 121

Abb. 31: Räumliche Verteilung der Brauereistätten und Auslieferungs-
lager des Herstellers Asahi 1995 130

Abb. 32: Schema des Biertransportes zwischen Brauereistätte und
Abnehmern beim Hersteller Kirin 1993 134

Abb. 33: Regionale Verteilung und funktionale Zuordnung der verschiedenen Halbleiterbetriebe in Japan 1990 140

Abb. 34: Anzahl und Wert der Produktion integrierter Schaltkreise in
Japan 1975-1991 144

Abb. 35: Räumliche Verteilung der Zweigwerke und Zulieferbetriebe
der Hersteller NEC und Toshiba auf Kyûshû 1990 146

Abb. 36: Silicon cycle für die Halbleiterindustrie in Japan 1980-1993 147

Abb. 37: Schema des Transportes fertiger Halbleiter zwischen
Produktionsstätte und Abnehmern, dargestellt am Beispiel
der auf Kyûshû gefertigten Halbleiter des Herstellers NEC
(Stand 1995) 152

Abb. 38: Entwicklung der Anteile der einzelnen Verkehrsmittel am
inländischen Halbleitertransport des Herstellers NEC
1980-1994 153

Abb. 39: Schema des Transportes fertiger Halbleiter zwischen Produktionsstätte und Abnehmern, dargestellt am Beispiel der in
Kantô gefertigten Halbleiter des Herstellers Hitachi (Stand
1994) 155

Abb. 40: Anteil der Transportkosten am Gesamtumsatz in der Industrie
Japans mit Unterscheidung nach einzelnen Kostenarten 1975-
1993 163

Abb. 41: Anteil der Transportkosten am Gesamtumsatz in ausgewählten Branchen der japanischen Industrie 1993 166

Abb. 42: Errichtungsvorhaben bei verschiedenen Lager- und Umschlagseinrichtungen nach Industriehauptgruppen (Anteile der jeweiligen Nennungen) 175

Abb. 43: Räumliche Verteilung bei den Errichtungsvorhaben verschiedener Lager- und Umschlagseinrichtungen (Anteile der jeweiligen Nennungen) 175

VERZEICHNIS DER ABKÜRZUNGEN

16M	16 Mega-Bit
4K	4 Kilo-Bit
Abb.	Abbildung
Anm.	Anmerkung
Bio.	Billion(en)
Bsp.	Beispiel
BRT	Bruttoregistertonne
CAD	Computer Aided Design
CAI	Computer Aided Industry
CAO	Computer Aided Office
ccm	Kubikzentimeter
CIM	Computer Integrated Manufacturing
D	Deutschland
DM	Deutsche Mark
GB	Großbritannien
GH	Großhandel
IC	integrated circuit
J	Japan
Kap.	Kapitel
Kfz	Kraftfahrzeug
km	Kilometer
Lkw	Lastkraftwagen
m	Meter
Mio.	Million(en)
MITI	Ministry for International Trade and Industry
MOS	Memory for storage
Mrd.	Milliarde(n)
NEC	Nippon Electronic Corporation
NKK	N(ippon Kôkan) Kabushiki Kaisha
restl.	restliches
RORO	roll on/roll off
S.	Seite
t	Tonne(n)
tägl.	täglich
tkm	Tonnenkilometer

Tab.	Tabelle
Tr.	Transport
u.	und
USA	United States of America
westl.	westlich

I. Einleitung

I.A. Relevanz und Zielsetzung der Arbeit

Seit Mitte der siebziger Jahre konnte in nahezu allen Industriestaaten ein auffälliger Wandel bei der Zusammensetzung der gesamtwirtschaftlichen Güterproduktion beobachtet werden, wobei deutlichen Anteilsrückgängen bei den Grundstoff- und Produktionsgütern durchweg relative Zuwächse bei den Investitionsgütern gegenüberstanden (Yearbook of Industrial Statistics 1979; Industrial Statistics Yearbook 1982, 1984; Statistisches Jahrbuch für das Ausland 1989, 1995). Gleichzeitig kam es auf Unternehmungsseite zu großen Veränderungen in der Beschaffungs-, Produktions- und Absatzorganisation, die zumeist in direktem Zusammenhang mit einer Umsetzung des Just-in-time-Gedankens standen. Beide Entwicklungen veränderten nachhaltig die Gestalt des industriellen Gütertransportes, sowohl aus volkswirtschaftlicher Perspektive als auch aus Sicht der einzelnen Industrieunternehmungen.

Während bei der Diskussion gesamtwirtschaftlicher Auswirkungen vor allem eine Zunahme des Straßenverkehrs und der damit verbundenen externen Kosten im Mittelpunkt steht, konzentriert sich die betriebliche Betrachtungsweise auf die veränderte Stellung des Gütertransportes innerhalb des gesamten industriellen Leistungsprozesses. Dabei wird der Gütertransport in immer stärkerem Maße als integraler Bestandteil einer ganzheitlichen Unternehmungslogistik[1] begriffen, so daß er in seiner sachlichen und räumlichen Gestalt zunehmend als Ausdruck von sich verändernden gesamtbetrieblichen Anforderungen gesehen wird.

Diese allgemeinen Ausführungen treffen ohne Einschränkung auch auf die Entwicklung in Japan zu, das seit Mitte der siebziger Jahre von einem ausgeprägten industriellen Strukturwandel gekennzeichnet wird. Gleichzeitig konnte die Einführung produktionsorganisatorischer Neuerungen bei japanischen Unternehmungen besonders früh beobachtet werden, zu einem großen Teil wurden diese Konzepte sogar dort entwickelt. Dabei war die Entwicklung des industriellen

---

[1] Der Begriff der Logistik wird erst seit den siebziger Jahren im wirtschaftlichen Bereich angewandt. Die einzelnen Begriffsauffassungen weichen voneinander zum Teil stark ab; verbunden werden sie jedoch von dem gemeinsamen Bemühen um eine ganzheitliche Betrachtungsweise wirtschaftlicher Prozesse. Der engere Begriff des Gütertransportes (einschließlich Lagerung und Umschlag) stellt zwar mit der Ortsveränderung von Gütern das wesentliche Element der Logistik dar, der Begriff der Logistik reicht jedoch über den des Gütertransportes hinaus. Ausführlicher zum Verhältnis zwischen Gütertransport und Logistik siehe das Kap. III.D.1.

Gütertransportes von einem stetigen und deutlichen Anteilszuwachs des Straßenverkehrs gekennzeichnet, dessen spezifische Leistungsfähigkeit auch in Japan den veränderten Transportanforderungen besonders zu entsprechen schien.

Seit Beginn der neunziger Jahre scheint jedoch trotz eines umfangreichen Ausbaus des Straßennetzes gerade die enorme Ausweitung des Straßenverkehrs und die damit verbundene Staubelastung eine ökonomisch sinnvolle Fortsetzung einer just-in-time-orientierten Produktionsorganisation zu konterkarieren; es besteht in zunehmendem Maße die Gefahr einer Überkompensation von produktionsseitigen Kosteneinsparungen durch Transportmehrausgaben. Aussagen wie "Japan hits the limits of just-in-time" (RHYS/MCNABB/NIEUWENHUIS 1992: 81) oder "Just-in-time system falters" (LANGAN 1991: 74) stehen stellvertretend für eine Vielzahl jüngerer Betrachtungen und deuten auf erhöhte Transportkosten und -probleme japanischer Industrieunternehmungen hin (NITTSÛ SÔGÔ KENKYÛJO 1994; ELSHAM 1992; SHIOHATA 1991; WHENMOUTH 1991; MASKERY 1991).

Zur zufriedenstellenden Lösung des Zielkonfliktes zwischen Transportkostenminimierung einerseits und optimaler Lieferfähigkeit andererseits stellt sich gegenwärtig für die Unternehmungen eine grundsätzliche Überprüfung der Beschaffungs-, Produktions- und Absatzorganisation einschließlich der Transportgestaltung als unvermeidlich dar. Unterstrichen wird diese Feststellung auch davon, daß laut einer Unternehmungs-Befragung in Japan die Verbesserung und Vereinheitlichung von Produktion und Logistik im Jahr 1993 für die meisten Unternehmungen das oberste Betriebsziel darstellte (NIKKEI LOGISTICS 1994: 1).

Ziel der vorliegenden Arbeit ist es, vor dem geschilderten Hintergrund eine Beschreibung und Erklärung von Veränderungen im absatzseitigen Gütertransport[2] einzelner Industrieunternehmungen in Japan zu liefern. Dabei beschränkt sich die Analyse nicht auf eine Untersuchung der Entwicklungen in den neunziger Jahren. Vielmehr werden die Veränderungen in einen längerfristigen Kontext gestellt, wobei die Untersuchung zeitlich Mitte der siebziger Jahre ansetzt. Eine solche

---

[2] Auf eine explizite Betrachtung des beschaffungsseitigen Gütertransportes kann im Rahmen dieser Arbeit verzichtet werden, da die Durchführung der eigentlichen Transportvorgänge in der Regel durch die absetzende Unternehmung erfolgt, so daß alle Transportvorgänge physisch erfaßt werden. Über 90% aller Transportkosten fielen im Industriedurchschnitt 1993 auf den Güterabsatz, während der Anteil der Güterbeschaffung unter 10% lag (NIHON ROJISUTIKUSU SHISUTEMU KYÔKAI 1994: 10). Organisatorische Veränderungen bei der Güterbeschaffung wirken sich in der Form veränderter Transportbedingungen auf der Absatzseite der liefernden Unternehmung aus und verändern so die Transportgestalt. Mithin muß die Form der Güterbeschaffung als wesentliche Determinante betrachtet werden, die jedoch hier im weiteren als gegebenes, wenn auch variables Datum behandelt wird.

Festlegung scheint sinnvoll, da ungefähr seit 1975 die Umsetzung des Just-in-time-Gedankens die Anforderungen an den Gütertransport und damit dessen Gestaltung entscheidend zu beeinflussen begann.

Das Hauptgewicht der Analyse liegt im Bereich der sachlichen und räumlichen Reorganisation des Gütertransportes innerhalb der gesamten Unternehmungslogistik. Dies betrifft zum einen die Wahl der Transportmittel und zum anderen die Festlegung von Zahl, Funktion und räumlicher Verteilung der Lager- und Umschlagsplätze. Damit wird in Abhängigkeit von den Formen der Lagerhaltung die sachliche und räumliche Struktur von Transportströmen vor dem Hintergrund veränderter Transportanforderungen untersucht. Von ebenso großer Bedeutung ist die Betrachtung der Transportmöglichkeiten, die aus den Entwicklungen in der Leistungsfähigkeit der einzelnen Verkehrssysteme folgen, wobei insbesondere auf den Straßenverkehr und seine besondere Eignung für den Gütertransport eingegangen wird.

Besondere Beachtung erfährt die Entwicklung der Transportosten, unter denen alle laufenden Kosten der Transportdurchführung und -organisation (einschließlich Verpackung, Lagerhaltung und Umschlag) wie auch die Kosten für die Bereitstellung von Transport-, Lager-, Umschlags- und Kommunikationseinrichtungen verstanden werden. Diese Transportausgaben stellen zum einen auf der Kostenseite den Ausdruck der jeweiligen Transportgestaltung dar. Zum anderen sind sie Ansatzpunkt von auf Transportkostensenkungen zielenden Bemühungen, die wiederum die bestehende Transportgestaltung verändern. Die Abwägung zwischen unternehmerischen Transportanforderungen und -kosten und die hieraus resultierenden Veränderungen bei der Transportgestaltung stehen im Mittelpunkt der Analyse. Durch die Untersuchung von drei ausgewählten Branchen mit deutlich unterschiedlichen Transportanforderungen wird versucht, sowohl spezifische Unterschiede als auch Gemeinsamkeiten in der jeweiligen Transportgestaltung abzubilden. Gerade die Herausarbeitung solcher grundsätzlichen Entwicklungen stellt das Hauptanliegen dar, wobei ihre Existenz dieser Arbeit als untersuchungsleitende These vorangestellt wird.

Als Untersuchungsraum wird ausschließlich Japan betrachtet, wodurch sich die Aussagen und Schlußfolgerungen nur mit Einschränkungen auf andere Staaten übertragen lassen. Ausgeprägte räumliche Besonderheiten des Inselstaates Japan wie die regionale Verteilung von Bevölkerung und Wirtschaft oder die spezifische Leistungsfähigkeit der einzelnen Verkehrssysteme erschweren eine direkte Übertragung der Untersuchungsergebnisse auf andere Wirtschaftsräume.

Vergleichbare Entwicklungen lassen sich in jüngerer Zeit aber in ähnlicher Form auch in anderen Industriestaaten beobachten, so daß die Untersuchungsergebnisse bei Abstraktion von japanischen Besonderheiten durchaus ebenso für Entwicklungen außerhalb Japans Relevanz besitzen.

Mit ihren Aussagen zum Wandel der sachlichen und räumlichen Ausgestaltung des industriellen Gütertransportes in Japan leistet die Arbeit einen aktuellen und anwendungsbezogenen Beitrag zu einem Forschungsgebiet, zu dem in jüngerer Zeit zahlreiche Arbeiten mit betriebswirtschaftlichem oder verkehrswissenschaftlichem Hintergrund erschienen sind. An vergleichbaren Arbeiten mit wirtschaftsgeographischer Ausrichtung und einer entsprechenden Betonung der räumlichen Wirkungen besteht dagegen derzeit ein auffälliger Mangel. Diese Lücke mit Hilfe eines anwendungsbezogenen Beitrages teils zu schließen, bildet das Anliegen der vorliegenden Arbeit.

I.B. Vorgehensweise

Im Anschluß an die Einleitung folgt in Kapitel II ein gesamtwirtschaftlicher Überblick über die Entwicklung der Industrieproduktion und des industriellen Transportaufkommens in Japan von 1975 bis 1990. Dabei wird die Beschreibung jeweils differenziert nach sektoraler und regionaler Entwicklung vorgenommen, wobei die Werte nach der Gesamtindustrie beziehungsweise nach Hauptgruppen und Industriezweigen aggregiert präsentiert werden. So werden zum einen gesamtwirtschaftliche Veränderungstendenzen im Betrachtungszeitraum deutlich, zum anderen dient dieser Überblick als Hintergrund für die sich in den folgenden Kapiteln anschließende Analyse der Veränderungen des Gütertransportes einzelner Industrieunternehmungen verschiedener Hauptgruppen.

Kapitel III stellt die Veränderungen der industriellen Produktionsorganisation wie auch den daraus resultierenden Wandel der Transportanforderungen in den Mittelpunkt. Dabei wird die Betrachtung aus der Sicht einzelner Unternehmungen vorgenommen, wobei jedoch weder Branchen noch einzelne Unternehmungen hervorgehoben werden. Vielmehr werden industrieweit beobachtbare Charakteristika und Veränderungen der Produktionsorganisation beschrieben und in ihren grundsätzlichen Auswirkungen auf einen Wandel der unternehmerischen Anforderungen an den Gütertransport hin untersucht. Tatsächliche Veränderungen bei dessen Gestaltung bleiben an dieser Stelle ausgespart.

In Kapitel IV wird die Entwicklung der Leistungsfähigkeit der einzelnen Verkehrssysteme in Japan seit 1975 abgebildet. Damit wird dem Wandel der im vorangegangenen Kapitel beschriebenen Transportanforderungen hier der Wandel der allgemeinen Transportmöglichkeiten, bezogen auf die Verkehrssysteme, gegenübergestellt. Nach einer Darstellung der grundsätzlich relevanten Determinanten der Verkehrsleistungsfähigkeit, wie die besonderen topographischen Gegebenheiten, die Rolle des Staates für den Ausbau der Verkehrssysteme und die Entwicklung des sonstigen Verkehrsaufkommens, werden anschließend die Veränderungen der Leistungsfähigkeit der einzelnen Verkehrssysteme in Japan im Sinne einer quantitativen und qualitativen Kapazitätsbereitstellung präsentiert. Der anschließende Überblick über die Kostenentwicklung der einzelnen Verkehrssysteme ergänzt die Darstellung der Leistungsfähigkeit im Zeitablauf um die wichtige Kostenkomponente.

Kapitel V konkretisiert die bis hierhin allgemein getroffenen Aussagen für drei ausgewählte Industriezweige. Im Mittelpunkt der Darstellung stehen Beschreibung und Erklärung der konkreten Veränderungen bei der jeweiligen Transportgestaltung seit Mitte der siebziger Jahre. Veränderungen bei den Transportanforderungen und der Leistungsfähigkeit der Transportsysteme werden als relevanter Bezugsrahmen im einzelnen analysiert, wie auch auf die Transportkosten näher eingegangen wird. Die gleiche Vorgehensweise wird analog für die Eisen- und Stahlindustrie, die Bierindustrie sowie für die Halbleiterindustrie angewandt. Durch die Wahl jeweils eines Vertreters der drei Industriehauptgruppen mit voneinander stark unterschiedlichen Transportcharakteristika wird trotz der Beschränkung auf drei Industriezweige eine breite, Differenzierungen ermöglichende Aussage gewährleistet.

Im letzten Kapitel wird eine Zusammenstellung der Untersuchungsergebnisse mit entsprechenden Branchendifferenzierungen geliefert, aber auch mit dem Versuch einer Ableitung allgemein gültiger Aussagen zu Hintergrund und Ausgestaltung der Reorganisation des industriellen Gütertransportes. Dazu werden in einem ersten Schritt Transportanforderungen, -möglichkeiten und -kosten in der Gesamtentwicklung beleuchtet. Darauf aufbauend, folgt abschließend eine Analyse allgemeiner Veränderungstendenzen im Gütertransportbereich der Industrieunternehmungen.

I.C. Theoretischer Bezugsrahmen

Die älteren standorttheoretischen Ansätze von Launhardt, Weber, Engländer, Predöhl, Ritschl, Palander, Hoover oder Miksch konzentrieren sich auf die Bestimmung des optimalen Produktionsstandortes eines Industriebetriebes, ohne jedoch eine Trennung von Produktions-, Lager- und Umschlagsorten vorzunehmen (LAUNHARDT 1882; WEBER 1909; ENGLÄNDER 1924; PREDÖHL 1925; RITSCHL 1927; PALANDER 1935; HOOVER 1948; MIKSCH 1951).

Aber auch bei jüngeren Autoren wie VON BÖVENTER (1979) fehlt eine solche Differenzierung weitgehend. CHAPMAN/WALKER (1991: 110-113) betonen zwar, daß die Direktauslieferung ab Fabrik in der Gegenwart selten und die konkrete Ausgestaltung der Distributionskanäle äußerst wichtig ist. Doch auch sie binden diese Tatsache nicht in die von ihnen an gleicher Stelle präsentierten theoretischen Überlegungen zur Standortbestimmung ein.

Dem Erfordernis der Raumüberwindung und damit dem des Gütertransportes an sich kommt jedoch in allen Ansätzen eine zentrale Bedeutung zu. Insbesondere Launhardt und Weber stellen die Minimierung der beim industriellen Leistungsprozeß auf Beschaffungs- und Absatzseite anfallenden Transportkosten in den Mittelpunkt ihrer Überlegungen zur Standortwahl. In der jüngeren Zeit wird nun angesichts verbesserter Transportmöglichkeiten, eines höheren Materialnutzungsgrades und einer durchschnittlichen Wertsteigerung der Produkte von vielen Autoren ein Rückgang der relativen Bedeutung von Transportkosten festgestellt (HEALEY/ILBERY 1990: 77-83; GORDON/KIMBALL 1987: 157-159; BRÜCHER 1982: 46-47; SMITH 1981: 57). Gleichzeitig ist jedoch die Bedeutung des Gütertransportes an sich nicht zurückgegangen, da alle Industriebetriebe auch weiterhin, häufig sogar steigende, Entfernungen überbrücken müssen, um die Beschaffung von fremden Materialien und Halbfertigprodukten sowie den Absatz ihrer eigenen Produkte zu bewerkstelligen (VOPPEL 1975: 119-120). Dabei haben vor allem Faktoren wie "Geschwindigkeit, Regelmäßigkeit, Zuverlässigkeit, Sicherheit und Qualität der Transportmittel sowie der Verpackung erheblich an Gewicht gewonnen" (BRÜCHER 1982: 47).

Insbesondere die Beschleunigung und Flexibilisierung rücken zunehmend in den Mittelpunkt von Bemühungen um Verbesserungen bei der Gestaltung des Gütertransportes. Damit einher geht eine Reorganisation der räumlichen Verteilung und Gestaltung der Transportflüsse sowie der Einrichtungen zu ihrer Abwicklung. Bestimmt wird diese neue räumliche Ordnung der Güterverkehrseinrichtungen sowohl vom Versuch einer Minimierung der Transportkosten als auch vom Bemühen um eine Verbesserung der Absatzposition durch Optimierung der Lieferfähigkeit. Beide Faktoren (Kosten- und Ertragssicht) können sich in ihrer jeweiligen sachlichen und räumlichen Wirkung ergänzen, aber auch gegeneinander wirken, so daß sie gleichzeitig die tatsächliche Transportgestaltung bestimmen.

Mit einer solchermaßen transportkosten- und ertragsorientierten Sichtweise werden Parallelen und Ergänzungen zu den eingangs beschriebenen Ansätzen zur Standortbestimmung für Industriebetriebe deutlich. Mit der vorliegenden Untersuchung wird jedoch kein Beitrag zur Bestimmung von Produktionsorten geliefert. Vielmehr ist die Arbeit in den Kreis der Fragestellungen zu räumlichen Abhängigkeiten und Wirkungen bei der Gestaltung des Gütertransportes bei gegebenem Produktionsort einzuordnen. Innerhalb dieses Betrachtungsfeldes liefert sie Ansätze zur räumlichen Bestimmung der mit dem Gütertransport verbundenen Lager- und Umschlagseinrichtungen.

II. Industrieproduktion und Gütertransportaufkommen im gesamtwirtschaftlichen Überblick

II.A. Begriffliche und statistische Abgrenzungen

Untersuchungsgegenstand dieser Arbeit ist die Industrie in Japan. Da der Begriff Industrie weder definitorisch noch in statistischer Klassifizierung eindeutig festgelegt ist (zur Problematik der Abgrenzung siehe zusammenfassend: VOPPEL 1990: 31-35), gilt es zunächst, die in Japan anzutreffende und dieser Arbeit zugrundeliegende Begriffsauffassung darzulegen und von anderen eindeutig abzugrenzen.

Das Verarbeitende Gewerbe (seizôgyô) wird als Teil des Produzierenden Gewerbes in Japan, ähnlich wie in Deutschland, klar von der Elektrizitäts-, Gas-, Fernwärme- und Wasserversorgung wie auch von Bergbau und Baugewerbe abgegrenzt. Im Gegensatz zu Deutschland erfassen die offiziellen Industriestatistiken des MITI (kôgyô tôkeihyô) Betriebe in der Regel schon ab vier Beschäftigten, in Ausnahmefällen sogar ab einem. Der niedrige Schwellenwert[3] ermöglicht eine deutlich höhere Erfassungsrate als in den meisten Industriestaaten. Dies ist im Fall Japan von besonderer Bedeutung, da die dortige Industrie besonders stark von kleinbetrieblicher Struktur geprägt ist.[4] Entsprechend werden in dieser Arbeit unter Industrie (kôgyô) alle Unternehmungen des Verarbeitenden Gewerbes in Japan mit mindestens vier Beschäftigten verstanden; der Bergbau bleibt aufgrund der besonderen Struktur des mit ihm verbundenen Gütertransportes von der Betrachtung ausgeklammert.

Die so abgegrenzte Industrie wird in der erwähnten Statistik des MITI weiter in drei Hauptgruppen (kisôsôzaigata sangyô, kakôkumitate sangyô, shôhikanrengata sangyô)[5] gegliedert. Diese weisen in Inhalt und Zuordnung der einzelnen Indu-

---

[3] Der den verschiedenen Industriestatistiken zugrundeliegende Beschäftigtenstellenwert hat seit den siebziger Jahren mehrfach, zuletzt 1991, gewechselt, so daß bei der Betrachtung längerer Zeitreihen der jeweiligen statistischen Grundmenge besondere Beachtung geschenkt werden muß.

[4] 1990 hatten in Japan 330537 Betriebe je 4 bis 19 Beschäftigte; diese vereinigten 10,8% des gesamten Industrieumsatzes auf sich (Kôgyô tôkeihyô, sangyôhen 1992: 16). Erschwert wird dadurch allerdings eine exakte Abgrenzung von reinen Handwerksbetrieben. Da jedoch die meisten Kleinbetriebe als industrielle Zulieferbetriebe klassifiziert werden können, ist mit Blick auf den Untersuchungsgegenstand dieser Arbeit ihre Einbeziehung als notwendig und sinnvoll anzusehen.

[5] Wörtlich ins Deutsche übertragen, bedeutet dies: Grundstoffindustrie, verarbeitende und zusammensetzende Industrie, verbrauchsbezogene Industrie.

striezweige weitgehende Deckungsgleichheit mit der in Deutschland üblichen Einteilung auf,[6] wobei die Nahrungs- und Genußmittelindustrie mit unter die Verbrauchsgüterindustrie subsumiert wird. Angesichts der inhaltlichen Übereinstimmung und in Ermangelung sprachlich überzeugender Übersetzungen der japanischen Bezeichnungen für die drei Hauptgruppen ins Deutsche werden diese im weiteren Verlauf der Arbeit mit den in der deutschen Statistik üblichen Begriffen Grundstoff- und Produktionsgüterindustrie, Investitionsgüterindustrie und Verbrauchsgüterindustrie bezeichnet. Daraus ergibt sich eine Zuordnung der in Japan zwanzig (seit 1985 zweiundzwanzig) Industriezweige auf je eine der drei Hauptgruppen, wie sie Tab. 1 auf S. 25 entnommen werden kann.

Diese Zuordnung der einzelnen Industriebereiche zu einer der drei Hauptgruppen liegt auch weiteren Betrachtungen und Aussagen zur Entwicklung der Industrieproduktion und des damit verbundenen Gütertransportes zugrunde. Eine solche Vorgehensweise ermöglicht es, Strukturveränderungen in Industrie und Gütertransport im groben Überblick nach Hauptgruppen abzubilden, wenngleich aus industriegeographischer Sicht diese Abgrenzungen nicht immer zu befriedigenden Ergebnissen führen. So beinhaltet beispielsweise die den Grundstoff- und Produktionsgüterindustrien zugeordnete Branche *Chemie* die Herstellung sehr unterschiedlicher Produkte bis hin zu Medikamenten und Kosmetika. Letztere dienen nahezu ausschließlich dem Verbrauch und sind auch bezüglich ihrer Transportanforderungen deutlich anders zu beurteilen als Produkte der Grundstoffchemie. Trotzdem scheint eine so aggregierte Darstellungsweise für einen gesamtwirtschaftlichen Überblick geeignet. Notwendige branchenbezogene Spezifizierungen werden in Kap. V vorgenommen.

Schließlich ist darauf hinzuweisen, daß sich japanische Industrie- und Transportstatistiken zumeist am Fiskaljahr orientieren, welches in Japan bis zum 31. März des Folgejahres reicht. Die Jahresnennungen in dieser Arbeit folgen dieser Einteilung, wenn es nicht ausdrücklich anders erwähnt wird.

---

[6] Einzelne Differenzen bei bestimmten Branchen sind für diese Arbeit unerheblich.

II.B. Entwicklung der Industrieproduktion

II.B.1. Sektorale Entwicklung

Bei der sektoralen Betrachtungsweise der Entwicklung der Industrieproduktion gilt es, an dieser Stelle vor allem Anteilsverschiebungen an der industriellen Gesamtproduktion zwischen einzelnen Industriezweigen darzustellen. Zur Abbildung von Veränderungen in der Güterproduktion bietet sich eine Beschreibung der Umsatzentwicklung nach Industriezweigen an.

Tab. 1: **Umsatzentwicklung in der japanischen Industrie nach Industriezweigen und Hauptgruppen 1975-1993** (alle Betriebe ab einem Beschäftigten)

	1975		1980		1985		1990		1993	
	Mrd. Yen	%	Mrd. Yen	%	Mrd. Yen	%	Mrd. Yen	%	Mrd. Yen	%
Holzverarbeitung	3618	2,8	5454	2,5	4166	1,6	4782	1,5	4697	1,5
Papier	4210	3,3	6799	3,2	7444	2,8	8873	2,7	8559	2,7
Chemie	10438	8,2	17979	8,4	20579	7,7	23551	7,2	23307	7,4
Öl- und Kohleprodukte	7572	5,9	15198	7,1	12987	4,8	8318	2,5	8008	2,5
Kunststoffe	.	.	.	.	8153	3,0	10590	3,2	10909	3,5
Gummi	1427	1,1	2488	1,2	3041	1,1	3692	1,1	3480	1,1
Keramik/Steine/Erden	4802	3,8	8394	3,9	8883	3,3	10857	3,3	10399	3,3
Eisen und Stahl	11306	8,9	17896	8,3	17790	6,6	18313	5,6	14974	4,8
Nichteisenmetalle	3909	3,1	8119	3,8	6413	2,4	7852	2,4	6169	2,0
Grundstoff- und Produktionsgüterindustrien	**47282**	**37,1**	**82327**	**38,4**	**89456**	**33,3**	**96828**	**29,5**	**90502**	**28,8**
Metallverarbeitung	6573	5,1	10647	5,0	13506	5,0	19120	5,8	19230	6,1
Maschinenbau	10621	8,3	17617	8,2	24572	9,2	34125	10,4	30155	9,6
Elektrogeräte	10821	8,5	22235	10,3	40949	15,3	54667	16,7	52238	16,6
Fahrzeugbau	14881	11,7	24954	11,6	36247	13,5	46950	14,4	47155	15,0
Präzisionsgeräte	1729	1,3	3458	1,6	4428	1,6	5184	1,6	4533	1,4
Investitionsgüterindustrien	**44625**	**34,9**	**78911**	**36,7**	**119702**	**44,6**	**160046**	**48,9**	**153311**	**48,7**
Nahrungsmittel	15130	11,9	22513	10,5	20796	7,7	22985	7,0	24845	7,9
Getränke, Futter, Tabak	.	.	.	.	8709	3,2	10438	3,2	10717	3,4
Textilgewerbe	6457	5,1	8105	3,8	8443	3,1	8183	2,5	6942	2,2
Bekleidung	2180	1,7	3027	1,4	3818	1,4	4726	1,4	4566	1,5
Möbel, Hauseinrichtungen	1974	1,5	3037	1,4	3062	1,1	4334	1,3	3997	1,3
Druckereierzeugnisse	4163	3,3	6979	3,2	9163	3,4	12897	3,9	13243	4,2
Leder	647	0,5	1016	0,5	1095	0,4	1332	0,4	1179	0,4
Sonstige	5060	4,0	8787	4,1	4232	1,6	5322	1,6	5486	1,7
Verbrauchsgüterindustrien	**35611**	**28,0**	**53464**	**24,9**	**59318**	**21,9**	**70217**	**21,3**	**70975**	**22,6**
Industrie gesamt	**127518**	**100,0**	**214702**	**100,0**	**268476**	**100,0**	**327091**	**100,0**	**314787**	**100,0**

Anm.: Summenwerte aus Originalquelle - Differenzen zur Summe der Einzelwerte sind rundungsbedingt.

Quelle: Kôgyô tokeihyô, sangyôhen 1975-1993

Bis 1990 hatte sich der gesamte Industrieumsatz in Yen um das Anderthalbfache auf knapp 330 Bio. Yen erhöht. Der etwas geringere Wert für 1993 spiegelt die Stagnation und den partiellen Rückgang der inländischen Produktion als Folge der wirtschaftlichen Rezession ab 1991 wider. Auch real ist die Produktion seit 1975 stark angewachsen. So hat sich der Nettoproduktionsindex in Japan von 100 im Jahr 1975 auf 213 im Jahr 1990 erhöht, während beispielsweise in den USA und Deutschland nur 175 beziehungsweise 146 erreicht wurden (Monthly Bulletin of Statistics 1982-1992).

Bei einem Vergleich der absoluten und anteiligen Entwicklung der drei Hauptgruppen wie der einzelnen Industriezweige wird ein klarer struktureller Wandel weg von den Grundstoff- und Produktionsgüterindustrien und hin zu den Investitionsgüterindustrien deutlich, die zu Beginn der neunziger Jahre beinahe die Hälfte des gesamten Industrieumsatzes auf sich vereinigten. Allein die beiden Bereiche *Elektrogeräte* und *Fahrzeugbau* konnten gemeinsam ihren Anteil auf über 30% steigern. Die Anteilsverluste gingen zu Lasten aller Bereiche der Grundstoff- und Produktionsgüterindustrie; lediglich der Zweig *Gummi* konnte seinen Wert bei 1,1% halten. Während 1980 infolge der zweiten Ölkrise massive Verteuerungen von *Öl- und Kohleprodukten* den Anteil dieser Branche und damit der gesamten Hauptgruppe noch kurzfristig ansteigen ließen, ist der relative Bedeutungsverlust dieser Zweige an der Industrieproduktion danach auch an absoluten Rückgängen und Stagnationen ablesbar. Bei den Verbrauchsgüterindustrien kam es dagegen mit Ausnahme des *Textilgewerbes* durchweg zu absoluten Umsatzsteigerungen bei ungefährer Behauptung der Umsatzanteile. Der auffällige Rückgang des Bereiches *Sonstige* erklärt sich durch die gesonderte Ausweisung des Industriezweiges *Kunststoffe* ab 1985 innerhalb der Grundstoff- und Produktionsgüterindustrie, was sich natürlich auch auf den Gesamtwert beider Hauptgruppen auswirkt.

Auf die Problematik der statistischen Abgrenzung einzelner Industriezweige wurde schon hingewiesen. Auf genauere Einzeldarstellungen wird an dieser Stelle verzichtet. Betrachtungen feiner gegliederter Industriestatistiken erlauben jedoch die Aussage, daß sich auch innerhalb der einzelnen Zweige der Grundstoff- und Produktionsgüterindustrie die Umsatzanteile tendenziell zu Lasten der Grundstoffherstellung verschoben haben (Kôgyô tôkeihyô, sangyôhen 1975-1993).

II.B.2. Regionale Entwicklung

Die enorme Zunahme des absoluten Industrieumsatzes zwischen 1975 und 1990 hat sich auf alle 47 Präfekturen verteilt, wobei jedoch deutliche regionale Unterschiede auftreten. Zur Darstellung dieser unterschiedlichen Entwicklungsdynamik ist eine Einteilung Japans in zwölf Regionen hilfreich, wie sie in Abb. 1 vorgenommen wird. Diese wirtschaftsräumliche Abgrenzung wird auch im weiteren Verlauf der Arbeit allen folgenden Betrachtungen zugrunde gelegt.[7]

Eine Betrachtung der absoluten Umsatzentwicklung (Abb. 2) zeigt, daß alle Präfekturen ihre Umsatzzahlen zwischen 1975 und 1990 deutlich erhöhen konnten. Bei der anteiligen Umsatzentwicklung kam es dagegen zu auffälligen Unterschieden. Während die Regionen Tôhoku, Kantô-Inland, Chûbu, Tôkai und Kinki-Inland ihre Umsatzanteile über den gesamten Zeitraum stetig steigern konnten, büßten die anderen sieben Regionen im gleichen Maße Prozentpunkte ein (Kôgyô tôkeihyô, hinmokuhen 1975-1990). Es fällt auf, daß neben den peripher gelegenen Regionen Hokkaidô, Chûgoku, Shikoku, Kyûshû und Okinawa auch Kantô-Meer und vor allem Kinki-Meer beträchtliche Umsatzanteile verloren.

---

[7] Die Zusammenfassung der einzelnen Präfekturen Japans zu zwölf Regionen wurde in Anlehnung an verschiedene, in Japan übliche wirtschaftsräumliche Gliederungen vorgenommen, die sich alle nur in der Gliederung von Kantô, Chûbu und Kinki unterscheiden. Wesentlich schien die ansonsten nicht immer getroffene Unterteilung der Regionen Kantô und Kinki in Präfekturen mit Meeres- und mit Binnenlage (rinkai, nairiku). Das Kriterium Zugang zur Pazifikküste wurde auch zur Ausklammerung der beiden Präfekturen Aichi und Shizuoka aus Chûbu herangezogen, die hier die Region Tôkai bilden. Trotz dieser Reduktion um zwei Regionen werden die verbleibenden sieben Präfekturen im Zentralteil Honshûs weiter mit Chûbu bezeichnet. Zur wirtschaftsräumlichen Gliederung in Japan vergleiche auch: Chiiki keizai repôto 1992: 231. Zum allgemeinen Problem der Abgrenzung und Vergleichbarkeit von Wirtschaftsräumen siehe auch VOPPEL 1969: 373-377; KRAUS 1953: 455.

Abb. 1: Administrative und regionale Gliederung Japans

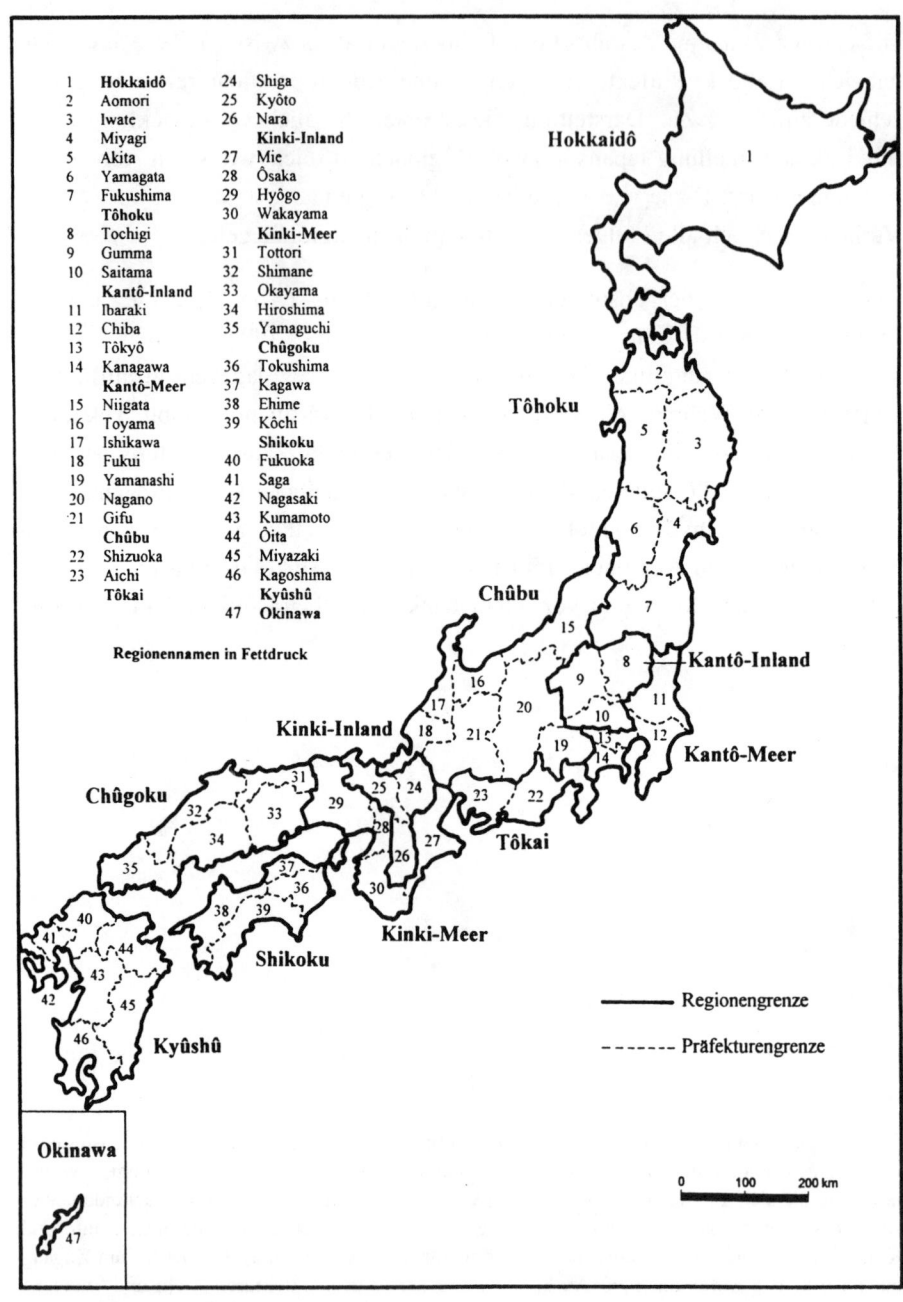

Quelle: eigene Darstellung

Abb. 2: Entwicklung des Industrieumsatzes in Japan nach Präfekturen, Regionen und Industriehauptgruppen zwischen 1975 und 1990

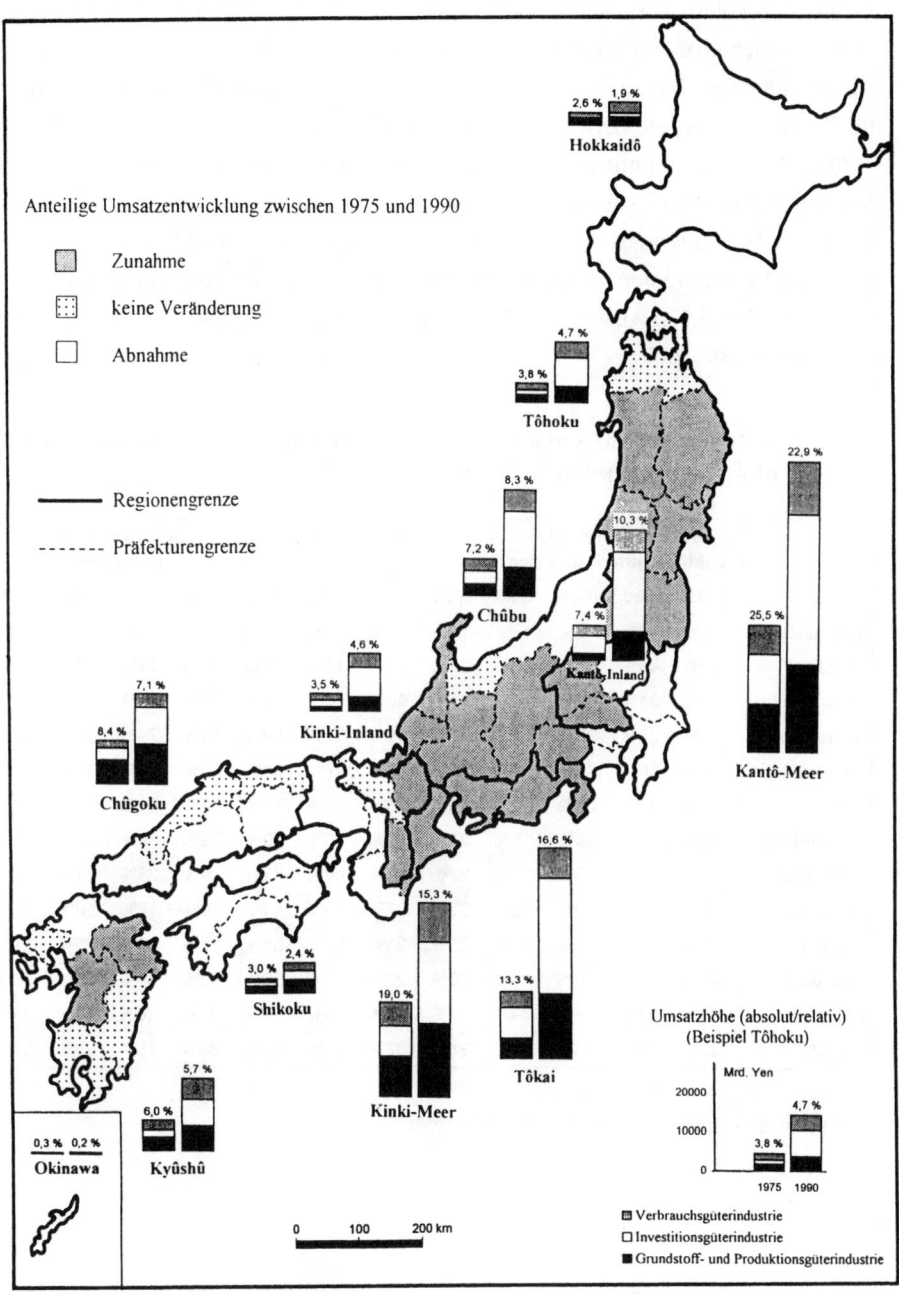

Quelle: Kôgyô tôkeihyô, hinmokuhen 1975, 1990

Vom anteiligen Umsatzverlust der industriellen Kernräume Kantô-Meer und Kinki-Meer profitierten die unmittelbaren Nachbarregionen, insbesondere Kantô-Inland und Tôkai, aber kaum weiter entfernt gelegene Räume. Damit kam es nicht zu einer großräumlichen Auflockerung der um Tôkyô und Ôsaka konzentrierten Industrie. Vielmehr fand eine Verlagerung der Produktionsaktivitäten an die Ränder der Agglomerationsräume statt (Chiiki keizai repôto 1992: 20-67; VOPPEL 1990: 61). Somit nahm die Konzentration des Industrieumsatzes auf den von Kantô-Meer und -Inland, Tôkai sowie Kinki-Meer und -Inland gebildeten Kernraum Honshûs zwischen 1975 und 1990 sogar noch leicht von 68,7% auf 69,7% zu,[8] während der Anteil der dazu peripher gelegenen Regionen Hokkaidô, Chûgoku, Shikoku, Kyûshû und Okinawa im gleichen Zeitraum von insgesamt 20,3% auf 17,3% sank.

Tab. 2: **Anteilige Umsatzentwicklung der Industrie in Japan nach Regionen und Hauptgruppen 1975-1990**

	Grundstoff- und Produktionsgüterindustrien				Investitionsgüterindustrien				Verbrauchsgüterindustrien			
	1975	1980	1985	1990	1975	1980	1985	1990	1975	1980	1985	1990
Hokkaidô	44%	47%	43%	42%	12%	11%	11%	11%	44%	42%	46%	47%
Tôhoku	40%	40%	29%	27%	23%	29%	41%	46%	37%	31%	30%	27%
Chûbu	31%	31%	27%	26%	35%	40%	50%	53%	34%	29%	23%	21%
Kantô-Inland	25%	25%	25%	24%	47%	51%	57%	59%	28%	24%	18%	17%
Kantô-Meer	37%	38%	35%	31%	40%	41%	47%	51%	23%	21%	18%	18%
Tôkai	30%	31%	28%	31%	45%	48%	56%	55%	25%	21%	16%	14%
Kinki-Inland	24%	24%	26%	25%	37%	42%	48%	50%	39%	34%	26%	25%
Kinki-Meer	42%	45%	33%	38%	32%	32%	46%	42%	26%	23%	21%	20%
Chûgoku	55%	56%	49%	43%	27%	27%	35%	41%	18%	17%	16%	16%
Shikoku	50%	55%	46%	45%	25%	21%	29%	28%	25%	24%	25%	27%
Kyûshû	45%	49%	39%	34%	22%	22%	31%	36%	33%	29%	30%	30%
Okinawa	62%	67%	48%	39%	7%	5%	8%	9%	31%	28%	44%	52%
JAPAN	37%	38%	33%	30%	35%	37%	45%	49%	28%	25%	22%	21%

Quelle: Kôgyô tôkeihyô, hinmokuhen 1975-1990

---

[8] Damit liegt die Konzentration der industriellen Produktion auf diesen Raum noch höher als die der Bevölkerung (57,8%) oder des Bruttoinlandsproduktes (64,8%), Werte für 1990 (Chiiki tôkei yôran 1994: 346, 534).

Die Betrachtung der regionalen Verteilung und Entwicklung des Industrieumsatzes nach Hauptgruppen (siehe auch Tab. 2) zeigt, daß die wachstumsstarke Investitionsgüterindustrie in den Regionen Kantô-Meer und -Inland, Tôkai sowie Kinki-Inland seit 1975 durchweg überdurchschnittlich stark vertreten ist. Beinahe spiegelbildlich dazu liegen in den anderen Regionen die Umsatzanteile der Grundstoff- und Produktionsgüterindustrie über dem Landesdurchschnitt, wodurch sich auch zum Teil deren schwächere Wachstumsdynamik erklären läßt.

Auch im ehemals von der Grundstoff- und Produktionsgüterindustrie geprägten Tôhoku steht eine überdurchschnittlich gewachsene Investitionsgüterindustrie hinter der gesamten Umsatzsteigerung dieser Region. Das gleiche gilt für die auffälligen Anteilszuwächse der Investitionsgüterindustrie in Chûbu seit 1985. Beide Regionen profitierten insbesondere von einer Verlagerung der Produktionsaktivitäten aus der Großregion Kantô (Chiiki keizai repôto 1992: 12-19).

In ähnlicher Weise läßt sich die in Abb. 2 auffällige Zunahme der Umsatzanteile der beiden Präfekturen Ôita und Kumamoto auf Kyûshû erklären, wobei insbesondere ein Industriezweig hinter dieser Entwicklung steht. Während sich der Umsatz der Wachstumsbranche *Elektrogeräte* landesweit zwischen 1975 und 1990 verfünffacht hatte, stieg er in den Präfekturen Ôita und Kumamoto im gleichen Zeitraum um den Faktor 20 beziehungsweise 12 (Dêta de miru kensei 1993/94: 259).

Zusammenfassend bleibt festzuhalten, daß sich die industrielle Produktion auch nach 1975 stark auf den mittleren Teil Japans konzentrierte, der von den drei Küstenregionen Kantô-Meer, Tôkai und Kinki-Meer sowie Kantô-Inland, südliches Chûbu und Kinki-Inland gebildet wird. Gegenüber dem restlichen Japan kam es sogar zu einer weiteren Steigerung der industriellen Aktivität in diesem Raum auf insgesamt über 70%.

II.C. Entwicklung des industriellen Gütertransportaufkommens

II.C.1. Sektorale Entwicklung

Betrachtungsgegenstand ist der industrielle Gütertransport Japans. Darunter fällt jede Form des Gütertransportes auf der Beschaffungs-, Produktions- und Absatzseite von Industrieunternehmungen, unabhängig davon, ob diese den Transport selbst durchführen oder von Transportunternehmungen durchführen lassen. Bei Zugrundelegung dieser Begriffsabgrenzung hat das jährliche Transportaufkommen der Industrie in Tonnen von 1,38 Mrd. Tonnen im Jahr 1975 bis zum Jahr 1990 auf 2,14 Mrd. Tonnen zugenommen, was einem Anteil am gesamten Gütertransportaufkommen Japans von 27,5% beziehungsweise 31,6% entspricht (UN'YUSHÔ 1990: 90; Un'yu keizai tôkei yôran 1993: 16).

Abb. 3: Entwicklung des industriellen Gütertransportaufkommens nach Hauptgruppen 1975-1990 (Mio. Tonnen)

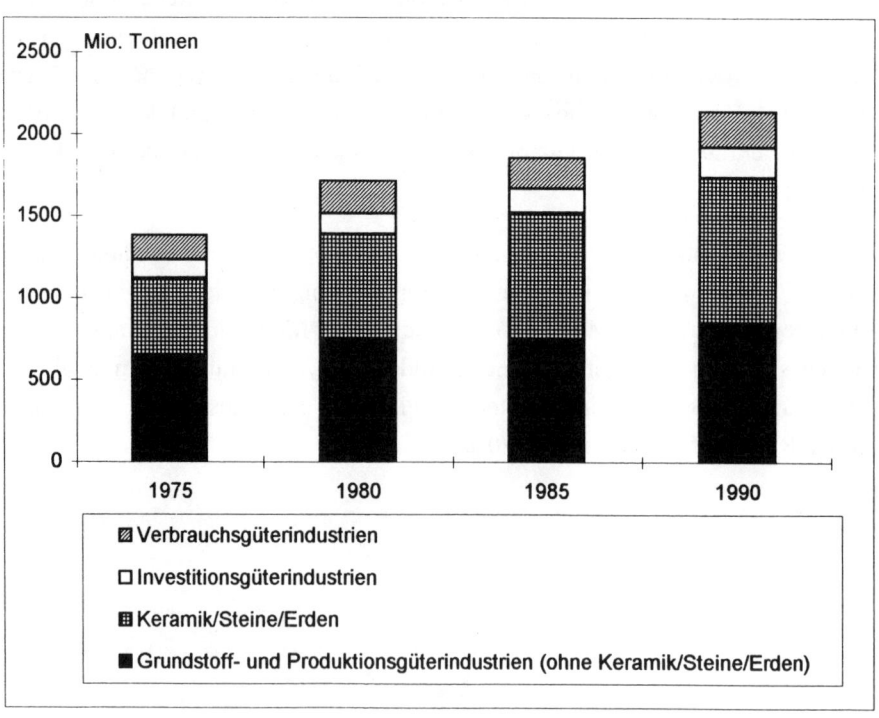

Quelle: UN'YUSHÔ 1990: 90

Abb. 3 zeigt, daß insgesamt das Transportgewicht zwischen 1975 und 1990 um über die Hälfte auf über 2,1 Mrd. Tonnen zunahm, blieben die jeweiligen Anteile der einzelnen Hauptgruppen relativ unverändert. Auf die Grundstoff- und Produktionsgüterindustrien fielen durchweg rund 80% des Transportaufkommens, während sich der Anteil der beiden anderen Hauptgruppen mit jeweils etwa 10% relativ gering darstellte. Dies verwundert jedoch nicht, da alle Grundstoffindustrien ein gewichtsbezogen spezifisch großes Transportaufkommen aufweisen. Allein auf den Industriezweig *Keramik/Steine/Erden* fiel, wie ablesbar, rund ein Drittel des gesamten industriellen Transportaufkommens.

Bei der Wahl eines anderen Indikators und der Betrachtung des Transportaufkommens nach der Zahl der Transportbewegungen (Abb. 4) zeigt sich ein verändertes Bild. Zum einen stieg die Zahl der Transportbewegungen zwischen 1975 und 1990 insgesamt mit über 150% deutlich stärker als das zuvor beschriebene Transportgewicht. Zum anderen verteilt sich bei dieser Betrachtungsweise das Transportaufkommen gleichmäßiger auf die drei Hauptgruppen, wobei die meisten Transportbewegungen auf die Verbrauchsgüterindustrien fallen.

Abb. 4: Entwicklung des industriellen Gütertransportaufkommens nach Hauptgruppen 1975-1990 (Mio. Transportbewegungen)

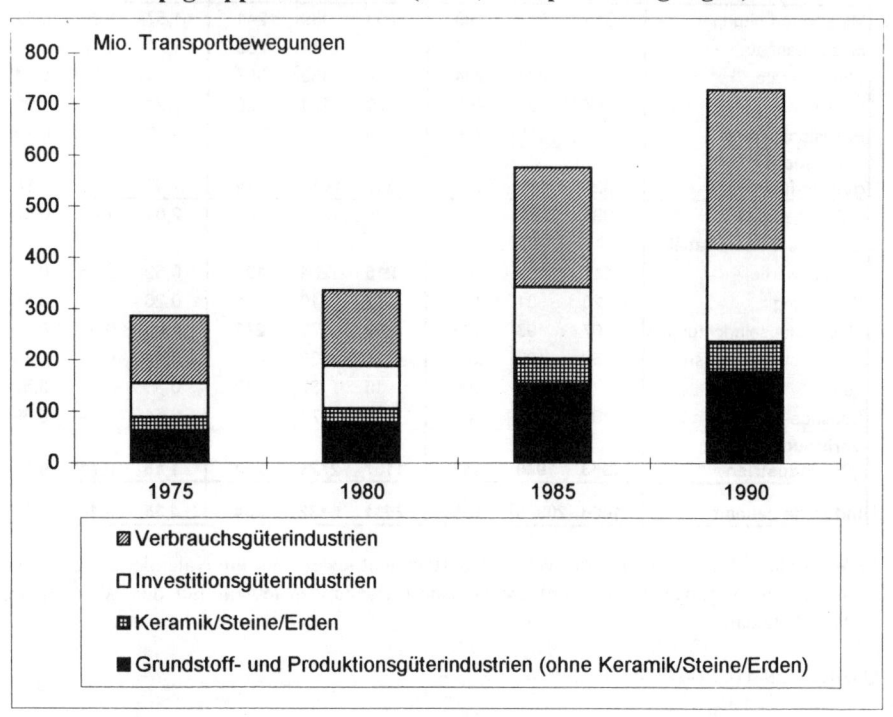

Quelle: eigene Berechnungen nach UN`YUSHÔ 1990: 90, 294-295

Aufschlußreich für die Darstellung von Veränderungen der Transportstruktur ist eine Gegenüberstellung von Transportgewicht und Anzahl der Transportfälle, wie sie nach den 22 Industriezweigen aufgeschlüsselt in Tab. 3 präsentiert wird.

Tab. 3: Industrielles Gütertransportaufkommen nach Gewicht und Anzahl der Transportbewegungen und daraus resultierendes Transportlos in Tonnen, Gegenüberstellung nach Industriehauptgruppen 1975 und 1990[1])

	Aufkommen in 1000 Tonnen		Veränd. '90 zu '75	Aufkommen in 1000 Tr.bew.		Veränd. '90 zu '75	Transportlos in Tonnen		Veränd. '90 zu '75
	1975	1990	(1975=100)	1975	1990	(1975=100)	1975	1990	(1975=100)
Holzverarbeitung	404	521	129	127	241	190	3,18	2,17	0,68
Papier	309	615	199	139	286	206	2,22	2,15	0,97
Chemie	639	1020	160	113	338	299	5,67	3,02	0,53
Öl- und Kohleprodukte	1736	2880	166	26	58	223	66,81	49,53	0,74
Kunststoffe	·	250	·	·	333	·	·	0,75	·
Gummi	25	75	300	30	77	257	0,84	0,97	1,15
Keramik/Steine/Erden	4018	8528	212	243	529	218	16,56	16,13	0,97
Eisen und Stahl	1414	2256	160	64	138	216	22,23	16,35	0,74
Nichteisenmetalle	183	221	121	34	93	274	5,33	2,37	0,44
Grundstoff- und Produktionsgüterindustrien	**8728**	**16366**	**188**	**776**	**2093**	**270**	**11,25**	**7,82**	**0,70**
Metallverarbeitung	319	631	198	203	489	241	1,57	1,29	0,82
Maschinenbau	201	315	157	159	411	258	1,27	0,77	0,61
Elektrogeräte	99	281	284	117	453	387	0,84	0,62	0,74
Fahrzeugbau	297	787	265	70	154	220	4,24	5,13	1,21
Präzisionsgeräte	9	18	200	39	107	274	0,22	0,16	0,73
Investitionsgüterindustrien	**925**	**2032**	**220**	**588**	**1614**	**274**	**1,57**	**1,26**	**0,80**
Nahrungsmittel	991	997	101	494	1000	202	2,01	1,00	0,50
Getränke, Futter, Tabak	·	472	·	·	102	·	·	0,21	·
Textilgewerbe	111	102	92	216	294	136	0,52	0,35	0,67
Bekleidung	23	31	135	89	310	348	0,26	0,10	0,38
Möbel, Hauseinrichtungen	67	93	139	63	172	273	1,05	0,54	0,51
Druckereierzeugnisse	58	197	340	131	638	487	0,44	0,31	0,70
Leder	5	5	100	15	32	213	0,31	0,16	0,52
Sonstige	98	43	44	159	177	111	0,61	0,24	0,39
Verbrauchsgüterindustrien	**1353**	**1940**	**143**	**1167**	**2725**	**234**	**1,16**	**0,71**	**0,61**
Industrie gesamt	**11006**	**20338**	**185**	**2531**	**6432**	**254**	**4,35**	**3,16**	**0,73**

1) Während sich die Angaben für das Transportgewicht jeweils auf ein Kalenderjahr beziehen, stellen die Angaben für die Zahl der Transportbewegungen jeweils nur den Wert für drei Werktage dar.

Quelle: UN'YUSHÔ 1990: 294-295

Bis auf zwei Industriezweige ist in allen Branchen die Zunahme bei der Zahl der Transportbewegungen stärker ausgefallen als beim Transportgewicht. Die unterschiedlichen Transportlose (durchschnittliches Transportgewicht pro Transportbewegung) zeigen zwischen den einzelnen Industriezweigen und Hauptgruppen deutliche Unterschiede.

So liegen die Transportlose aller Bereiche der Grundstoff- und Produktionsgüterindustrie außer *Gummi* und *Kunststoffe* deutlich über den Werten der übrigen Industriezweige,[9] wobei besonders die Zweige *Öl- und Kohlenprodukte*, *Keramik/Steine/Erden* und *Eisen und Stahl* durch große Werte auffallen. Hier zeigen sich klar die unterschiedlichen Transporteigenschaften der verschiedenen Güter, die von ausgeprägten Massengütern wie Ölprodukten bis hin zu kleinen und leichten Stückgütern wie Präzisionsgeräten reichen und stark die Wahl des jeweils zum Einsatz kommenden Verkehrsmittels beeinflussen.[10]

Bei der Interpretation der einzelnen Losangaben in Tonnen muß beachtet werden, daß es sich um Durchschnittswerte handelt. So hatten 1975 trotz eines industrieweit durchschnittlichen Transportloses von 4,35 Tonnen schon rund 35% aller Transportbewegungen ein Gewicht von weniger als 100 Kilogramm. Bis 1990 hatte sich dieser Anteil der Kleinsttransporte sogar auf knapp die Hälfte aller Transporte erhöht (Abb. 5). Damit wird deutlich, daß vor allem die Transporte mit sehr geringem Lieferumfang für die Unternehmungen an Bedeutung gewonnen haben.

---

[9] Allein der Transport von Kraftfahrzeugen, der zu einem stetig steigenden Teil auf Schiffen durchgeführt wird, bewirkt für den Zweig *Fahrzeugbau* ein deutlich höheres Transportlos.

[10] Die Transportlosverringerungen stehen natürlich eng im Zusammenhang mit einer Anteilsverschiebung zwischen den jeweils zum Einsatz kommenden Verkehrsmitteln. So sanken die Anteile von Eisenbahn und Küstenschiffahrt, als typische Massenguttransporteure, am industriellen Transportaufkommen in Tonnen zwischen 1975 und 1990 von 6,0% auf 2,1% bzw. von 19,5% auf 16,2%. Gleichzeitig stieg der Anteil des Straßenverkehrs von 67,1% auf 78,7% (UN`YUSHÔ 1990: 101). Diese Verschiebungen hängen aber auch direkt mit Veränderungen der Produktionsorganisation der Industrieunternehmungen wie auch der Leistungsfähigkeit der einzelnen Verkehrssysteme zusammen, die Gegenstand der folgenden Kapitel sind. Aus diesem Grund wird an dieser Stelle nicht weiter auf die Verschiebungen zwischen den einzelnen Verkehrsmitteln und damit zu beobachtende Güterstruktur- und Substitutionseffekte eingegangen (hierzu: LEGEWIE 1995: 48-53; HENCKEL 1986: 164).

Abb. 5: Veränderungen bei der Größe des einzelnen Transportloses in Tonnen in der Industrie 1975-1992

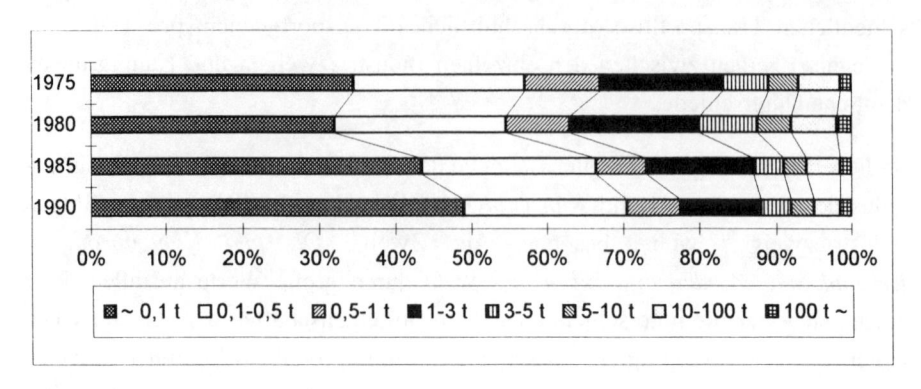

[Balkendiagramm: 1975, 1980, 1985, 1990; Kategorien: ~0,1 t, 0,1-0,5 t, 0,5-1 t, 1-3 t, 3-5 t, 5-10 t, 10-100 t, 100 t ~]

Quelle: UN`YUSHÔ 1990: 117

Insgesamt kann an dieser Stelle festgehalten werden, daß sich parallel zum industriellen Wachstum auch das entsprechende Transportaufkommen erhöht hat, wobei die Zahl der Transportbewegungen deutlich stärker gestiegen ist als das Transportgewicht. Zwischen den einzelnen Industriezweigen und -hauptgruppen sind aufgrund der Verschiedenheit der Transportgüter auffällige strukturelle Unterschiede festzustellen. Einheitlich bleibt jedoch festzustellen, daß sich, unabhängig vom betrachteten Industriezweig, die Bedeutung der Transporte mit einem geringeren Umfang stark erhöht hat.

II.C.2. Regionale Entwicklung

Parallel zur Darstellung der regionalen Entwicklung des Industrieumsatzes wird im folgenden die des industriellen Gütertransportaufkommens betrachtet und in Beziehung zur Umsatzentwicklung gebracht. Tab. 4 stellt die Anteile der einzelnen 12 Regionen am Aufkommen nach Transportgewicht und -bewegungen den jeweiligen Umsatzanteilen gegenüber.

Tab. 4: Umsatz und Transportaufkommen (in Tonnen und Transportbewegungen) der Industrie, Anteile der einzelnen Regionen 1975 und 1990

	Umsatz		Transportgewicht		Transportbewegungen	
	1975	1990	1975	1990	1975	1990
Hokkaidô	2,6%	1,9%	3,7%	4,0%	2,1%	2,0%
Tôhoku	3,8%	4,7%	5,9%	6,3%	5,5%	6,1%
Chûbu	7,2%	8,3%	7,0%	8,9%	10,5%	12,1%
Kantô-Inland	7,4%	10,3%	5,9%	7,7%	9,3%	8,4%
Kantô-Meer	25,5%	22,9%	22,2%	20,6%	21,3%	20,3%
Tôkai	13,3%	16,6%	7,3%	10,1%	13,0%	11,2%
Kinki-Inland	3,5%	4,6%	1,8%	2,9%	6,9%	6,7%
Kinki-Meer	19,0%	15,3%	18,8%	14,9%	17,2%	18,1%
Chûgoku	8,4%	7,1%	12,2%	10,4%	5,1%	5,7%
Shikoku	3,0%	2,4%	3,7%	3,8%	2,8%	3,1%
Kyûshû	6,0%	5,7%	10,5%	9,6%	6,0%	6,1%
Okinawa	0,3%	0,2%	1,0%	0,8%	0,3%	0,2%

Quelle: UN`YUSHÔ 1975, 1990

Das Transportaufkommen korreliert erwartungsgemäß stark mit dem jeweiligen Umsatz der einzelnen Regionen. Bei einer Differenzierung des Transportaufkommens nach Transportgewicht und -bewegungen werden jedoch auffällige Unterschiede deutlich. So liegen die Anteile der Peripherregionen am Transportgewicht durchweg über den jeweiligen Umsatzanteilen, was auf die überdurchschnittlich starke Position der Grundstoff- und Produktionsgüterindustrien in diesen Regionen zurückzuführen ist. Damit lag der Anteil des Kernraumes Honshûs (Kantô, Tôkai, Kinki) mit rund 56% des Transportgewichtes sowohl 1975 als auch 1990 deutlich unter dem entsprechenden Umsatzanteil. Bei einer Betrachtung nach Transportbewegungen ergibt sich ein differenzierteres Bild, wobei die Werte hier insgesamt weniger stark von den entsprechenden Umsatzwerten abweichen und nur bei einer genauen Kenntnis der jeweiligen Branchenzusammensetzung zu erklären sind. Insgesamt lag der Anteil des Kernraumes Honshûs hier nur geringfügig unter dem entsprechenden Umsatzwert.

Abb. 6: Umsatzentwicklung und Transportaufkommen der Industrie in Tonnen nach Präfekturen 1975 und 1990

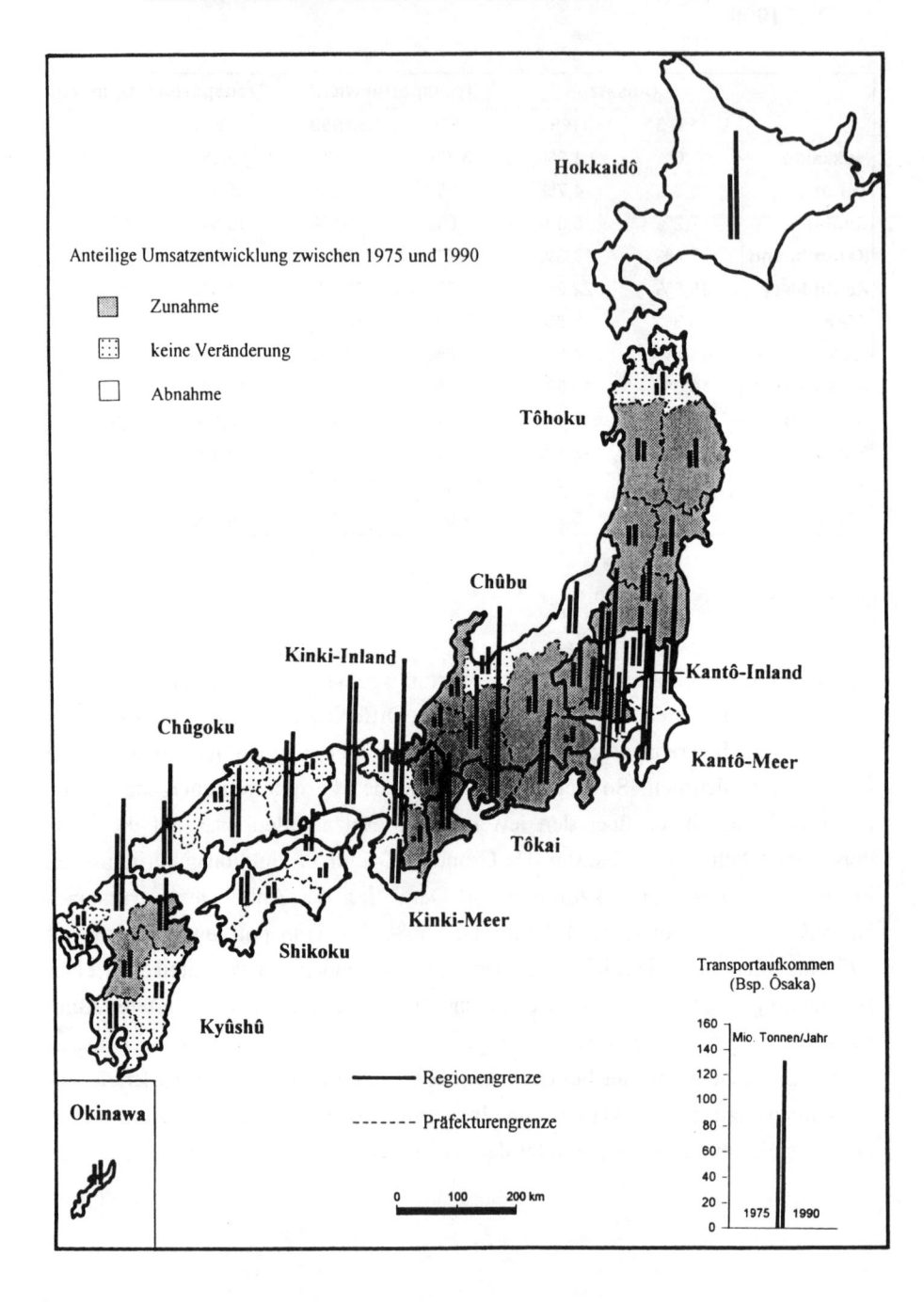

Quelle: Kôgyô tôkeihyô, hinmokuhen 1975-1990; UN'YUSHÔ 1975, 1990

Abb. 7: Umsatzentwicklung und Transportaufkommen der Industrie in Transportbewegungen nach Präfekturen 1975 und 1990

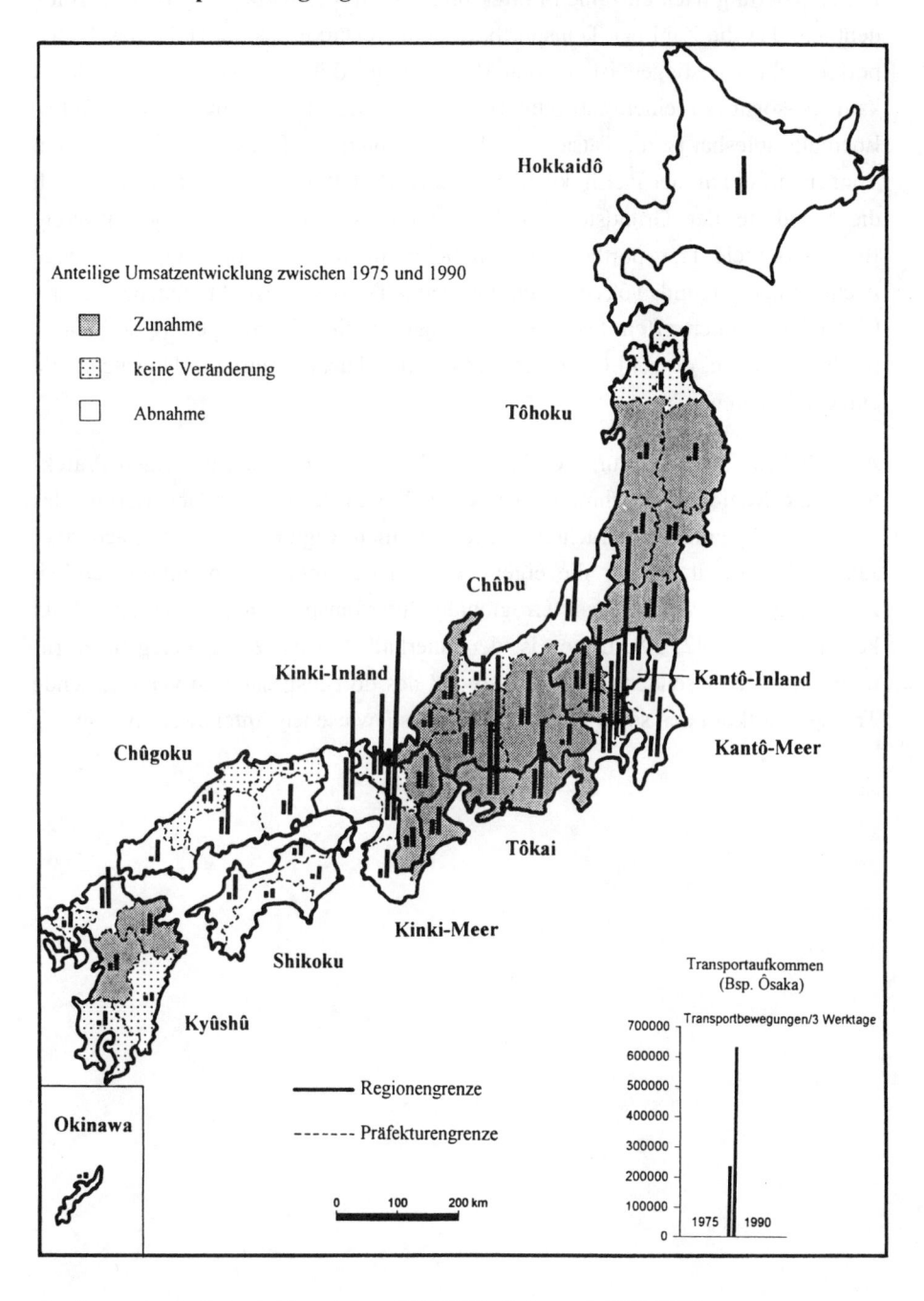

Quelle: Kôgyô tôkeihyô, hinmokuhen 1975-1990; UN`YUSHÔ 1975, 1990

Abb. 6 und 7 präsentieren die Entwicklung des Transportaufkommens mit einer Differenzierung nach einzelnen Präfekturen. Auch hier wird auf den ersten Blick deutlich, daß die Zahl der Transportbewegungen stärker als die Höhe des Transportgewichtes gestiegen ist. In den Präfekturen Akita, Hyôgo und Kagoshima kam es sogar zu einem absoluten Rückgang des transportierten Gewichtes. Ebenfalls ablesbar ist die Tatsache, daß der Großteil des Transportaufkommens in Tonnen auf die an der Pazifikküste gelegenen Präfekturen fällt, auf die sich auch die Standorte der Grundstoff- und Produktionsgüterindustrien konzentrieren. Besonders viele Transportbewegungen fielen auf die Großstadtregionen Ôsaka, Aichi (Nagoya) und Tôkyô, während beim Transportgewicht Kanagawa und Chiba Tôkyô übertreffen. Dabei kam es sogar zu einer Verdoppelung der Transportbewegungen, obwohl Ôsaka und Tôkyô im gleichen Zeitraum Umsatzanteile eingebüßt hatten.

Abschließend sei noch kurz der Transitverkehr zwischen den einzelnen Präfekturen und Regionen erwähnt. Bisher war lediglich der Ort der Generierung des Transportaufkommens betrachtet worden. In allen Regionen ist in den achtziger Jahren der Anteil der für die eigene Region bestimmten Produktion deutlich zurückgegangen, so daß der interregionale Gütertransport angestiegen ist (Chiiki keizai repôto 1992: 39). Davon ist der innerhalb Japans zentral gelegene Kernraum Honshûs besonders betroffen, so daß das dort insgesamt zu verzeichnende Transportaufkommen sogar über den oben ausgewiesenen Anteilswerten liegt.

III. Produktionsorganisatorische Veränderungen und Anforderungswandel im Gütertransportbereich

III.A. Grundsätzliche Merkmale der Produktionsorganisation

Als grundsätzliches Merkmal der industriellen Produktionsweise ist eine Arbeitsteilung und Aufgliederung der Gütererzeugung in verschiedene Arbeitsgänge und Produktionsstufen zu nennen. Dies führt neben zeitlichen vor allem zu räumlichen Aufspaltungen des Produktionsprozesses in verschiedene Einheiten, die von der innerbetrieblichen Ebene über die lokale und regionale bis hin zur interregionalen Ebene reichen können (VOPPEL 1990: 71-72). Der Begriff Produktionsorganisation[11] umfaßt dabei Aufbau, Ablauf und Steuerung des gesamten mehrstufigen Produktionsprozesses und beschreibt somit sowohl inner- als auch zwischenbetriebliche Beziehungs- und Organisationsstrukturen. Der dabei entstehenden Notwendigkeit der Raumüberwindung von Gütern wird durch den Gütertransport Rechnung getragen (IHDE 1991a: 2), der damit in bezug auf die Produktionsorganisation ein notwendiges und gleichzeitig von ihr abhängiges Bindeglied darstellt.

In der konkreten Ausgestaltung der jeweiligen Produktionsorganisation bestehen in Japan wie auch in anderen Industriestaaten zwischen den einzelnen Bereichen der Industrie - branchen- und produktspezifisch bedingt - große Differenzen, wie auch die unterschiedliche räumliche Verteilung der einzelnen Betriebsstätten von erheblicher Bedeutung für die zwischenbetriebliche Produktionsorganisation ist. Wesentliche Differenzen existieren vor allem zwischen den Montageindustrien einerseits und den übrigen Industriezweigen andererseits. Charakteristisches Merkmal der ersten Gruppe ist eine deutliche Aufteilung des Produktionsprozesses auf eine Vielzahl von Produktionsstufen und Unternehmungen. Bei den sonstigen Branchen ist dagegen produktbedingt ein solches Organisationsmuster seltener anzutreffen.

Bis in die siebziger Jahre war in Japan die industrielle Fertigung in den Montageindustrien weitgehend nach tayloristischen und fordistischen Prinzipien und dem Streben nach Ausnutzung von Kostenvorteilen durch standardisierte Massenproduktion organisiert. Trotz der Notwendigkeit einer Ausrichtung der Produktion an vor-, neben- oder nachgelagerten Beschaffungs-, Produktions- und Handelsstufen ging in der Regel die jeweilige Produktionssteuerung von den einzelnen

---

[11] Zu Inhalt und Abgrenzung dieses Begriffes aus organisationstheoretischer Sicht siehe FRESE (1992: 2039-2058).

Unternehmungen und Betrieben selbst aus. Dabei wurden dort autonom Produktionspläne aufgestellt, die sich neben Bestellungseingängen vor allem an projizierten Absatzerwartungen ausrichteten. Vorrats- und Pufferlagern fiel die wichtige Funktion zu, einen zeitlichen Ausgleich zwischen Angebot und Bedarf an Rohmaterialien, Zwischen- und Fertigprodukten zu schaffen (JÜNEMANN 1989: 143-144). Bei Abstraktion vom Fertigungsprozeß im engeren Sinne und Erweiterung der Sichtweise auf die gesamte Produktionsorganisation der jeweiligen Unternehmung zwischen Beschaffung und Absatz treffen diese Aussagen auf nahezu alle Industriezweige zu.

Während diese allgemeine Skizzierung so auch für andere Industriestaaten zutrifft, ist für Japan jedoch mit Blick auf den Gütertransport zusätzlich eine überdurchschnittlich starke Lieferverflechtung der Industriebetriebe untereinander hervorzuheben. Auffällig ist der große Anteil kleinerer Betriebe in Japan. So fielen 1975 in der Industrie auf Betriebe mit bis zu 99 Beschäftigten 98% aller Arbeitsstätten und 55,5% aller Beschäftigten (JIGYÔSHO TÔKEI CHÔSA HÔKOKU 1975: 250). Die Vergleichszahlen für die Bundesrepublik Deutschland (1970) betrugen beispielsweise 96,5% und 32,9% (Arbeitsstättenzählung 1987: 20-21).

Ein großes Maß an zwischenbetrieblicher Verflechtung ergibt sich jedoch erst bei geringer Eigenfertigungstiefe der einzelnen Unternehmungen und gleichzeitig starker Lieferverflechtung untereinander. Aus Tab. 5 wird deutlich, daß die durchschnittliche Eigenfertigungstiefe[12] in nahezu allen Industriezweigen Japans 1975 außerordentlich niedrig lag und sich auch 1990 im Durchschnitt nur leicht höher präsentierte.[13] Auffällig ist, daß bei allen Montageindustrien zwischen 1975 und 1990 eine Verringerung der Eigenfertigungstiefe verzeichnet werden konnte, während nahezu alle anderen Bereiche eine leichte Erhöhung aufwiesen.

---

[12] Zu beachten ist, daß die japanische Industriestatistik auch Betriebe mit weniger als 20 Beschäftigten ausweist, deren Eigenfertigungstiefe im Durchschnitt über der von größeren Betrieben liegt. Bei entsprechender Ausweisung dieser Kleinbetriebe in der deutschen Statistik würden also auch dort die ausgewiesenen Werte angehoben, so daß sich die Differenz zu Japan weiter erhöhen würde. Zur Problematik bei Messung und Vergleich der Eigenfertigungstiefe siehe HEMMERT (1994: 76-77 und 1993: 149-150), DICHTL (1993: 3519-3530) und WALDENBERGER (1991: 95).

[13] Außerdem zeigen umfassende Industriebefragungen, daß in Japan seit 1971 stets über 55% der kleinen und mittleren Unternehmungen im Zuliefergeschäft engagiert waren, wobei rund drei Viertel ihren Umsatz sogar allein aus diesem Geschäft bestritten (Kôgyô jittai kihon chôsa hôkokusho 1974, 1979, 1984, 1990). Demgegenüber betrug nach der einzig vergleichbaren Untersuchung für europäische Unternehmungen der entsprechende Wert für die Bundesrepublik Deutschland 1985 lediglich 46,0%, im europäischen Durchschnitt sogar nur 41,4% (STRATOS GROUP 1990: 66).

Tab. 5: **Vergleich der durchschnittlichen Eigenfertigungstiefe in ausgewählten Industriezweigen in Deutschland und Japan 1975 und 1990**

	Japan		Deutschland	
	1975	1990	1975	1990
Holzverarbeitung	32,1%	38,1%	42,5%	40,1%
Papier	35,3%	40,0%	46,0%	44,6%
Chemie	40,2%	52,7%	53,2%	51,7%
Öl- und Kohleprodukte	14,7%	29,8%	37,1%	34,1%
Gummi	45,0%	49,5%	54,4%	50,2%
Keramik/Steine/Erden	49,1%	52,5%	59,4%	57,0%
Eisen und Stahl	25,5%	39,0%	40,4%	44,7%
Nichteisenmetalle	24,9%	30,7%	30,2%	32,3%
Maschinenbau	46,7%	42,8%	55,7%	53,6%
Elektrogeräte	44,0%	40,5%	55,2%	54,2%
Straßenfahrzeugbau	32,5%	30,1%	46,5%	39,8%
Präzisionsgeräte	49,0%	42,6%	60,3%	54,2%
Nahrungsmittel	36,1%	44,8%	41,8%	41,9%
Textil	38,1%	43,9%	47,4%	44,1%
Bekleidung	44,1%	50,6%	46,7%	41,1%
Möbel, Hauseinrichtungen	42,6%	45,8%	53,1%	50,2%
Druckereierzeugnisse	56,1%	53,9%	65,5%	57,6%
Leder	36,5%	39,3%	52,8%	43,2%
Industrie gesamt	**37,4%**	**41,7%**	**49,6%**	**47,8%**

Anm.: Für Japan wurde bei dieser Berechnung der gesamte Materialaufwand (genzairyô shiyôgaku), in den auch Kosten für Handelsware und Lohnarbeiten eingehen, von den Umsatzerlösen (seizôhin shukkagaku) subtrahiert und die Differenz, das heißt die Wertschöpfung, auf die Umsatzerlöse bezogen. Für Deutschland wurde der ausgewiesene Nettoproduktionswert herangezogen, der sich aus Bruttoproduktionswert minus Materialverbrauch, Einsatz an Handelsware und Kosten für Lohnarbeiten errechnet. Damit sind die jeweiligen Werte miteinander vergleichbar.

Quelle: Statistisches Jahrbuch 1978, 1992; Kôgyô tokeihyô, sangyôhen 1975, 1990

Die niedrigen Werte für die Eigenfertigungstiefe in den materialorientierten Branchen Leder-, Nahrungs- und Genußmittel-, Papier-, Holz-, eisenschaffende und Mineralölindustrie können mit dem großen Anteil des jeweiligen Vormaterials an der Wertschöpfung erklärt werden. Für einen Bereich wie den Straßenfahrzeugbau oder die elektrotechnische Industrie entfällt ein solches Argument jedoch. Vielmehr kommt es hier, stärker noch als in den anderen Montageindustrien, zu einer ausgeprägten vertikalen Arbeitsteilung, die ihren Ausdruck in der viel beschriebenen pyramidenförmigen Produktions- und Zulieferstruktur der

Automobilindustrie findet (für viele: HEMMERT 1993: 150; KUBOTA/WITTE 1990; DEMES 1989; UEKUSA 1982: 124; CHÛÔ DAIGAKU KEIZAI KENKYÛJO 1976). Dabei steht schon seit den fünfziger Jahren[14] in Japan wenigen Endherstellern eine Vielzahl von Betrieben auf bis zu fünf hintereinander geschalteten Ebenen gegenüber, die sich durch intensive Lieferbeziehungen an die jeweils höhere Ebene auszeichnen (NIHON RÔDÔ KENKYÛ KIKÔ 1992: 25).[15]

Insgesamt kann festgehalten werden, daß die auch außerhalb der Montageindustrien geringen Eigenfertigungstiefen in Japan auf eine überdurchschnittlich starke Arbeitsteilung im Produktionsprozeß deuten. Damit kann in bezug auf den Gütertransport in weiten Bereichen der japanischen Industrie ein großes Ausmaß an zwischenbetrieblichen Produktions- und Lieferverflechtungen als gegeben angenommen werden.

III.B. Hintergrund produktionsorganisatorischer Veränderungen

III.B.1. Notwendigkeit von produktionsorganisatorischen Veränderungen

In Japan sind, wie auch in anderen Industriestaaten, Veränderungen in der Produktionsorganisation der meisten Industrieunternehmungen im wesentlichen vor den folgenden drei sich gegenseitig bedingenden Strukturentwicklungen zu sehen (WELKER 1988: 9-10):

- Wandel der Absatzmärkte von Verkäufer- zu Käufermärkten

- Verschärfung des Wettbewerbs und des Kostendrucks

- Zunahme der Nachfrageschwankungen durch eine gestiegene Umweltdynamik.

Im Mittelpunkt steht ein verändertes Nachfrageverhalten auf der Verbraucherseite, welches seit Mitte der siebziger Jahre in Japan deutlich zutage tritt (TANIMOTO 1991: 63). Im Anschluß an die Hochwachstumsphase wurde im Bereich der Konsum- und Investitionsgüter eine Marktsättigung in der Form erreicht, daß innerhalb Japans die relativ stabile Nachfrage nach einfachen stan-

---

[14] Die erste offizielle Erwähnung der nishu kôzô [Dualstruktur] in der japanischen Wirtschaft als Nebeneinanderbestehen von wenigen Groß- und sehr vielen Kleinbetrieben fällt auf das Jahr 1957 (KEIZAI HAKUSHO 1957: 33-44).

[15] Ausführlich zur Stellung der mittelständischen Wirtschaft und damit auch zur Bedeutung der ausgeprägten Lohnunterschiede zwischen Groß- und Kleinbetrieben in Japan siehe ERNST/LAUMER (1989).

dardisierten Massengütern nachließ beziehungsweise in steigendem Maße von importierten Gütern befriedigt wurde. Seitdem ist auf heimischen wie auf Exportmärkten eine steigende Nachfrage nach qualitativ höherwertigen und individueller ausgestalteten Produkten zu beobachten (ÔKURASHÔ SAISEIKINYÛ KENKYÛJO 1992: 20ff.; MORIMIYA 1990: 25).[16] Außerdem bestimmen in vielen Bereichen zunehmend Modetrends das Verbraucherverhalten und führen so zu stärkeren Nachfrageschwankungen. TANIMOTO beschreibt diese Entwicklung seit Mitte der siebziger Jahre umfassend, wobei er als wesentliches Kennzeichen eines veränderten Konsumentenverhaltens das "Ima sugu hoshii" [Ich will es jetzt und sofort] (1991: 63) hervorhebt.

Abb. 8: Ausweitung des Produktionssortimentes in ausgewählten Industriezweigen in Japan (jährlicher Anstieg der Artikelzahl in %)

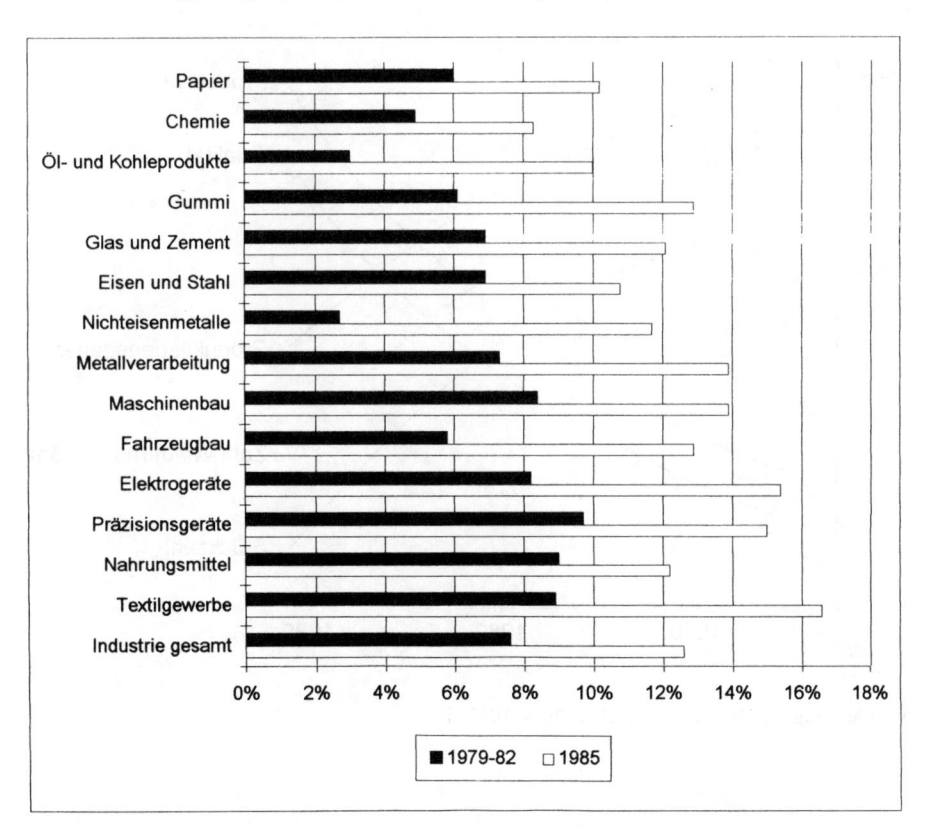

Quelle: NITTSÛ SÔGÔ KENKYÛJO 1983; UN`YU KEIZAI KENKYÛ SENTÂ 1986

---

[16] Einschränkend ist jedoch anzumerken, daß auch in Japan einzelne Industriezweige zum Teil stark unterschiedliche Entwicklungszyklen aufweisen. Mithin beziehen sich die obigen Aussagen lediglich auf die wirtschaftliche Entwicklung insgesamt.

Dem veränderten Nachfrageverhalten begegneten die Produzenten zunächst mit einer deutlichen Produktdifferenzierung. Abb. 8 zeigt, daß die Artikelzunahme zwischen 1979 und 1982 pro Jahr 7,5% betrug; 1985 stieg die jährliche Wachstumsrate im Durchschnitt sogar auf 12,6%.[17] Auffällig ist zum einen die in den achtziger Jahren in allen Industriezweigen gewachsene Geschwindigkeit der Sortimentsausweitung, wodurch die Dynamik der Entwicklung unterstrichen wird. Andererseits ist gegenüber den Grundstoff- und Produktionsgütern bei den Konsum- und Investitionsgüterartikeln ein größeres Ausmaß der Sortimentsausdehnung ablesbar. Diese Differenz verwundert jedoch mit Blick auf die relative Konsumnähe der letztgenannten Bereiche nicht.

Abb. 9: Produktseitige Veränderungen mit Auswirkungen auf die Produktionsorganisation seit 1970

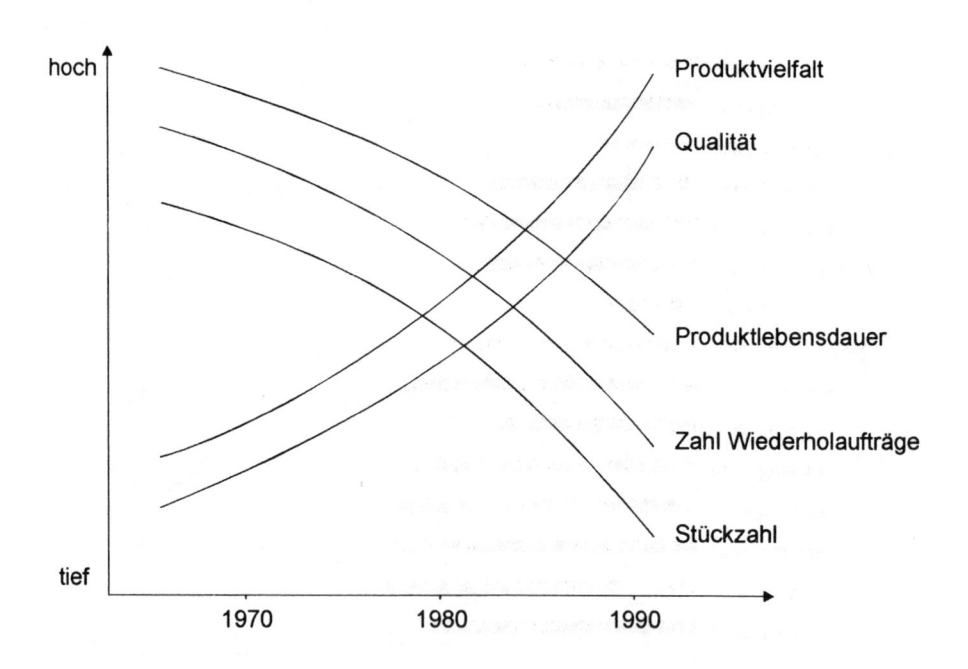

Quelle: eigene Darstellung nach WOBBE 1993: 13

---

[17] In einigen Bereichen betrug die jährliche Artikelzunahme in den achtziger Jahren sogar bis zu 30% (TANIMOTO 1991: 64).

Die Werte deuten außerdem auf einen im Zeitablauf gestiegenen Einfluß des Nachfrageverhaltens entlang der Wertschöpfungskette bis hin zu den Grundstoff- und Produktionsgüterindustrien. So sehen sich auch deren Unternehmungen einem geänderten Bestellverhalten ihrer Abnehmer gegenüber. In Abb. 9 werden die wesentlichen Veränderungen noch einmal bildlich zusammengefaßt.

Angesichts dieser produktseitigen Veränderungen ergab sich seit Mitte der siebziger Jahre für die einzelnen Industrieunternehmungen in Japan in steigendem Maße die Notwendigkeit, ihren Fertigungsprozeß zu reorganisieren. Erforderlich wurde eine zunehmend flexiblere Produktionsorganisation, die in der Lage war, schneller auf eine Veränderung der jeweiligen Nachfragedaten zu reagieren.

III.B.2. Möglichkeit zu produktionsorganisatorischen Veränderungen

Im vorangegangenen Abschnitt wurden Strukturveränderungen im Nachfrageverhalten als wesentliche Bestimmungsgröße eines zunehmenden Flexibilisierungsbedarfs beim Produktionsprozeß herausgearbeitet. Dieser Notwendigkeit von produktionsorganisatorischen Veränderungen stehen mit dem verstärkten Eindringen von Elektronik und Mikroelektronik in den Produktionsbereich gleichzeitig gestiegene Möglichkeiten zu produktionsorganisatorischen Neuerungen gegenüber. VOPPEL sieht durch den Einsatz von Elektronik und Mikroelektronik "tiefgreifende Umwälzungen der innerbetrieblichen, sozialen und räumlichen Strukturen des industriellen Gefüges...[und]...die am weitesten gehenden Veränderungen mit Wirkungen weit über frühere Innovationen und weit über die Industrie hinaus"(1990: 39).

Die Fortschritte im elektronischen und mikroelektronischen Bereich hatten besonders großen Einfluß auf die Entwicklung neuer Produktionstechniken, wobei als eine Art Obersystem das Konzept des CIM (Computer Integrated Manufacturing) gesehen wird (hierzu: LEMPA 1990; LAY 1990; HENCKEL 1986; UNIDO 1986).[18] Dabei reichen die neuen Techniken von numerisch gesteuerten Werkzeugmaschinen, Industrierobotern, flexiblen Fertigungszellen und -systemen bis hin zu CAD (Computer Aided Design) und computergestützten Systemen zur Integration des gesamten Produktionsbereiches (Übersicht bei: HENCKEL 1986:

---

[18] Bisweilen wird jedoch darüber hinaus eine Ergänzung um CAO (Computer Aided Office) zur höchsten Integrationsstufe CAI (Computer Aided Industry) gefordert (DOETSCH/WOLF 1986: 9).

58-69).[19] Alle genannten Techniken zielen auf eine Flexibilisierung der Fertigungsstrukturen. Damit erfordern sie gleichzeitig Anpassungen innerhalb der gesamten Produktionsorganisation und damit auch im Gütertransportbereich (EVERSHEIM 1992: 2063).

Abb. 10: Vergleich der Anzahl von Industrierobotern in Japan, Deutschland und den USA 1981-1993

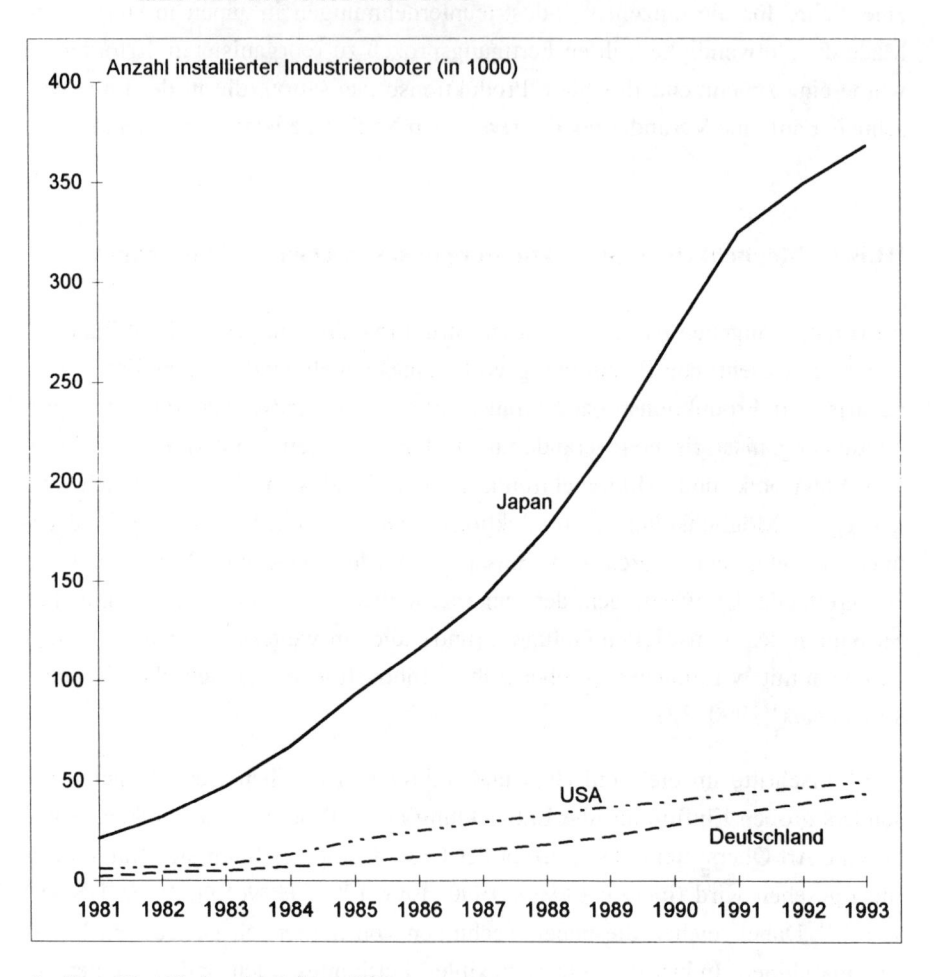

Quelle: World Industrial Robots 1994: 4

---

[19] Interessanterweise finden in der obengenannten Aufstellung bei Henckel auch Logistikkonzepte Erwähnung, wodurch der direkte Bezug von Produktionstechnik, -organisation und Gütertransport unterstrichen wird.

Abb. 11: Vergleich der Anzahl von flexiblen Fertigungssystemen in Japan, Deutschland und den USA seit 1975

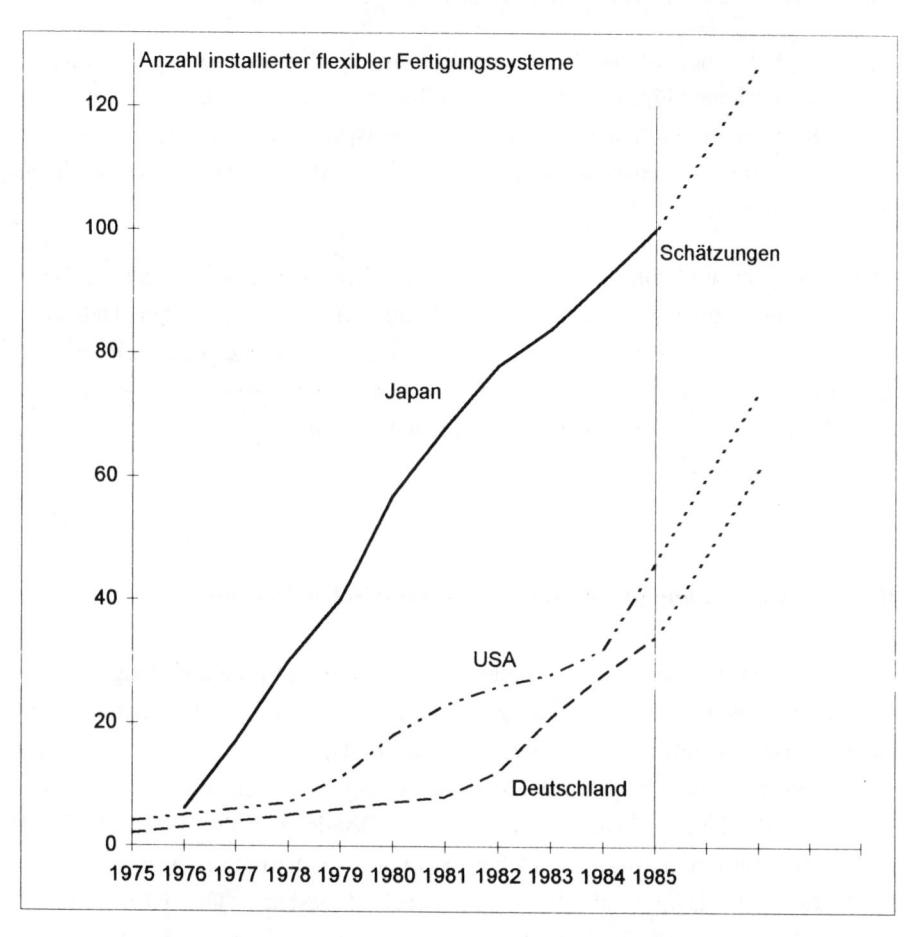

Anm.: Der Gefahr einer Überzeichnung der Werte für Japan aufgrund unterschiedlicher Abgrenzungskriterien wurde dadurch begegnet, daß bei den Werten für Deutschland und die USA die jeweils weitesten Definitionen zugrunde gelegt wurden.

Quelle: OECD 1988: 54; DANKERT 1995: 11-13

Für Japan ist diese Entwicklung im produktionstechnischen Bereich von besonderer Bedeutung, da die dortige Industrie bei der Implementation der neuen Techniken weltweit eine führende Stellung einnimmt. Abb. 10 und 11 zeigen den Zeitpunkt und Umfang der Installationen von Industrierobotern und flexiblen Fertigungssystemen in Japan im Vergleich zu den beiden anderen jeweils führenden

Industriestaaten Deutschland und USA, wobei das enorme Ausmaß des technischen Vorsprunges von Japan deutlich wird. [20]

Der hohe Implementationsgrad ist insofern von großer Bedeutung, als die dadurch geschaffene Möglichkeit zur Flexibilisierung der Fertigungsstrukturen im innerbetrieblichen Bereich gleichzeitig eine entsprechende Flexibilisierung des Gütertransportes zur Ausdehnung dieses Vorteils auf den zwischenbetrieblichen Bereich erforderte.

Gleichzeitig ermöglichten Fortschritte in der Mikroelektronik erhebliche Beschleunigungen im Informationsfluß und beim zwischenbetrieblichen Datenaustausch (PAWELLEK 1995: 31; SPUR 1987: 3-17). Hierin verkörperte sich ein weiteres wesentliches Potential für Veränderungen in der Produktionsorganisation, deren Gestalt sowohl von materiellen als auch von immateriellen Transportvorgängen bestimmt wird.

III.C. Ausprägung produktionsorganisatorischer Veränderungen

Wie die bisherigen Ausführungen zeigen, steht hinter den Veränderungen in der Produktionsorganisation der siebziger und achtziger Jahre vor allem das Ziel einer Flexibilisierung der Fertigungsstrukturen. Die in Japan wie in anderen Industriestaaten dabei beobachtbaren Veränderungen werden spätestens seit dem Erscheinen des Buches "The Second Industrial Divide" von PIORE/SABEL (1984) heftig und kontrovers diskutiert. Dabei wird von vielen Autoren, bezogen auf die Produktionsorganisation, ein Paradigmenwechsel gesehen. Die jahrzehntelang von den Prinzipien des Taylorismus und Fordismus bestimmte industrielle Massenproduktion wird ob einer behaupteten Unfähigkeit, rasch auf eine Änderung der Marktdaten zu reagieren, kritisiert und als Paradigma für gegenwärtige und zukünftige Entwicklungen verneint (siehe hierzu im Vergleich: SKORSTAD 1991; VELTZ 1991; STORPER/ SCOTT 1989; KENNEY/FLORIDA 1988; SCHOENBERGER 1988; LEBORGNE/ LIPIETZ 1988; HARVEY 1987; PIORE/SABEL 1984).

---

[20] Diese wird von vielen Autoren unter anderem mit dem Hinweis auf die frühe staatliche Förderung dieser Bereiche in Japan erklärt, wobei auch auf die in Japan vorgenommene Begriffsprägung "mechatronics" zur Beschreibung der Verschmelzung von mechanischen und elektronischen Techniken hingewiesen wird (OECD 1988: 56; HUNT 1988; KODAMA 1985; GREGORY 1981: 43-52).

Dem von Piore und Sabel eingeführten *theoretischen* Konzept der "flexible specialization" mit vorwiegend regional gebundenen kleineren Unternehmungen (PIORE/SABEL 1984) wird von anderen Autoren die *tatsächliche* Produktionsorganisation in Japan als "Japanese model" entgegengehalten,[21] bei der die intensive Produktionsverflechtung von großen und kleinen Unternehmungen eher den gestiegenen Flexibilitätsanforderungen entspräche (MORRIS 1992; ASHEIM 1992).

Dabei ist neben dem Kennzeichen einer starken zwischenbetrieblichen Produktionsverflechtung als wesentliches Charakteristikum die Umsetzung des von Toyota entwickelten Just-in-time-Gedankens[22] in weiten Bereichen der japanischen Industrie zu nennen. Viele Autoren begreifen dies als Kern der japanischen Produktionsorganisation, so daß sie zu deren Bezeichnung den Begriff "just-in-time system" wählen und so das Konzept des "Japanese model" sprachlich konkretisieren (SKORSTAD 1991; SAYER 1986).

Zur Beschreibung der Just-in-time-Implementation wird sinnvollerweise die Betrachtung der innerbetrieblichen Ebene von der zwischenbetrieblichen getrennt. Abb. 12 verdeutlicht für den innerbetrieblichen Bereich den prinzipiellen Unterschied zwischen der herkömmlichen Produktionssteuerung und der nach dem Just-in-time-Prinzip.

---

[21] Eine solche Polarisierung der Sichtweisen ist aufgrund sprachlicher und inhaltlicher Überschneidungen nur bedingt sinnvoll. So betont KIYONARI (1990) bei der Beschreibung der tatsächlichen Ausgestaltung in Japan in Anlehnung an Piore/Sabel ebenfalls die Bedeutung vor allem kleinerer Unternehmungen, wobei er auch den Begriff "flexible specialisation" übernimmt.

[22] Der Begriff *just-in-time* stammt nicht ursprünglich von Toyota, sondern aus der Betrachtung durch das Ausland. In Japan bezieht man sich meist auf toyota seisan hôshiki [Toyota-Produktionssystem]. Bei Toyota selbst vermied man lange eine konkrete begriffliche Festlegung, da die gesamte Produktionsorganisation als ein umfassender Ansatz verstanden wird, der auf verschiedenen Säulen wie dem Kanban-Informationssystem oder der totalen Qualitätskontrolle beruht (MONDEN 1983). In Ermangelung eines umfassenderen Begriffes wird auch in dieser Arbeit auf den Terminus *just-in-time* zurückgegriffen, zumal die Betonung des Zeitaspektes im Rahmen der Produktionsorganisation und des hier interessierenden Gütertransportes von besonderer Bedeutung ist. Dabei muß jedoch unterschieden werden zwischen dem eigentlichen Just-in-time-System im inner- und zwischenbetrieblichen Fertigungsprozeß der Montageindustrien und dem allgemeinen Just-in-time-Gedanken im gesamten Leistungserstellungsprozeß in weiten Bereichen der gesamten Industrie.

Traditionell erhalten alle Produktionsstufen von der Management-Ebene jeweils eigene Produktionsanweisungen, aufgrund derer sie einen Produktionsschritt vornehmen und das Zwischenprodukt anschließend bei sich oder der folgenden Produktionsstufe zwischenlagern. Von dort wird das Zwischenprodukt bei Weiterbearbeitung durch die nächste Produktionsstufe abgerufen, so daß der Zwischenlagerung eine Pufferfunktion zukommt, die durch die autonome Produktionsweise der einzelnen Stufen bedingt wird.

Abb. 12: Produktionsorganisation im innerbetrieblichen Bereich nach dem herkömmlichen Prinzip und nach dem Just-in-time-Prinzip

Herkömmliche Produktionsorganisation:

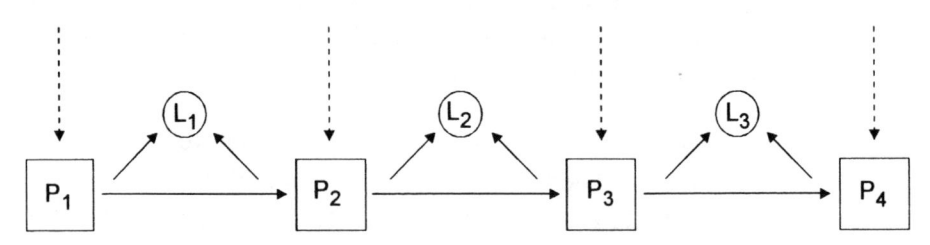

$P_1 \rightarrow P_2 \rightarrow P_3 \rightarrow P_4$ (mit Lagerplätzen L_1, L_2, L_3)

Produktionsorganisation nach dem Just-in-time-System:

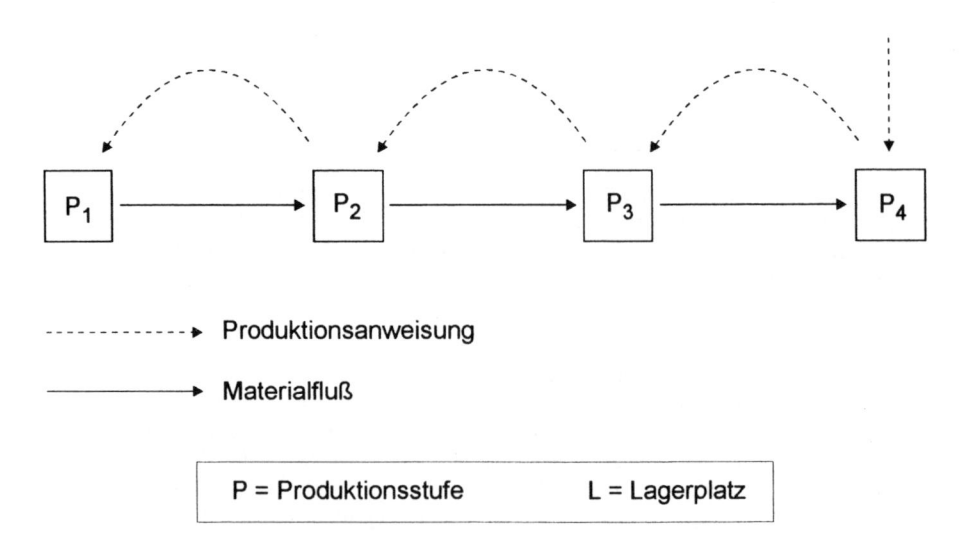

$P_1 \rightarrow P_2 \rightarrow P_3 \rightarrow P_4$

- - - - - - ▶ Produktionsanweisung

──────▶ Materialfluß

P = Produktionsstufe   L = Lagerplatz

Quelle: Sveriges Mekanförbund nach UNIDO 1986: 6

Im Gegenzug dazu erhält bei der Organisation nach dem Just-in-time-Prinzip lediglich die letzte Produktionsstufe einen Produktionsauftrag von der Management-Ebene. Von ihr ergehen alle weiter notwendigen Informationen an die jeweils vorausgeschalteten Stufen, so daß der ganze Produktionsablauf von der letzten Stufe aus gesteuert wird (Pull- beziehungsweise Hol-Prinzip). Als entscheidender Vorteil entfällt die Notwendigkeit einer Lagerhaltung von Zwischenprodukten zwischen den einzelnen Produktionsstufen. Hinter diesem Produktionssystem und seinem Namen steht die Überlegung, zur richtigen Zeit die richtige Menge des richtigen Materials am richtigen Ort bereitzustellen, um den Produktionsprozeß ohne Unterbrechung, aber auch ohne zusätzliche Materiallagerkosten durchführen zu können (zu Entstehung, Funktionsweise und Zielen des Just-in-time-Prinzips siehe innerhalb der umfangreichen Literatur stellvertretend: ÔNO 1991 und 1982; HIRANO 1990; FANDEL/FRANÇOIS 1989; WILDEMANN 1988; MONDEN 1983).

Neben der Möglichkeit zu Qualitätsverbesserungen, zur Verringerung der Kapitalbindung[23] wie auch zur Senkung der Lagerhaltungskosten ergibt sich vor allem ein Potential zur Steigerung der Produktions- und Lieferflexibilität durch direkte Koppelung der Produktion an die effektive Nachfrage. Dieses ließ ab Beginn der siebziger Jahre zunächst die japanischen Endhersteller in den Montageindustrien, später auch deren größere Zulieferbetriebe im innerbetrieblichen Bereich auf eine Just-in-time-Produktionsweise umstellen (MONDEN 1983: 1). Ausgangspunkt der Entwicklung waren frühe Veränderungen bei Toyota, denen rasch vergleichbare Umstellungen bei den übrigen Herstellern der japanischen Automobilindustrie folgten.

In einem zweiten Schritt wird nun die Übertragung des Just-in-time-Gedankens auf den zwischenbetrieblichen Bereich behandelt, wobei erneut die prinzipielle Funktionsweise anhand einer schematisierenden Darstellung (Abb. 13) verdeutlicht werden soll. Dabei beschränkt sich die Betrachtung nicht, wie häufig üblich, auf die zwischenbetriebliche Produktionsorganisation im Bereich der Montageindustrien. Vielmehr wird der Just-in-time-Gedanke weiter gefaßt, so daß alle Beschaffungs- und Absatzbeziehungen über alle Hersteller- und Handelsebenen bis zum Endverbraucher mit in die Betrachtung einbezogen werden können.

---

[23] Dem steht jedoch zur Erreichung einer hohen Produktionsflexibilität eine Erhöhung der Anlagenkapitalbindung gegenüber, die sich an der höchstmöglichen Auslastung orientiert und so bei Unterauslastung eine andere Form von Kapitalbindungskosten bedingt.

Abb. 13: Produktions- und Distributionsorganisation im zwischenbetrieblichen Bereich nach dem herkömmlichen Prinzip und nach dem Just-in-time-Prinzip

Herkömmliche Produktionsorganisation:

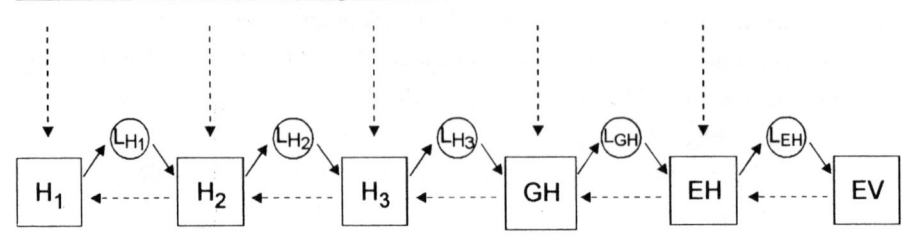

H₁ ← L_{H1} ← H₂ ← L_{H2} ← H₃ ← L_{H3} ← GH ← L_{GH} ← EH ← L_{EH} ← EV

Produktionsorganisation nach dem Just-in-time-System:

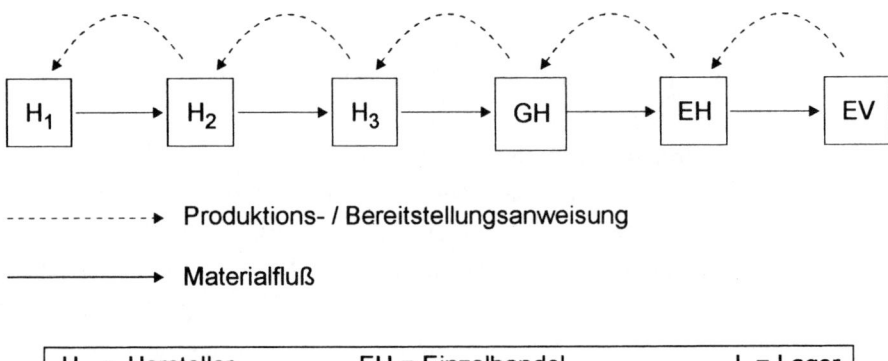

H₁ → H₂ → H₃ → GH → EH → EV

- - - - - → Produktions- / Bereitstellungsanweisung

———→ Materialfluß

| H = Hersteller | EH = Einzelhandel | L = Lager |
| GH = Großhandel | EV = Endverbraucher | |

Quelle: eigene Darstellung

Abb. 13 zeigt die grundsätzliche Analogie zur innerbetrieblichen Produktionssteuerung. Beim herkömmlichen Verfahren erhält der Produktionsbereich eines Herstellers aufgrund projizierter Nachfrageerwartungen unternehmungsintern Anweisungen zur Produktion einer bestimmten Menge Güter. Diese werden nach ihrer Erstellung unternehmungsintern (innerhalb oder außerhalb des Betriebsgeländes) gelagert, von wo aus sie der tatsächlichen Nachfrage entsprechend abgerufen werden. Entsprechend dem herkömmlichen Verfahren im innerbetrieblichen Produktionsprozeß kommt auch hier dem Lager eine Pufferfunktion zwischen Produktion und tatsächlicher Nachfrage zu. Auf der Beschaffungsseite werden nötige Materialien und Vorprodukte vom Lager einer vorausgehenden Stufe abgerufen. Der physische Absatz wird nach Bereitstellungsanweisung durch den Abnehmer ab Lager des Herstellers vorgenommen. Derart geschehen Beschaffung, Produktion und Absatz bei allen Einzel- oder Mehrbetriebsunternehmungen aufgrund autonomer Produktions- beziehungsweise Bereitstellungspläne. Diese Aussage gilt für alle Industrieunternehmungen, unabhängig davon, ob ihnen auf der Abnehmerseite ein weiterer Hersteller oder ein Handelsbetrieb gegenübersteht.

Im modelltheoretischen Fall der just-in-time-gesteuerten Produktionsorganisation geschieht dagegen die Lenkung aller Stufen von Produktion und Distribution durch den Verbraucher als "Pull-Faktor". Dessen Nachfrage löst eine Kette von Bereitstellungsanforderungen aus, aufgrund derer die Industriebetriebe erst gezielt ihre Produktion aufnehmen, so daß auch die Notwendigkeit einer Lagerung zwischen den einzelnen Stufen im Prinzip entfällt.

In der Realität ergeben sich natürlich, bedingt durch zeitliche Verschiebungen zwischen Nachfrage und Produktion, Abweichungen von dieser modelltheoretischen Funktionsweise. In den einzelnen Industriebetrieben wird auch weiterhin ein Teil der Produktion autonom auf der Grundlage von Absatzprojektionen vorgenommen, ohne daß konkrete Bestellungen vorliegen. Dies bedingt auch weiterhin die Existenz von Lagern zur Gewährleistung eines Ausgleiches von tatsächlicher Produktion und Nachfrage.

Grundsätzlich ist jedoch in der Praxis zunehmend eine Umsetzung des Gedankens festzustellen, sich von der Produktion auf Vorrat abzuwenden und stattdessen stärker an der tatsächlichen Nachfrage und somit der nachgelagerten Stufe zu orientieren. Als erste Unternehmung konnte Toyota 1974 bei der Teilebeschaffung konsequent eine Just-in-time-Anlieferung durch seine Zulieferbetriebe verwirklichen (SMITKA 1991: 80). BERTRAM/SCHAMP (1989: 286) betonen die große Bedeutung der räumlichen Konzentration von Autowerken und Zulieferbetrieben sowie deren starke Abhängigkeit vom Endhersteller in Japan für die frühe Implementation des Just-in-time-Prinzips dort. Auch in anderen Bereichen der Montageindustrien konnte rasch eine Umsetzung des Just-in-time-Gedankens bei der Ausgestaltung zwischenbetrieblicher Lieferbeziehungen beobachtet werden. Dabei ist jedoch mit zunehmender Entfernung der Produktionsstufen von der Ebene der Endmontage eine immer schwächere Ausprägung des Just-in-time-Prinzips festzustellen (HEMMERT 1993: 152-186).

Außerhalb der Montageindustrien ist ein entsprechendes vielstufiges Produktionssystem nicht anzutreffen, doch konnte auch hier zwischen den Herstellern und ihren jeweiligen Abnehmern eine grundsätzliche Verstärkung des Just-in-time-Gedankens bei den zwischenbetrieblichen Beziehungen beobachtet werden, worin sich das insgesamt gestiegene Flexibilitätserfordernis widerspiegelt.

Innerhalb eines Betriebes ist durch die rasche Entwicklung von Produktionstechniken wie Informations- und Beförderungstechniken eine produktionssynchrone Teilezulieferung an die einzelnen Arbeitsplätze zunehmend einfacher zu bewerkstelligen. Dagegen erfordert eine zeitgenaue Zulieferung bei Erweiterung der räumlichen Bezugseinheit *Betrieb* auf den außerbetrieblichen Bereich mit wachsender Distanz[24] des Abrufplatzes zusätzliche organisatorische Maßnahmen.

Gerade der zwischenbetrieblichen Arbeitsteilung ist durch die im Durchschnitt geringe Eigenfertigungstiefe der japanischen Industriebetriebe und ihre große Lieferverflechtung untereinander in Japan besondere Beachtung beizumessen. Bezogen auf Japan und die Montageindustrien, betont IKEDA (1988: 71) die besondere Eignung der Vielstufigkeit des dortigen Produktionssystems für die Umsetzung des allgemeinen Trends der Produktion mit geringeren Stückzahlen in den achtziger Jahren. Damit stand hier, wie auch in anderen Bereichen der Industrie, der zwischenbetriebliche Gütertransport als Bindeglied der Produktionsorganisation vor erheblich veränderten Anforderungen (VOPPEL 1990: 99).

III.D. Anforderungswandel im Gütertransportbereich

III.D.1. Stellung des Gütertransportes innerhalb der gesamten Unternehmungslogistik

Entsprechend den obigen Ausführungen beeinflußt die jeweilige Produktionsorganisation direkt die Anforderungen an den Gütertransport. Primärfunktion des Gütertransportes, allgemein wie auch in der Industrie, ist die Ortsveränderung von Gütern im Sinne einer Raumüberwindung zwischen Bereitstellungs- und Bestimmungsort (THOMSON 1978: 23).

---

[24] Distanz wird hier nicht allein als physische Entfernung verstanden, sondern vielmehr im weiteren ökonomischen Sinne. So wechselt das Transportgut bei außerbetrieblichem Bezug in der Regel mindestens einmal den Herrschaftsbereich, wodurch zusätzlicher Abstimmungs- und Organisationsaufwand entsteht (zum Distanzbegriff: AUF DER HEIDE 1989: 41-48; VOPPEL 1984: 51; WAGNER 1981: 70; LAUSCHMANN 1976: 6, 36).

Eine solche Sichtweise der Transportleistung vernachlässigt jedoch zumeist gleichzeitig auftretende Veränderungen der zeitlichen und physischen Merkmale der betroffenen Güter und damit wesentliche Bestimmungsgrößen der Transportanforderungen. MAIER/ATZKERN (1992: 41) betonen, daß angesichts einer starken vertikalen Arbeitsteilung und der stetigen Ausweitung der Just-in-time-Produktion neben der primären Transportfunktion insbesondere auch die Lagerhaltungsfunktion betrachtet werden muß.

Der Begriff der Verkehrsleistung[25] liefert eine umfassendere Sichtweise, wobei nach RIEBEL (1975: 219) nach folgenden Merkmalen unterschieden werden muß:

a) physische Merkmale (Art und Menge des zu befördernden Objektes wie Aggregatzustand, Empfindlichkeit, Stapelbarkeit beziehungsweise Gewichtsklasse, Stückzahl),

b) räumliche Merkmale (Ausgangs- und Zielort, Merkmale des Verkehrssystems),

c) zeitliche Merkmale (verfügbares Zeitintervall, Fixierung von Abhol- und Ankunftszeit, tägliche/wöchentliche/saisonale Spitzen-, Normal- oder Schwachlastzeit, Häufigkeit und Regelmäßigkeit),

d) Merkmale von Zusatzleistungen (zum Beispiel Verpackung, Zwischenlagerung).[26]

Es wird deutlich, daß der Gütertransport und die Anforderungen an ihn durch bestehende sachliche, räumliche und zeitliche Verknüpfungen nicht isoliert betrachtet werden darf (HEPWORTH 1992; BERTRAM 1992: 220; DELFMANN/WALDMANN 1987).

---

[25] Zur Diskussion des Verkehrsleistungsbegriffes siehe PETERS (1981), CLAUSSEN (1981a, 1981b), DIEDERICH (1977) und RIEBEL (1975).

[26] Vergleiche auch die von VOIGT mit Blick auf die einzelnen Verkehrsträger genannten und unter dem Begriff der Verkehrsaffinität zusammengefaßten Anforderungen an die verschiedenen Dimensionen der Qualität von Verkehrsleistungen "Schnelligkeit, Massenleistungsfähigkeit, Netzbildungsfähigkeit, Berechenbarkeit, Häufigkeit, Sicherheit und Bequemlichkeit" (1973: 108).

Seit Mitte der siebziger Jahre wird zunehmend der Begriff *Logistik*[27] in den Vordergrund gerückt. Eine frühe Definition von KIRSCH ET AL. beschreibt diese als "die Gestaltung, Steuerung, Regelung und Durchführung des gesamten Flusses an Energie, Informationen, Personen, insbesondere jedoch von Stoffen (Material, Produkte) innerhalb und zwischen Systemen" (1973: 69).

Hinter dieser Sichtweise steht der Versuch, der wachsenden Komplexität und Interdependenz von Produktions-, Transport- und Konsumtionsprozessen gerecht zu werden. Neben bestimmten art- und mengenmäßigen, räumlichen und zeitlichen Merkmalen als einschlägige Determinanten der Güterveränderung werden die zu erbringenden Verkehrsleistungen auch in steigendem Maße durch die Wechselwirkungen von dem materiellen Inhalt und der Organisation der Produktions- und Konsumtionsprozesse (Bedeutung von Informationsflüssen) gekennzeichnet (IHDE 1991a: 11-12).

Mithin handelt es sich bei der logistischen Betrachtungsweise weniger um eine Erweiterung des Begriffes Gütertransport oder seiner Leistungsanforderungen. Vielmehr wird der Aspekt der Integration des Gütertransportes, seiner Organisation und Ausgestaltung in ein ganzheitliches System von Produktion und Konsumtion betont. Dies bedeutet für die einzelne Industrieunternehmung beziehungsweise deren einzelne Betriebsstätte einen erhöhten Zwang zur Ausrichtung ihrer Transportvorgänge auf vor-, neben- und nachgelagerten Stufen. Dabei steht die Abstimmung des gesamten Systems im Mittelpunkt.

Für Japan gelten diese allgemeinen Ausführungen genauso wie für andere Industriestaaten. Angesichts der zuvor beschriebenen Ausgangssituation im industriellen Bereich Japans wird jedoch klar, daß es in Japan in weiten Bereichen zu besonders starken Veränderungen der Transportanforderungen kam. So stellte die große zwischenbetriebliche Verflechtung besondere Anforderungen an den Gütertransport. Zum anderen erforderte die vergleichsweise frühe und weite Umsetzung des Just-in-time-Gedankens bei der Beschaffungs-, Produktions- und

---

[27] Der Begriff Logistik mit dem griechischen Wortstamm logos (Vernunft) entstammt dem militärischen Sprachgebrauch und wurde 1955 in den USA erstmalig auf den Wirtschaftsbereich übertragen. In der deutschen betriebswirtschaftlichen Literatur erschienen die ersten Veröffentlichungen zur Logistik erst ab 1970, in Japan noch etwas später. Seit Anfang der achtziger Jahre beherrscht dieser Begriff zunehmend die Diskussion des Gütertransportes. Zur Geschichte, zu definitorischen Abgrenzungen und inhaltlichen Ausfüllungen des Logistikbegriffs siehe im Vergleich (DELFMANN 1995; IHDE 1991a; JÜNEMANN 1989; SEMMELROGGEN 1988; PFOHL 1988; KIRSCH ET AL. 1973; MORGENSTERN 1955; JOMINI 1830).

Absatzorganisation eine entsprechende Anpassung des Gütertransportes unter dem Gesichtspunkt einer Optimierung der gesamten Unternehmungslogistik.

Die veränderte Stellung des Gütertransportes schlägt sich auch im japanischen Sprachgebrauch nieder. Während bis Mitte der siebziger Jahre zur Bezeichnung von Transportabteilungen beziehungsweise von den im Transportbereich tätigen Unternehmungen nahezu ausschließlich die Begriffe *un'yu* oder *yusô* [Transport] verwendet wurden, überwiegt seitdem die Verwendung des Begriffes *butsuryû* [Güterfluß][28]. Seit Beginn der neunziger Jahre wird dieser wiederum zunehmend von der Bezeichnung *logisutikusu* [Logistik] ersetzt (NITTSÛ SÔGÔ KENKYÛJO 1992).

III.D.2. Ausprägung der Anforderungen an Organisation und Durchführung des Gütertransportes

Nach obigen allgemeinen Ausführungen zur Stellung des Gütertransportes wird im folgenden der konkrete Wandel der Anforderungen von Industrieunternehmungen an Organisation und Durchführung des Gütertransportes in Japan seit Mitte der siebziger Jahre behandelt. Dabei bietet sich eine Orientierung an der beschriebenen Einteilung von RIEBEL (1975) an, nach der die Transportanforderungen und -gestaltungsweisen im wesentlichen durch die physischen, räumlichen und zeitlichen Merkmale des Transportobjektes bestimmt werden.[29]

Die folgende Abbildung liefert einen Überblick über wichtige Veränderungen beim einzelnen Transportvorgang in der japanischen Industrie der achtziger Jahre.

---

[28] Der Terminus *butsuryû* wurde Mitte der sechziger Jahre in Japan durch Übersetzung des aus dem Amerikanischen übernommenen Begriffes *physical distribution* geschaffen. Er entspricht den deutschen Begriffen Güter- beziehungsweise Materialfluß und erweitert in seiner Abgrenzung den Bereich Transport um Verpackung, Umschlag, Lagerung und Zusatzfunktionen wie Informationsfluß. Obwohl der Begriff *butsuryû* in den achtziger Jahren neben der theoretischen Behandlung von Fragen zum Gütertransport auch in der Praxis weitgehend verwandt wurde, wird von den meisten japanischen Autoren eine mangelnde Beachtung des Teilbereiches Informationsfluß durch die Unternehmungen beklagt, die erst im jüngeren "Logistikzeitalter" zunehmend erfolgt.

[29] Von der für die jeweilige Transportgestaltung ebenfalls wichtigen Veränderung der Leistungsfähigkeit der Verkehrssysteme kann an dieser Stelle abstrahiert werden.

Abb. 14: Überblick über Veränderungen wesentlicher Transportcharakteristika von Industrieunternehmungen in Japan (Unternehmungsbefragung 1989, Anteil der jeweiligen Nennungen)

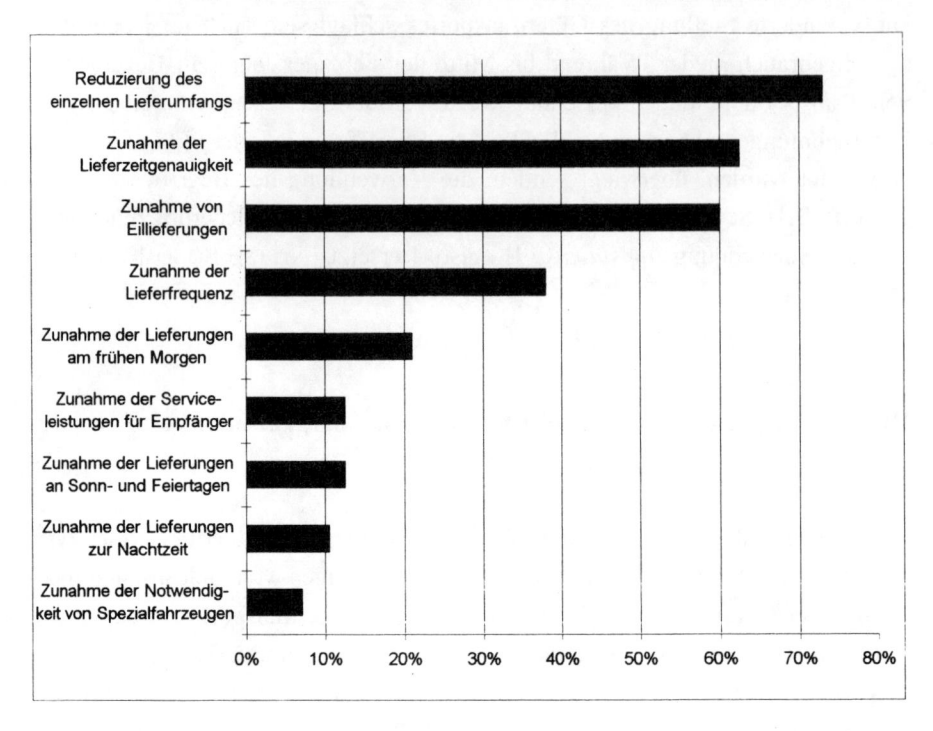

Reduzierung des einzelnen Lieferumfangs	~72%
Zunahme der Lieferzeitgenauigkeit	~62%
Zunahme von Eillieferungen	~60%
Zunahme der Lieferfrequenz	~38%
Zunahme der Lieferungen am frühen Morgen	~21%
Zunahme der Serviceleistungen für Empfänger	~13%
Zunahme der Lieferungen an Sonn- und Feiertagen	~13%
Zunahme der Lieferungen zur Nachtzeit	~11%
Zunahme der Notwendigkeit von Spezialfahrzeugen	~7%

Quelle: SHIOHATA 1991: 62

Deutlich wird der direkte Zusammenhang zwischen dem Umfang des einzelnen Transportes und den erhöhten Anforderungen an den Faktor Transportzeit im Rahmen der weitreichenden Umsetzung des Just-in-time-Gedankens. Bei rund drei Vierteln der Unternehmungen ist das Transportlos, das heißt der Umfang der einzelnen Lieferung, kleiner geworden (siehe auch die nach den 22 Industriezweigen differenzierte, quantifizierende Darstellung Tab. 3 in Kap. II.C.). Daraus folgt, insgesamt gleichbleibendes Transportaufkommen vorausgesetzt, direkt eine Zunahme der Lieferfrequenz. Gleichzeitig sind aber auch die qualitativen Anforderungen an den Faktor Zeit in dem Sinne gestiegen, daß die Nachfrage nach Anlieferungen außerhalb der normalen Betriebszeit (früh morgens, nachts, feiertags) ebenso zugenommen hat wie die nach besonderen Eillieferungen. Besonders auffällig ist die mit 62,5% zweithäufigste Nennung einer Zunahme der Lieferzeitgenauigkeit.

Hierin zeigt sich die Umsetzung des Just-in-time-Gedankens im Gütertransport, von dem zunehmend eine zeitpunktgenaue (wochen-, tages-, stundengenaue) Anlieferung verlangt wird. Damit erlangt der Faktor Zeit eine Bedeutung, die über die Anforderungen an eine reine Beschleunigung des einzelnen Transportvorganges weit hinausgeht (vergleiche auch: VELTZ 1991: 198-199; SKORSTAD 1991: 1077-1079). Mengen- und zeitbezogene Merkmale sind untrennbar miteinander verknüpft und beeinflussen sich gegenseitig.

Diese ersten Ergebnisse stellen keineswegs ein Spezifikum des hier betrachteten Zeit- oder Untersuchungsraumes dar. Vielmehr steigt die Bedeutung der Anforderungen an Faktoren wie Geschwindigkeit, Zuverlässigkeit oder Qualität der Transportleistungen schon seit langer Zeit innerhalb wie außerhalb von Japan (VOPPEL 1990: 80-82; BRÜCHER 1982: 47).

In Ergänzung zu Abb. 14 wird in Abb. 15 anhand einer beispielhaften Unternehmungsbefragung aus dem Jahre 1985 ein nach Industriezweigen differenzierter Überblick über wesentliche Transportveränderungen geliefert. Wenngleich bei dieser Erhebung keine direkten Aussagen zu Just-in-time-Anforderungen im Gütertransport gemacht werden, so bestätigen doch die Antworten zu den vier einzelnen Punkten das bisher Gesagte. Einer Reduzierung des jeweiligen Lieferumfanges bei industrieweit über 75% der Unternehmungen stehen ebenfalls deutliche Anforderungssteigerungen beim Faktor Zeit in Form von Verkürzungen der Lieferfrist und Zunahmen bei Lieferfrequenz und Eillieferungen gegenüber. Interessant sind die relativ geringen Unterschiede zwischen Unternehmungen aus den verschiedenen Industriehauptgruppen und -zweigen. Augenscheinlich betreffen Reduzierungen beim Lieferumfang und erhöhte Anforderungen an den Faktor Transportzeit nicht nur die Montageindustrien, sondern in ähnlicher Weise auch Unternehmungen aus den Verbrauchsgüter- und den Grundstoff- und Produktionsgüterindustrien. Diese Aussagen gelten nur für die Gleichartigkeit der Entwicklungstendenz. Das jeweils tatsächliche Ausmaß des Intensitätsgrades der Lieferbeziehungen differiert allerdings stark nach Produkt und Industriezweig.[30]

---

[30] So hat beispielsweise innerhalb der Investitionsgüterindustrie im Branchendurchschnitt der Anteil der täglich mindestens einmal ausliefernden Unternehmungen von 1985 bis 1988 von 45,9% auf 57% zugenommen; in der Automobilindustrie lag der entsprechende Wert 1988 dagegen schon bei 68,1%. Die besonders starke Umsetzung des Just-in-time-Gedankens zeigt sich in dieser Branche am auffallend hohen Anteilswert von im Stundenrhythmus ausliefernden Unternehmungen, der sich mit 26,2% deutlich von allen anderen Zweigen abhebt (SHÔKÔ CHÛKIN 1989: 63-64).

Abb. 15: **Wandel der Transportanforderungen in ausgesuchten Industriezweigen (Unternehmungsbefragung 1985, Anteil der jeweiligen Nennungen)**

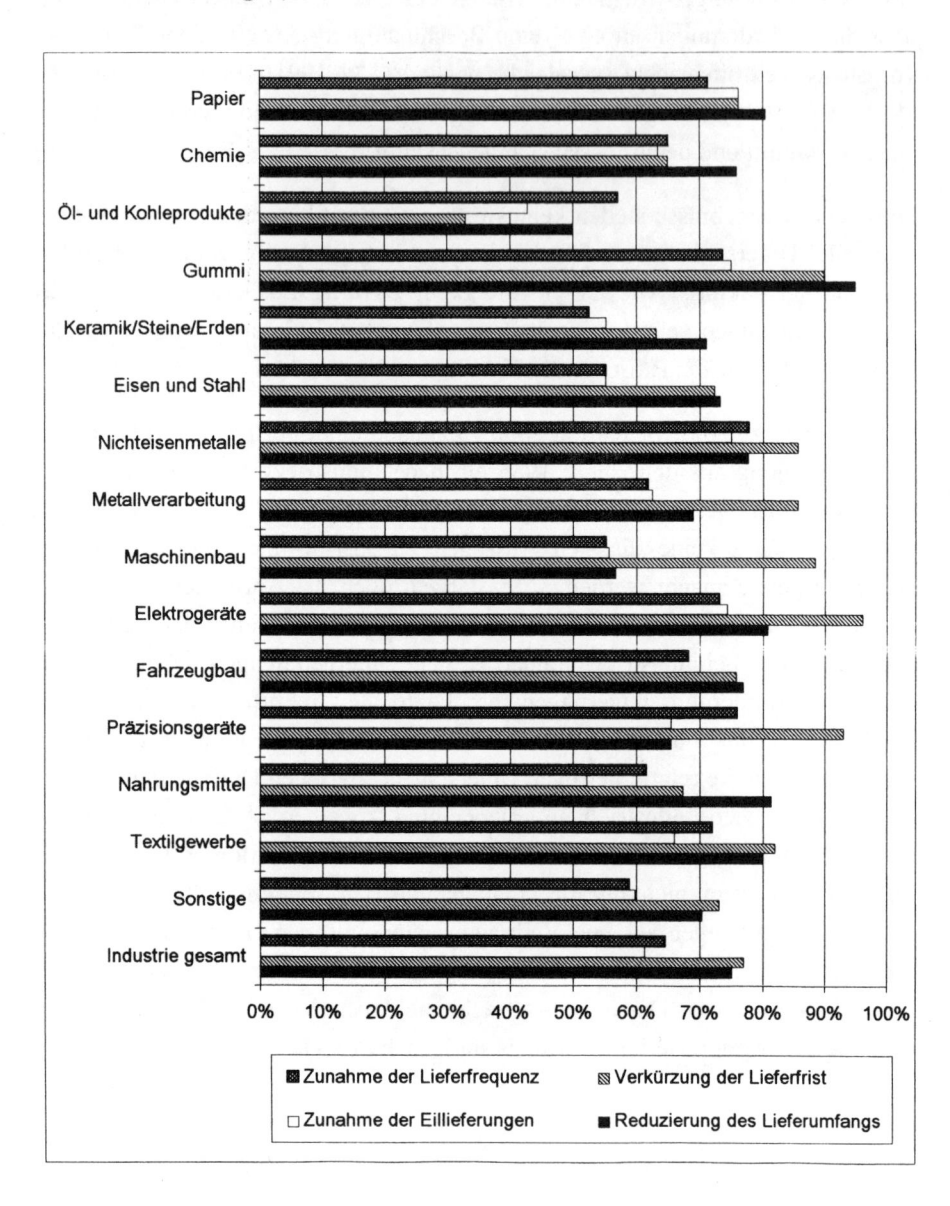

Quelle: UN`YU KEIZAI KENKYÛ SENTÂ 1986

Während die bisherigen Ausführungen bestimmte zeit- und mengenmäßige Merkmale zum Gegenstand hatten, sind in Anlehnung an obige Einteilung außerdem räumliche Merkmale zur Charakterisierung von Transportanforderungen zu beachten. Trotz der Gefahr einer Verallgemeinerung und einer zu starken Nivellierung von Unterschieden zwischen einzelnen Unternehmungen sei doch kurz die Entwicklungstendenz anhand der Kriterien *Zahl der Auslieferungsorte* und *durchschnittliche Transportweglänge* für den Zeitraum 1980 bis 1985 beschrieben und, nach den drei Industriehauptgruppen differenziert, dargestellt.[31]

Abb. 16: Veränderungen der Zahl der Auslieferungsorte auf Empfängerseite nach Industriehauptgruppen zwischen 1980 und 1985 (Unternehmungsbefragung 1985, Anteil der jeweiligen Nennungen)

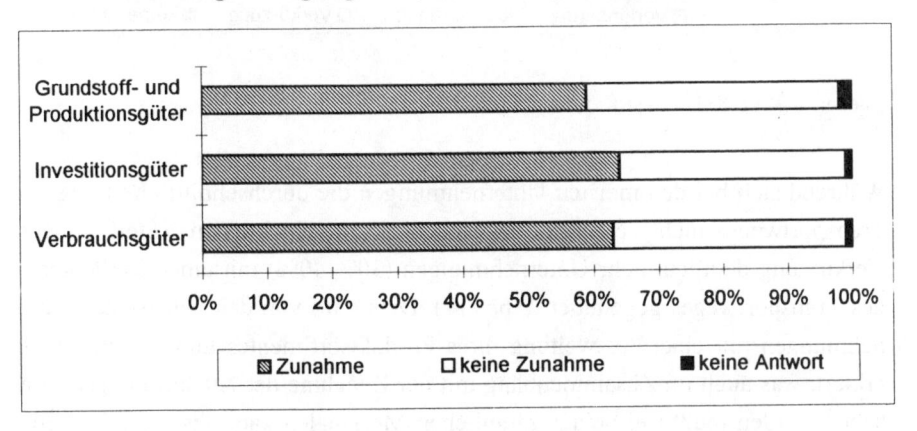

Quelle: UN'YU KEIZAI KENKYÛ SENTÂ 1985: 219

Bei allen drei Hauptgruppen überwiegt im Durchschnitt die Zahl der Unternehmungen, bei denen auf der Abnehmerseite die Zahl der Auslieferungsorte zugenommen hat. Hierbei wird von den betroffenen Unternehmungen als Hauptgrund für die Ausweitung eine Diversifizierung der Nachfrage genannt.

---

[31] Entsprechende Zahlen für den Zeitraum vor 1980 beziehungsweise nach 1985 liegen nicht vor. Es kann aber von einer gleichgerichteten Entwicklung ausgegangen werden. Bezüglich der Aussagekraft sind beide Kriterien zur Darstellung von Veränderungen bei den räumlichen Merkmalen aufgrund fehlender weiterer Differenzierungen nur als begrenzt aussagefähig anzusehen. Gleichwohl scheinen sie auf eine Erschwerung des Gütertransportes aus räumlicher Sicht hinzudeuten.

Abb. 17: Veränderung der Länge des durchschnittlichen Transportweges nach Industriehauptgruppen zwischen 1980 und 1985 (Unternehmungsbefragung 1985, Anteil der jeweiligen Nennungen)

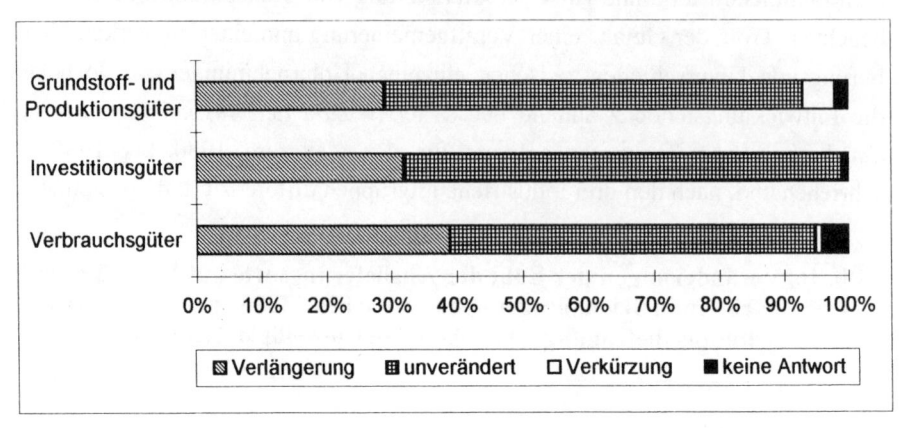

[Balkendiagramm mit drei Hauptgruppen: Grundstoff- und Produktionsgüter, Investitionsgüter, Verbrauchsgüter; Kategorien: Verlängerung, unverändert, Verkürzung, keine Antwort]

Quelle: UN`YU KEIZAI KENKYÛ SENTÂ 1985: 230

Während sich bei den meisten Unternehmungen die durchschnittliche Länge des Transportweges nicht verändert hat, stehen einem sehr kleinen Anteil mit einer Verkürzung deutlich mehr Unternehmungen (30%-40%) mit einer Verlängerung des Transportweges gegenüber (Abb. 17). Dies wird von den betroffenen Unternehmungen mit einer Ausweitung ihres Produktsortimentes und Absatzgebietes erklärt, was auch im Zusammenhang mit der Zunahme der Auslieferungsorte gesehen werden muß. Bei beiden räumlichen Merkmalen kann festgestellt werden, daß die Veränderungen Grundstoff- und Produktionsgüter produzierende Unternehmungen dem Ausmaß nach weniger betreffen. Die Entwicklungsrichtung ist in allen drei Hauptgruppen und damit in der gesamten Industrie jedoch insgesamt dieselbe.

Mit Blick auf die beschriebenen Veränderungen wird deutlich, daß es für die einzelne Industrieunternehmung zur Gewährleistung eines sowohl Kosten- als auch Leistungsaspekte berücksichtigenden Transportsystems nicht nur auf die Gestaltung der eigentlichen Transportakte ankommt. Mindestens genauso wichtig ist die Organisation und Abstimmung des gesamten Gütertransportbereiches unter Einbezug der Lagerhaltung. Gerade die Anforderungen bezüglich dieses zweiten Punktes sind jedoch unternehmungsspezifisch so stark unterschiedlich ausgeprägt, daß auf weitere, ebenfalls relevante Bedingungen und Entwicklungen explizite nur anhand ausgewählter Bereiche sinnvoll eingegangen werden kann (Kap. V).

IV. Entwicklung der Leistungsfähigkeit der Verkehrssysteme

IV.A. Begriff der Leistungsfähigkeit

Parallel zur Darstellung des Wandels der Transportanforderungen von Industrieunternehmungen seit 1975 wird im folgenden die Entwicklung der Leistungsfähigkeit der Verkehrssysteme in Japan für den gleichen Zeitraum beschrieben. Dazu bedarf es einer begrifflichen Festlegung des Terminus Leistungsfähigkeit, der sowohl die Leistungsdaten der einzelnen Verkehrsmittel als auch die Kosten ihrer Inanspruchnahme umfaßt.

Nach VOIGT (1973: 69-70) gibt die Leistungsfähigkeit das Vermögen der verschiedenen Verkehrsmittel an, Transportleistungen mit bestimmten Qualitäten zu bestimmten Kosten zu erbringen. Als Maßstab zur Messung der Qualität von Verkehrsleistungen wird von VOIGT (1973: 70-73) der Begriff der Verkehrswertigkeit geprägt, wobei zwischen potentieller und tatsächlicher Verkehrswertigkeit unterschieden werden kann. Des weiteren werden die folgenden sieben Qualitätsmerkmale Massenleistungsfähigkeit, Schnelligkeit, Fähigkeit zur Netzbildung, Berechenbarkeit, Häufigkeit der Verkehrsbedienung, Sicherheit und Bequemlichkeit unterschieden und als relevante Teilwertigkeiten voneinander abgegrenzt.

Während so die Entwicklung der tatsächlichen Leistungsfähigkeit der einzelnen Verkehrssysteme für Japan[32] im hier betrachteten Zeitraum qualitativ beschrieben werden kann, gilt es gleichzeitig, aus Sicht der Industrieunternehmungen, die entsprechende Kostenentwicklung bei Nachfrage von Transportleistungen der einzelnen Verkehrssysteme abzubilden. Dieser zweite Aspekt darf nicht vernachlässigt werden, da es neben der reinen Durchführbarkeit von Transporten auch jederzeit auf eine möglichst niedrige Kostenbelastung ankommt (VOPPEL 1980: 16). Gerade im Gütertransport kommt es in der Praxis für die Nachfrager von Transportleistungen neben Abwägungen zwischen den einzelnen Qualitätsmerkmalen häufig zum Konflikt zwischen der bestmöglichen Wahrnehmung eines Qualitätsmerkmales (Beispiel Schnelligkeit) einerseits und einer möglichst geringen Kostenbelastung andererseits.

---

[32] Der in Japan räumlich stark unterschiedlichen Verkehrserschließung kann im Rahmen dieses Kapitels nur bedingt Rechnung getragen werden; auf notwendige räumliche Differenzierungen wird beispielhaft in Kap. V eingegangen.

Vor diesem begrifflichen Hintergrund wird im folgenden die Entwicklung der Leistungsfähigkeit der Verkehrssysteme seit 1975 beschrieben. Nach einer kurzen Darstellung der in Japan besonders relevanten Einflußgrößen wird der Wandel der Leistungsfähigkeit, bezogen auf die Qualität der angebotenen Verkehrsleistungen, nach einzelnen Verkehrsmitteln und -wegen aufgeschlüsselt präsentiert. Abschließend steht ein Vergleich der unterschiedlichen Kostenentwicklung in den einzelnen Verkehrssystemen.

IV.B. Relevante Determinanten der Leistungsfähigkeit

Gerade bei einer Betrachtung Japans aus räumlicher Sicht müssen die dortigen topographischen Gegebenheiten als wesentliche Determinante für die Leistungsfähigkeit der einzelnen Verkehrssysteme gesehen werden (YAMAGUCHI 1974).

Japan gliedert sich in vier Hauptinseln (99% der Fläche) und über 3900 weitere kleine Inseln, die sich unter Einschluß der Ryûkyû-Inseln in nordöstlich-südwestlicher Richtung insgesamt über eine Länge von 3800 Kilometern erstrecken (Länderbericht Japan 1988: 16). Diese Zergliederung stellt aus Verkehrssicht ein Hemmnis für die interregionale Verkehrserschließung und somit für die Konnektivität zwischen einzelnen Wirtschaftsräumen dar, obgleich andererseits die enorme Küstenlänge für die Küstenschiffahrt ein positiv zu bewertendes Potential repräsentiert (VOPPEL 1990: 85, 223).

Gebirge machen nahezu drei Viertel der Landfläche aus, so daß nur ein Viertel der gesamten Fläche weniger als 15 Grad geneigt ist (Länderbericht Japan 1988: 16). Diese Reliefstruktur spiegelt sich auch in der beschriebenen starken Konzentration von Bevölkerung und Wirtschaft in den Tieflandgebieten des Küstenstreifens zwischen der Kantô-Ebene und dem Großraum Ôsaka wider. Dadurch kommt es dort auch zu starken Flächennutzungskonkurrenzen zwischen dem Verkehr einerseits und den Funktionen Landwirtschaft, Gewerbe, Dienstleistungen und Wohnen andererseits.

Auf die grundsätzlichen Probleme und Zusammenhänge zwischen der Beschaffenheit der Erdoberfläche und der Entwicklung des Verkehrs hatte schon KOHL (1841) hingewiesen. Gerade in Japan ist die Verkehrserschließung bis heute, bedingt durch die Gliederung in mehrere Inseln und die beschriebene Oberflächenstruktur, stark erschwert und nur unter großen Erschließungskosten, vor allem für den Bau von Tunneln und Brücken, möglich (SAKAGUCHI 1980: 3-26;

YAMAGUCHI 1974). Hinzu kommt ein spezifisch großer Bedarf an Vorrichtungen und damit Ausgaben für den Schutz von Verkehrseinrichtungen gegen den Einfluß von Naturkatastrophen wie Erdbeben, Flutwellen, Taifunen oder Vulkanausbrüchen (ASAI 1992: 2).

Damit kam und kommt in Japan dem Staat eine besonders wichtige Rolle beim Ausbau des Verkehrswesens zu. Während bis zur Mitte dieses Jahrhunderts neben der naturbegünstigten Küstenschiffahrt eindeutig der Ausbau der Leistungsfähigkeit der Eisenbahn im Mittelpunkt staatlicher Förderung stand, ist seitdem eine veränderte Situation zu beobachten. Neben die gezielte Förderung des Schienenverkehrs für den Personentransport (insbesondere Hochgeschwindigkeitsverkehr) trat mit dem forcierten Ausbau des Straßennetzes der Straßenverkehr in den Mittelpunkt staatlicher Förderung (HARADA 1993: 222-229). Eine große Rückständigkeit in diesem Bereich, verbunden mit den rapide wachsenden Anforderungen an den Straßenverkehr, erforderte eine entsprechende Konzentration auf dieses Verkehrssystem (YAMAMOTO 1993: 246-254; ASAI 1992: 1-10).

Tab. 6 zeigt Höhe und Verteilung der öffentlichen Investitionen im Verkehrsbereich Japans für die Zeit 1975 bis 1992, wobei neben einem starken Anstieg der verausgabten Mittel im Zeitablauf eine deutliche Verlagerung weg von der Eisenbahn und hin zum Straßenverkehr (86,4% aller Mittel im Jahr 1990) zu konstatieren ist.

Tab. 6: Anteile der einzelnen Verkehrssysteme an den öffentlichen Investitionen im Verkehrssektor Japans 1975-1992

	1975	1980	1985	1990	1992
Eisenbahn[1]	26,4%	21,1%	11,9%	3,2%	4,2%
Küstenschiffahrt	8,3%	7,5%	7,2%	7,2%	7,3%
Flugverkehr	2,1%	2,7%	2,4%	3,2%	3,0%
Straßenverkehr	63,2%	68,7%	78,5%	86,4%	85,5%
Gesamtausgaben für den Verkehrsbereich in Mrd. Yen	4680	8242	9146	11928	12898

1) Bedingt durch Privatisierung der ehemaligen Staatsbahn 1987 sanken ab diesem Zeitpunkt die Ausgabenanteile für die Eisenbahn deutlich.

Quelle: Un'yu hakusho 1976-1993

Diese Zahlen gewinnen bei einem Vergleich mit der Ausgabensituation in Deutschland noch zusätzlich an Aussagekraft. So lag dort über den gesamten Zeitraum hinweg das jährliche Investitionsvolumen relativ konstant bei rund 25 Mrd. DM und damit 1990 bei nur rund einem Viertel der japanischen Ausgaben. Außerdem war dort die Dominanz des Straßenverkehrs als Empfänger der Investitionen mit durchweg rund 65% nicht so ausgeprägt wie in Japan (Verkehr in Zahlen 1994: 30-31).

Obschon diese Zahlen durch die fehlende Differenzierung in Personen- und Gütertransport in ihrer Aussagekraft beschränkt bleiben, wird doch deutlich, daß der betrachtete Zeitraum von einer starken Erhöhung der Leistungsfähigkeit des Straßenverkehrs für den Gütertransport gekennzeichnet ist. Die eindeutige Förderung des Straßenverkehrs für den Gütertransport zeigte sich auch in einer Vielzahl begleitender administrativer Maßnahmen, wie in der Verbilligung des Dieselkraftstoffes für Lastkraftwagen oder deren vergleichsweise günstigen Sätze bei den Straßenbenutzungsgebühren.

Erst seit Ende der achtziger Jahre zeichnen sich auf staatlicher Seite Ansätze einer Präferenzverschiebung ab, die sich im Erlaß verschiedener Vorschriften und Gesetze zum Straßengüterverkehr und in einer stärkeren Förderung von Eisenbahn und Küstenschiffahrt zur Veränderung des modal split niederschlagen. Hinter dieser Entwicklung stehen vor allem verstärkte Anstrengungen zur Reduzierung der Umweltbelastung durch den Straßengüterverkehr (LEGEWIE 1995: 65-70), was sich auch 1991 und 1992 am leichten Rückgang des Anteils des Straßenverkehrs an den öffentlichen Investitionen zeigt (Tab. 6).

Der Ausbau des Transportwesens stellt jedoch aus Sicht einzelner Industrieunternehmungen nur dann eine Leistungsfähigkeitssteigerung der Verkehrssysteme dar, wenn die Schaffung neuer Transportkapazitäten nicht von einer Zunahme des sonstigen Güter- und Personenverkehrs überkompensiert wird. Die Transportnachfrage durch den Personenverkehr kann nämlich grundsätzlich als Konkurrenznachfrage zum Güterverkehr verstanden werden und im Bereich des Gütertransportes zu einer Verringerung freier Transportkapazitäten und damit einer Erhöhung des Preises für Transportleistungen führen. Ein Blick auf die Entwicklung des Transportaufkommens im Personen- und Güterverkehr seit 1975 (Abb. 18 und 19) zeigt, daß sich die Nachfrage beider Verkehrsarten sowohl stark erhöht als sich auch zunehmend auf den Straßenverkehr konzentriert hat.

Abb. 18: Transportaufkommen nach Verkehrsmitteln im Personenverkehr in Japan 1975-1993 (Mrd. Personenkilometer)

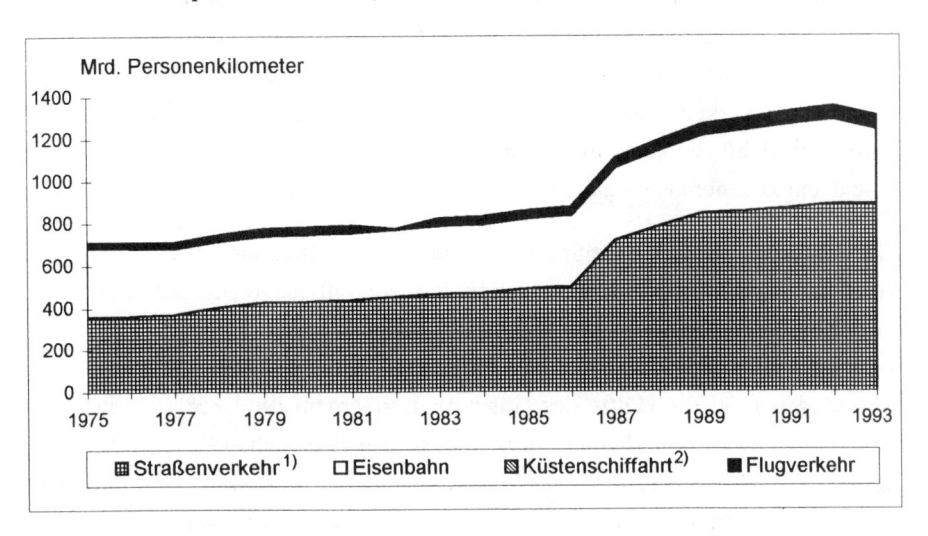

1) Die auffällige Steigerung des Transportaufkommens im Straßenverkehr zwischen 1986 und 1987 geht auf die im Jahr 1987 erstmalige statistische Erfassung von Leicht-Kraftfahrzeugen (bis 550 ccm) zurück.
2) Die Transportleistung der Küstenschiffahrt war mit jährlich rund 6 Mrd. Personenkilometer über den gesamten Zeitraum so gering, daß sie in dieser Abbildung nicht sichtbar wird.

Quelle: Suji de miru un'yu hakusho 1995: 124

Abb. 19: Transportaufkommen nach Verkehrsmitteln im Güterverkehr in Japan 1975-1993 (Mrd. Tonnenkilometer)

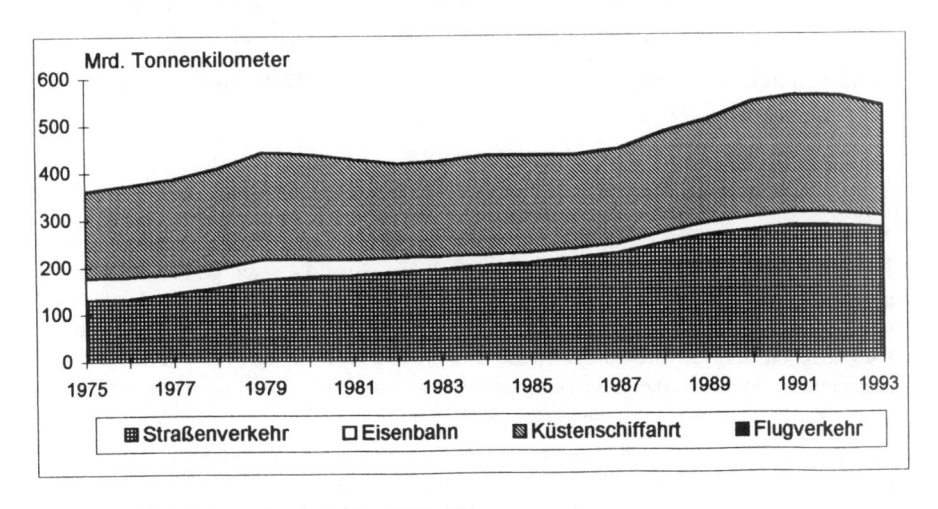

Quelle: Suji de miru un'yu hakusho 1995: 125

Während im betrachteten Zeitraum die Eisenbahn ihre Transportleistung im Personenverkehr lediglich um 20% steigern konnte, fielen die Zuwächse beim Straßenverkehr (250%)[33] und Flugverkehr (290%) deutlich stärker aus. Ein ähnliches Bild ergibt sich für den Güterverkehr; hier beläuft sich der Zuwachs beim Straßenverkehr auf 220%,[34] beim Flugverkehr sogar auf 530%. Auch die Küstenschiffahrt steigerte ihre Transportleistung um 35%, während es bei der Eisenbahn zu einem Rückgang um knapp die Hälfte kam.

Eine regionale Aufschlüsselung der gesamtwirtschaftlichen Transportnachfrage zeigt die zu erwartende Konzentration von sowohl Personen- als auch Güterverkehr auf den Kernraum Honshûs. So fielen zwischen 1975 und 1990 auf den von Kantô, Kinki, Tôkai und der Präfektur Gifu gebildeten Streifen nahezu unverändert rund die Hälfte des Güter- und außerdem rund 65% des Personenverkehrs (berechnet in Tonnen beziehungsweise Personen) (Un`yu keizai tôkei yôran 1977, 1992). Verstärkt wird die Konzentration des Transportaufkommens in diesem Kernraum weiterhin durch den sonstigen, auf ihn ausgerichteten, Verkehr und zusätzlich den ihn passierenden Transitverkehr.

Diese Zahlen verdeutlichen, daß für die Beurteilung der Leistungsfähigkeit einzelner Verkehrssysteme, insbesondere des Straßenverkehrs, aus der Sicht von Industrieunternehmungen auch Entwicklungen der sonstigen Transportnachfrage eine bedeutsame Einflußgröße darstellen.

Schließlich sei noch auf die Bedeutung von Veränderungen des Arbeitskräfteangebots im Transportbereich hingewiesen. Hier führte die steigende Arbeitskräftenachfrage im Zusammenhang mit dem deutlichen Konjunkturaufschwung ab Mitte der achtziger Jahre zu spürbaren Verknappungen. Verstärkt wurde dieser Prozeß durch ein zeitgleiches Absinken der Arbeitsbereitschaft japanischer

---

[33] Die Zahl von 250% Aufkommenssteigerung überzeichnet die anteilige Entwicklung leicht, da die Verkehrsleistung der Leicht-Kraftfahrzeuge (bis 550 ccm) 1975 noch nicht erfaßt worden war. Addiert man deren Anteil für 1975 als Schätzwert in Höhe von rund 42 Milliarden Personenkilometern zu dem ausgewiesenen Wert von 361 Milliarden, errechnet sich eine Zunahme des Straßenverkehrs in Personenkilometern um rund 220% bis 1993 (Un`yu keizai tôkei yôran 1993: 126-127; Rikuun tôkei yôran 1993: 57).

[34] Da der Anteil der Leichttransporter am Aufkommen des Straßenverkehrs in Tonnenkilometern bei unter 1% liegt, führt die Nichtberücksichtigung dieser Fahrzeugart bis 1986 im Gegensatz zum Personenverkehr beim Gütertransport zu keiner merklichen Veränderung der Gesamtaussage (Un`yu keizai tôkei yôran 1993: 63).

Arbeitnehmer in vielen Bereichen, die durch erschwerte Arbeitsbedingungen und -zeiten (Hafenarbeiter, Lastkraftwagen-Fahrer)[35] gekennzeichnet sind (NIHON RITCHI SENTÂ 1992: 41-45). Inflexibilitäten am Arbeitsmarkt und eine fortgesetzte Erhöhung des durchschnittlichen Lohnniveaus führten so bei der Küstenschifffahrt und beim Straßenverkehr zu einer Verteuerung des Faktors Arbeitskraft und damit zu Einschränkungen der Leistungsfähigkeit dieser Verkehrssysteme auf der Kostenseite.

IV.C. Tatsächliche Leistungsfähigkeit der einzelnen Verkehrssysteme

IV.C.1. Eisenbahn

Die traditionell größte Bedeutung im Gütertransport hat die Eisenbahn für den Transport von Massengütern über mittlere Entfernungen und Ferndistanzen. So lag die durchschnittliche Entfernung im Gütertransport 1975 bei 329 Kilometern, bis 1991 stieg sie sogar auf 465 (Un`yu keizai tôkei yôran 1993: 30). Schon früh bestand in Japan ein landesweites, dichtes Betriebsnetz[36], welches im Gegensatz zur Küstenschifffahrt auch weite Bereiche des Binnenlandes erschloß und schon 1920 über 10000 Kilometer Streckenlänge aufwies (NIHON TÔKEI KYÔKAI 1987: 521).

Parallel zur wachsenden Transportnachfrage führte bis 1970 ein stetiger Ausbau dieses Verkehrssystems zu fortgesetzten Steigerungen der Transportleistung in Tonnen, Tonnenkilometern und auch zurückgelegten Waggonkilometern. Seit diesem Zeitpunkt ist jedoch trotz einzelner Verbesserungen gesamtwirtschaftlich

---

[35] Die genannten Bereiche fallen in Japan unter die 3K-Kategorie. Mit den drei Adjektiven kitanai [schmutzig], kitsui [hart], kibishii [streng] werden in Japan bildhaft die Arbeitsbedingungen bestimmter Bereiche umschrieben, die zunehmend von japanischen Arbeitssuchenden gemieden werden.

[36] Seit Beginn der Entwicklung der Eisenbahn in Japan standen private Unternehmungen neben der staatlichen Eisenbahn. Sie sind jedoch seit der zweiten Hälfte dieses Jahrhunderts für den Güterverkehr auf der Schiene nur von regionaler und so insgesamt marginaler Bedeutung. Seit der Privatisierung der ehemaligen Staatsbahn 1987 in sechs regionale Gesellschaften plus eine für den gesamtjapanischen Güterverkehr ist die japanische Eisenbahn zu 100% privatrechtlich organisiert. Alle in diesem Kapitel genannten Zahlen und Werte beziehen sich auf die gesamte Eisenbahn Japans und umfassen somit zu allen Zeitpunkten auch die kleineren Privatgesellschaften.

ein Rückgang der Leistungsfähigkeit des Verkehrssystems Eisenbahn für den Gütertransport[37] aus Sicht einzelner Nachfrager zu verzeichnen, wie Tab. 7 verdeutlicht.

Tab. 7: Strukturdaten zur Entwicklung der Leistungsfähigkeit der Eisenbahn beim Gütertransport in Japan 1975-1992

	1975	1980	1985	1990	1991	1992
Schienennetz in km	20088	19433	15357	10136	10101	10054
Zahl Güterbahnhöfe	1634	1234	415	360	360	355
Zahl Güterwaggons	123600	101800	41000	21100	21100	19900
Waggon-Kilometer (1000)	4146400	3126800	1534900	1483300	1495000	1461000
Transportleistung in Tonnen (Mio.)	184,4	166,6	96,3	86,6	85,7	82,4
Transportleistung in tkm (Mrd.)	47,1	37,4	21,9	27,2	27,2	26,7
davon per Container (Mrd.)	9,4	8,2	10,7	18,5	18,9	18,9

Quelle: Suji de miru un'yu hakusho 1995; Rikuun tôkei yôran 1993; Un'yu keizai tôkei yôran 1993; Kôtsû nenkan 1994; UN'YU SEISAKUKYOKU 1993

Ein Blick auf die Verkehrswege zeigt, daß die Länge des dem Güterverkehr der Bahn zur Verfügung stehenden Betriebsnetzes zwischen 1975 und 1992 um rund die Hälfte auf 10000 Kilometer geschrumpft ist, was einem starken Rückzug aus der Fläche gleichkommt. Noch deutlicher fällt die Reduzierung der Zugangsorte zum Verkehrssystem Bahn aus. So betrug die Zahl der Güterbahnhöfe Anfang der neunziger Jahre nur noch rund 20% des Wertes von 1975. Ebenso ging die Zahl der Güterwaggons als Verkehrsmittel auf ein Sechstel zurück. Von wesentlicher Bedeutung für den einzelnen Nachfrager ist das tatsächliche Transportangebot, das sich, in Waggonkilometern ausgedrückt, auf 30% reduziert hat. So sank, auch angesichts des beschriebenen Güterstruktureffektes, die gesamte Transportleistung der Eisenbahn in Tonnenkilometern seit 1975 um über 40%, in Tonnen sogar um 55%. Durch diese Reduzierung ihres Transportangebotes hat die Eisenbahn vor allem im Bereich der beiden Teilwertigkeiten *Fähigkeit zur Netzbildung* und *Häufigkeit der Verkehrsbedienung* an Leistungsfähigkeit eingebüßt.

---

[37] Im Personenverkehr dagegen stieg die Leistungsfähigkeit weiter an; seit dem Jahr 1975 übertrifft dieser auch den Gütertransport nach zurückgelegten Waggonkilometern in immer deutlicherem Ausmaß (Un'yu keizai tôkei yôran 1993: 51).

Gleichzeitig wurde jedoch das Angebot im Containerverkehr stetig ausgeweitet, was auch dessen Bedeutungszuwachs bis 1992 unterstreicht (Tab. 10). Durch die zunehmende Containerisierung konnte die Eisenbahn durch ihre Fähigkeit zum relativ kostengünstigen Transport über weite Entfernungen im kombinierten Verkehr (zumeist im Verbund mit dem Straßenverkehr) für bestimmte Transportgüter an Leistungsfähigkeit gewinnen. Neben dem Behälterverkehr stieg als zweite Form des kombinierten Verkehrs seit Mitte der achtziger Jahre in Japan ebenfalls das Angebot der Eisenbahn im Huckepackverkehr. Dabei konnte die Leistungsfähigkeit beim Piggy-back-Verfahren von 32 Lastkraftwageneinheiten täglich im Jahr 1986 auf 364 bis zum Jahr 1991 gesteigert werden (Suji de miru un`yu hakusho 1993: 57).

Zusammenfassend muß jedoch festgehalten werden, daß aus Sicht der meisten Industrieunternehmungen, auch unabhängig vom Wandel ihrer Transportanforderungen und ihrer Bewertung der Eisenbahn im Vergleich zu anderen Verkehrsmitteln, die Leistungsfähigkeit des Verkehrssystems Eisenbahn absolut zurückgegangen ist.

IV.C.2. Küstenschiffahrt

Neben der Eisenbahn ist traditionell die Küstenschiffahrt für den Transport von Massengütern in Japan von herausragender Bedeutung. Wie die Eisenbahn ist auch sie besonders zur Überbrückung von Ferndistanzen geeignet, was von einer durchschnittlichen Entfernungsüberbrückung von 424 Kilometern im Jahr 1975 (434 Kilometer im Jahr 1991) unterstrichen wird (Un`yu keizai tôkei yôran 1993: 30). Seit jeher wird die Leistungsfähigkeit dieses Verkehrssystems von den natürlichen Gegebenheiten des Inselstaates und der Ausrichtung seiner Bevölkerung und Wirtschaft auf die Küstengebiete begünstigt, wodurch der Nachteil einer fehlenden Binnenerschließung durch leistungsfähige Flüsse und Kanäle deutlich weniger stark wiegt. Die Nichteignung japanischer Binnenwasserstraßen für den Gütertransport liegt ebenfalls in den topographischen Bedingungen begründet, so daß der letzte Gütertransport in diesem Bereich 1942 eingestellt wurde (MASUDA 1993: 194).

Im Gegensatz zur Eisenbahn ging die Leistungsfähigkeit der Küstenschiffahrt nach 1975 nicht zurück. Die folgende Tabelle gibt einen ersten quantitativen Überblick über die Entwicklung.

Tab. 8: Strukturdaten zur Entwicklung der Leistungsfähigkeit der Küstenschiffahrt beim Gütertransport in Japan 1975-1992

	1975	1980	1985	1990	1991	1992
Zahl der Häfen	939	946	889	889	889	889
davon größere Häfen	106	·	·	113	113	112
davon Spezialhäfen	17	·	·	20	20	21
Schiffsflotte gesamt (1000 BRT)	3116	3557	3804	3696	3714	3823
davon Trockenfrachter	1824	1976	2188	2181	2188	2245
davon Zementtransporter	188	309	385	377	388	416
davon Tanker	1104	1272	1231	1138	1138	1162
Transportleistung in Tonnen (Mio.)	452,0	500,3	452,7	575,2	571,9	540,4
Transportleistung in tkm (Mrd.)	183,6	222,2	205,8	244,5	248,3	248,0

Quelle: Suji de miru un'yu hakusho 1995; Suji de miru butsuryû 1984-1994; Un`yu keizai tôkei yôran 1985-1993

Bei der Betrachtung der Verkehrswege ist vor allem die Zahl und die Qualität der zur Verfügung stehenden Häfen entscheidend. Ihr ständiger Ausbau führte dazu, daß auch nach 1975 einige Häfen gemäß der japanischen Klassifizierung in die nächsthöhere Kategorie aufrückten. Bei den Ausbaumaßnahmen handelt es sich insbesondere um die Schaffung eines größeren Tiefgangs und um die Anlage zusätzlicher Pieranlagen (Un`yu keizai tôkei yôran 1993: 142-143).

Die Kapazität der bei Industrie- und Transportunternehmungen in Betrieb befindlichen Frachtschiffe nahm ebenfalls um rund 20% zu, so daß parallel zur gestiegenen Transportnachfrage auch die Transportleistung in Tonnenkilometern bis zum Anfang der neunziger Jahre um ein Viertel wuchs. Allerdings behindert seit langem ein hoher Regulierungsgrad kurz- und mittelfristige Anpassungen der Flottenkapazität an einen tatsächlichen Transportbedarf, was in den achtziger und neunziger Jahren vereinzelt zu Kapazitätsengpässen führte (SATO 1995: 8). Ähnlich starke Regulierungen behindern auch seit jeher Entwicklungen beim Umschlag in japanischen Häfen, die weltweit die höchsten Nutzungsgebühren aufweisen (MITSUSADA 1995: 1, 9).

Außerdem konnte der beschriebene Hafenausbau die Leistungsfähigkeit der Küstenschiffahrt auch deshalb nicht direkt steigern, weil zur Zunahme des inländischen Handelsvolumens um 467 Mio. Bruttoregistertonnen bis 1991 zusätzlich die Nachfrage nach Umschlagsleistungen aus dem um 300 Mio. Bruttoregistertonnen angewachsenen Überseehandel kam (Un`yu keizai tôkei yôran 1993: 94).

Somit läßt sich aus dem gestiegenen Angebot an Hafenumschlagseinrichtungen wie auch aus der Zunahme an Lagerflächen nicht direkt auf einen Ausbau der Leistungsfähigkeit der japanischen Küstenschiffahrt schließen. Vielmehr bestimmten die Umschlagskapazitäten der Hafenanlagen auch vor dem großen Hanshin-Erdbeben 1995 in den achtziger Jahren beinahe stetig die Leistungsobergrenze dieses Verkehrssystems (LASHINSKY 1995: 8).

Eine deutlich ablesbare Verbesserung ergab sich jedoch im Bereich des kombinierten Verkehrs, der sich in die drei Teilbereiche Langstreckenfähren, Container- und Roll-on-Roll-off-Verkehr unterteilen läßt und gerade auf eine Vereinfachung des Umschlages abzielt. Während der Transport von Lastkraftwagen über längere Distanzen im Zeitablauf relativ stabil geblieben ist, zeigt die Ausdehnung der Routenzahl und des Transportvolumens im Container- und Roll-on-Roll-off-Verkehr (Abb. 20) die in den achtziger Jahren gestiegenen Möglichkeiten der Küstenschiffahrt in diesen Bereichen des kombinierten Verkehrs.

Abb. 20: Anzahl und Transportleistung der Spezialschiffe im kombinierten Verkehr in Japan 1983-1993

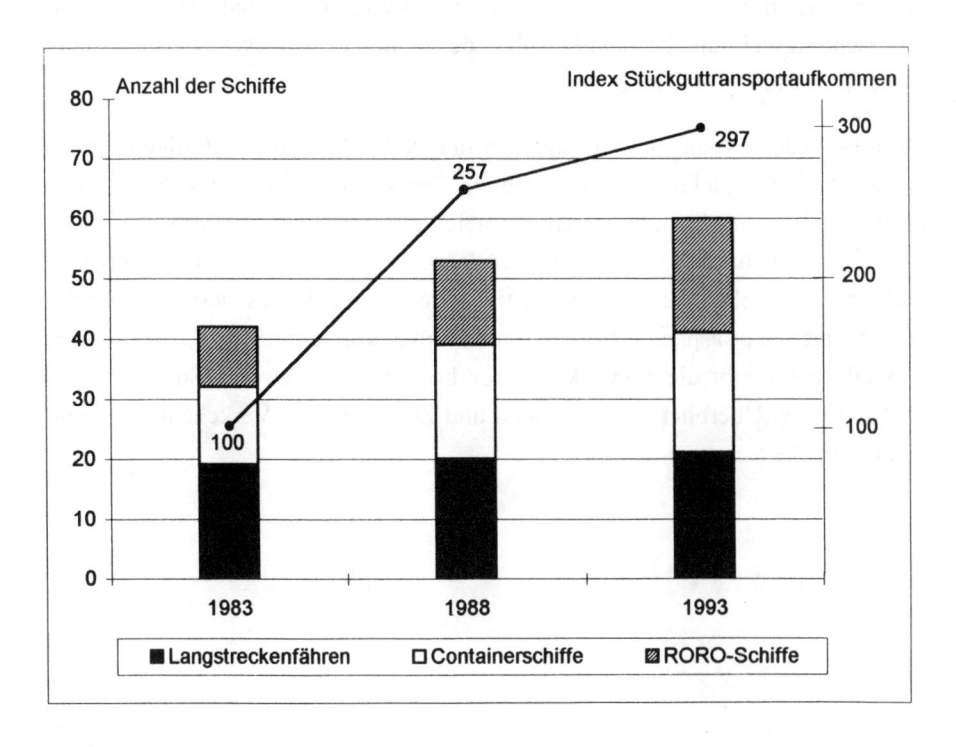

Quelle: Un'yu hakusho 1993: 72

Zusammenfassend kann festgestellt werden, daß aus der Sicht einzelner Industrieunternehmungen die Leistungsfähigkeit der Küstenschiffahrt in etwa gleich geblieben beziehungsweise leicht gestiegen ist. Diese Feststellung ist insbesondere für den Transport von Schüttgütern und andere Massengütern, wie beispielsweise Raffinerieprodukte oder Stahl, von Bedeutung, da mit Blick auf einen kostengünstigen Ferntransport für diese Gütergruppen andere Transportmöglichkeiten nur bedingt in Betracht kommen.

IV.C.3. Straßenverkehr

Im Gegensatz zu Eisenbahn und Küstenschiffahrt ist der Straßenverkehr besonders für den Stückguttransport über kurze und mittlere Entfernungen geeignet (MAIER/ATZKERN 1992: 40-41; VOPPEL 1983: 3). Die Durchschnittsentfernung im Straßengüterverkehr lag 1975 in Japan bei 30 Kilometern. Bis 1991 stieg sie zwar auf 45 Kilometer an; jedoch wurde auch weiterhin mit 68,5% ein Großteil des gesamten Transportgewichtes lediglich über eine Entfernung von maximal 30 Kilometern transportiert. Dabei lagen die Werte im Fremdverkehr zu allen Betrachtungszeitpunkten deutlich über denen des Werkverkehrs (Un`yu keizai tôkei yôran 1993: 31, 72).

Von besonderer Bedeutung in Japan ist der starke Ausbau des dortigen Straßennetzes in den zurückliegenden 20 Jahren. Der Ausbauzustand des Straßennetzes hatte bis dahin im internationalen Vergleich eine auffällige Rückständigkeit aufgewiesen. Noch Anfang der siebziger Jahre verfügte Japan lediglich über 710 Kilometer Autobahnlänge; gleichzeitig waren nur 18% des gesamten Straßennetzes überhaupt asphaltiert (Un`yu keizai tôkei yôran 1993: 134). Die folgende Tabelle beschreibt die Entwicklung der Leistungsfähigkeit des Straßenverkehrs anhand eines Überblicks über Ausbau und Zunahme von Verkehrsmitteln und -wegen bis 1992.

Tab. 9: **Strukturdaten zur Entwicklung der Leistungsfähigkeit des Straßenverkehrs beim Gütertransport in Japan 1975-1992**

	1975	1980	1985	1990	1991	1992
Straßennetz in km (1000)	1068	1113	1128	1115	1120	1125
davon Autobahnen	1,5	2,6	3,6	4,7	4,9	5,1
davon Bundesstraßen	39	40	46	47	47	47
davon Präfekturstraßen	126	131	127	129	129	129
davon Gemeindestraßen	902	940	950	9334	940	943
Lastkraftwagen-Terminals[1]	1892	1491	1454	1594	1616	1650
Anzahl der Rampen	15210	15797	17485	20010	20163	19895
Zahl Lastkraftwagen (1000)	10211	13302	17250	21145	21064	20881
davon Groß-Lastkraftwagen[2]	1216	1560	1739	2295	2419	2494
davon Klein-Lastkraftwagen[2]	6165	7123	6567	6540	6501	6427
davon Leicht-Transporter[2]	2830	4619	8944	12310	12144	11960
Transportleistung in Tonnen (Mio.)	4392,9	5318,0	5048,0	6113,6	6260,8	6101,7
Transportleistung in tkm (Mrd.)	129,7	178,9	205,9	274,2	283,8	281,6

1) Zwischen 1975 und 1980 ist die Zahl der Lastkraftwagen-Terminals nur scheinbar zurückgegangen. Die Reduzierung der ausgewiesenen Terminals liegt in einer veränderten statistischen Erfassung begründet. Die Zahl der Rampen ist sogar leicht gestiegen.

2) Die hier gewählte Einteilung der Lastkraftwagen in drei Größenklassen folgt den in Japan üblichen Abgrenzungen und stützt sich auf die bis 1992 wie folgt gültigen Merkmale *maximale Außenmaße* und *Hubraumleistung*: Leicht-Transporter: Länge 3,2 m; Breite 1,4 m; Höhe 2 m; Hubraum 550 ccm; maximale Zuladung 350 Kilogramm. Klein-Lastkraftwagen: Länge 4,7 m; Breite 1,7 m; Höhe 2 m; Hubraum 2000 ccm; maximale Zuladung 2 Tonnen (in Ausnahmefällen 4 Tonnen). Unter Groß-Lastkraftwagen werden alle darüber hinausgehenden Fahrzeuge subsumiert, wobei das zulässige Gesamtgewicht 15 Tonnen (für bestimmte Fahrzeuge 20 Tonnen) beträgt.

Quelle: Suji de miru un'yu hakusho 1995; Rikuun tôkei yôran 1993; Un'yu keizai tôkei yôran 1993; Suji de miru butsuryû 1994

Von besonderer Bedeutung beim Ausbau des Straßennetzes ist die starke Zunahme der Autobahnkilometer, durch die in den vergangenen 20 Jahren auch weite Teile außerhalb der Hauptverkehrslinie Sendai-Tôkyô-Nagoya-Ôsaka erstmals erschlossen werden konnten. Abb. 21 zeigt, daß erst seit den achtziger Jahren für die meisten peripher gelegenen Regionen wie Kyûshû oder Tôhoku eine direkte Autobahnverbindung mit Tôkyô bestand. Dadurch konnte der Straßengüterverkehr auch aus seiner klassischen Rolle im nahräumlichen Verteilungsverkehr herauswachsen und große Teile des Fernverkehrs übernehmen. Während 1975 erst knapp 15% des Straßengüterverkehrs in Tonnenkilometern auf Autobahnen fielen, betrug dieser Anteil im Jahr 1990 schon über 40% (NIHON DÔRO KÔDAN 1993: 3; Chiiki keizai repôto 1992: 81).

Abb. 21: Ausbaustand des Autobahnnetzes in Japan 1975, 1985 und 1994

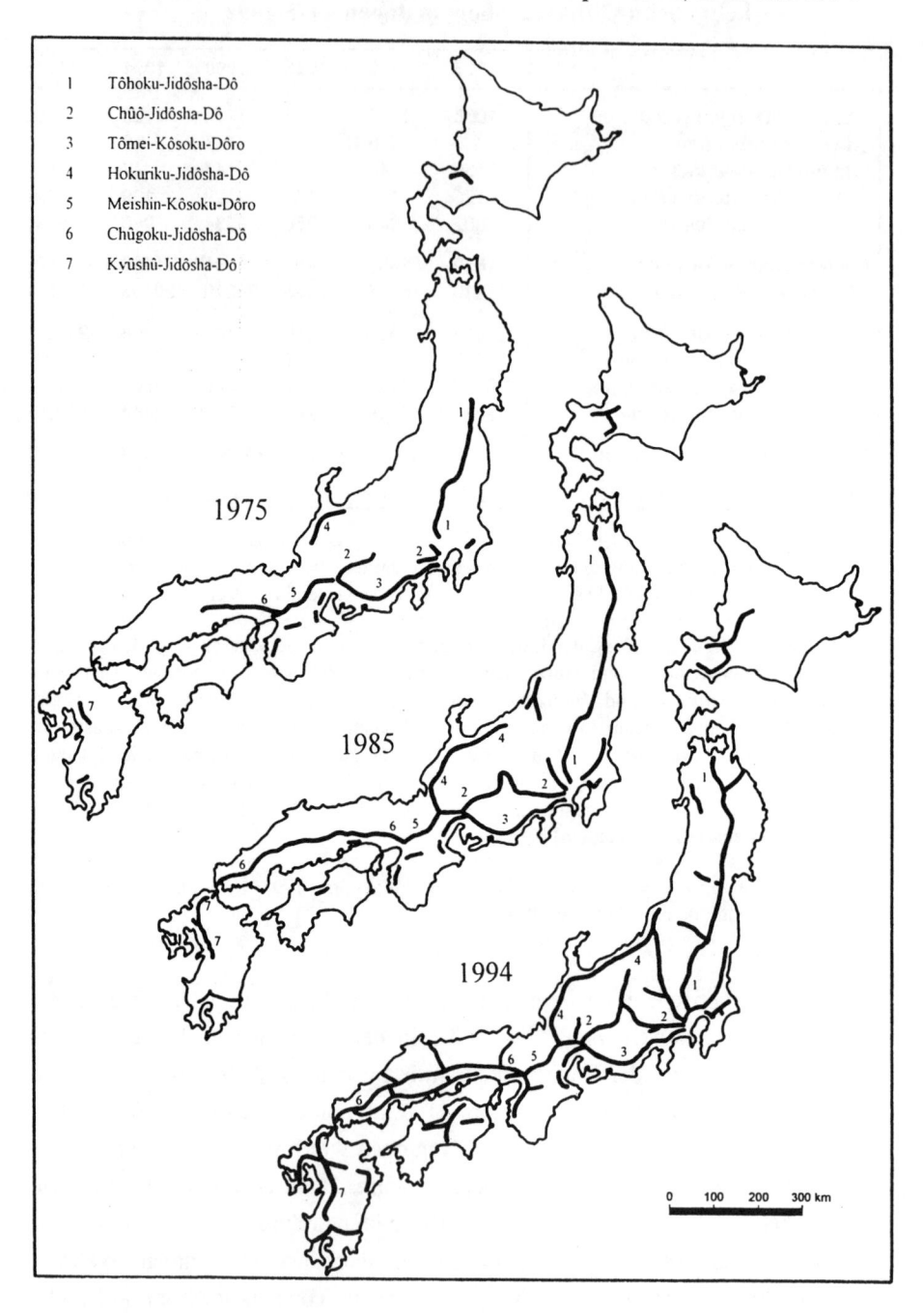

1 Tôhoku-Jidôsha-Dô
2 Chûô-Jidôsha-Dô
3 Tômei-Kôsoku-Dôro
4 Hokuriku-Jidôsha-Dô
5 Meishin-Kôsoku-Dôro
6 Chûgoku-Jidôsha-Dô
7 Kyûshû-Jidôsha-Dô

Quelle: NIHON DÔRO KÔDAN 1994: 9-10; YAMAMOTO 1993: 253; UN'YUSHÔ 1976: 89

Aber auch für den Nahverkehr verbesserte sich die Leistungsfähigkeit des Straßennetzes durch Maßnahmen wie Fahrbahnverbreiterungen und weitreichende Asphaltierung deutlich. Während 1975 erst 29,4% aller Präfektur- und Gemeindestraßen asphaltiert waren, stieg dieser Anteil bis zum Jahr 1992 auf 69,8% (Un`yu keizai tôkei yôran 1993: 134).

Lastkraftwagen-Terminals besitzen eine große Bedeutung für den Güterumschlag zwischen Fern- und Nahverkehr, wobei in zunehmendem Maße hier auch andere Logistikfunktionen wie Verpackung, Zwischenlagerung oder Kommissionierung übernommen wurden. Eine Leistungssteigerung in diesem Bereich lag weniger in der leichten Zunahme der Zahl der Terminals und ihrer Rampen. Vielmehr wurden im Betrachtungszeitraum die Einrichtungen zur Sortierung, Kennzeichnung, Verpackung und für andere Zusatzfunktionen stetig verbessert (NIHON JIDÔSHA TÂMINARU 1993; YAMANOBE/KAWANO 1985: 7-12).

Neben dem quantitativen und qualitativen Ausbau der Verkehrswege drückt sich die Leistungssteigerung des Straßenverkehrs schließlich in der Zunahme der im Einsatz befindlichen Verkehrsmittel, der Lastkraftwagen, aus. Neben der Verdoppelung der Zahl der Groß-Lastkraftwagen (maximale Zuladung meist 11 Tonnen) fällt insbesondere die gewaltige Zunahme der Leicht-Transporter (maximale Zuladung: 350 Kilogramm) auf. Gerade in der verstärkten Nutzung der Leicht-Transporter (Vervierfachung der Fahrzeugzahlen) zeigt sich die gestiegene Nachfrage nach Transporten geringeren Umfanges.

Dem deutlichen Ausbau des Straßennetzes steht jedoch der in Kap. IV.B. beschriebene Zuwachs des Straßenverkehrs insgesamt gegenüber, der mit einer enormen Erhöhung des Kraftfahrzeugbestandes einherging. Während diese Entwicklung in allen Industriestaaten gleichermaßen beobachtet werden konnte, ist für Japan eine besonders starke Zunahme der Kraftfahrzeugzahl zu konstatieren, wie ein Vergleich mit der Entwicklung in Deutschland und Großbritannien, einem weiteren Inselstaat, zeigt.

Tab. 10: Verhältnis von Kraftfahrzeugbestand und Straßenlänge in Japan im Vergleich mit Deutschland und Großbritannien 1975 und 1992

	1975			1992		
	J	D[1]	GB[2]	J	D[1]	GB[2]
Anzahl Kfz gesamt	29143	21011	14012	64498	37287	26839
Straßenlänge in km gesamt	1067547	461148	368470	1124844	503384	386546
Straßenlänge in km pro 1000 Kfz						
Autobahnen	0,051	0,274	0,143	0,079	0,244	0,121
Bundesstraßen[3]	1,338	1,552	1,010	0,729	0,826	0,542
Landstraßen[3]	4,324	3,113	2,446	2,000	1,695	1,437
sonstige Straßen	30,950	17,010	22,677	14,621	10,736	12,302
insgesamt[4]	36,631	21,948	26,297	17,440	13,500	14,402

1) Gebietsstand der alten Bundesländer

2) einschließlich Nordirland

3) entsprechend in Japan: Bundes- und Präfekturstraßen, in Großbritannien: Fernverkehrs- und Hauptstraßen

4) Differenzen zwischen Gesamtangaben in dieser Zeile und jeweiligen rechnerischen Summenwerten sind rundungsbedingt.

Quelle: eigene Berechnungen nach: Statistische Grundzahlen 1995: 342; International Auto Statistics 1994: 293; Verkehr in Zahlen 1994: 107, 139 und 1976: 115; Un'yu keizai tôkei yôran 1993: 134-135; Rikuun tôkei yôran 1993: 105; Länderkurzbericht Großbritannien und Nordirland 1976: 23

Die einzelnen Länderangaben zum Verhältnis von Fahrzeugbestand und Straßenlänge in Tab. 10 sind nur bedingt miteinander vergleichbar. Faktoren wie die unterschiedlichen topographischen Gegebenheiten (Inselzergliederung, Reliefgestalt und ausgeprägte Längserstreckung bedingen in Japan eine größere Straßennetzlänge) und der deutlich niedrigere Asphaltierungsgrad in Japan[38] sind bei der Bewertung des Straßenangebots ebenso zu berücksichtigen wie für Deutschland eine erhebliche Straßenbelastung durch Transitverkehr.

Auffällig für Japan ist jedoch eine überdurchschnittliche Zunahme der Fahrzeugdichte, die sich in einer Verringerung der einem Kraftfahrzeug durchschnittlich zur Verfügung stehenden Straßenlänge ausdrückt. Lediglich im Bereich der Autobahnen bewirkte der massive Netzausbau eine Verbesserung dieses Verhältnisses. Im Nah- und Regionalverkehr dagegen nahm die Fahrzeugdichte in

---

[38] Selbst 1992 waren noch rund 7% der ausgewiesenen Präfekturstraßen nicht asphaltiert (Un'yu keizai tôkei yôran 1993: 135).

Japan rechnerisch auf mehr als das Doppelte und damit deutlich stärker als in Deutschland oder Großbritannien zu.

Entscheidend für die tatsächliche Straßenbelastung sind jedoch Höhe und Verteilung des Verkehrsaufkommens in Fahrzeugkilometern als Ausdruck der effektiven Verkehrsdichte. Bei der Quantifizierung der Fahrzeugkilometerentwicklung in Japan stellt sich das Problem, daß die Fahrleistungen der Leicht-Kraftfahrzeuge bis 1987 nicht statistisch erfaßt wurden. Bei Rückgriff auf die bekannten Fahrzeugzahlen und unter der Annahme einer der Gegenwart entsprechenden jährlichen Fahrleistung pro Kraftfahrzeug[39] lassen sich jedoch Schätzwerte für die Zeit vor 1987 errechnen (Rikuun tôkei yôran 1993). Demnach stieg das Verkehrsaufkommen in Fahrzeugkilometern zwischen 1975 und 1992 im Güterverkehr um rund 193%, während es sich im Personenverkehr sogar um etwa 239% erhöhte; insgesamt folgt daraus eine Zunahme um 223% auf über 886 Milliarden Fahrzeugkilometer (Rikuun tôkei yôran 1993: 17-18, 57-58).

Damit stiegen die Fahrleistungen im Straßenverkehr in Japan proportional zur Entwicklung der in Kap. IV.B. abgebildeten Verkehrsleistungen. In Vergleichsstaaten wie Deutschland nahmen die Fahrleistungen im Personenverkehr ebenfalls proportional, im Güterverkehr dagegen nur unterproportional zu (Verkehr in Zahlen 1994), was BAUM ET AL. "durch eine höhere Produktivität in Transportablauf und -organisation (u.a. durch größere Fahrzeugkapazitäten, bessere Auslastung)" (1995a: 5) erklären. In Japan führte jedoch insbesondere der enorm gesteigerte Einsatz von Leicht-Transportern zu einer Kompensation von Kilometereinsparungen bei größeren Fahrzeugeinheiten und damit dort zu einer im internationalen Vergleich überdurchschnittlichen Erhöhung der Verkehrsdichte. Räumlich konzentrierte sich das Verkehrsaufkommen auch weiterhin besonders auf die Großstadtregionen und den Küstenstreifen zwischen Tôkyô und Ôsaka (Un'yu keizai tôkei yôran 1993: 37-42).

Diese Mehrbelastung des Straßennetzes führte vor allem in den Agglomerationsräumen zu einer verstärkten Staubildung. So nahm beispielsweise auf den Stadtautobahnen die Zahl der Staus[40] von 1980 bis 1990 im Durchschnitt auf das Doppelte zu (NITTSÛ SÔGÔ KENKYÛJO 1994: 59); ähnliche Entwicklungen konnten auch bei den sonstigen Straßentypen beobachtet werden (NIHON RITCHI

---

[39] Tendenziell dürfte die Fahrleistung im Zeitablauf sogar leicht zugenommen haben, wodurch die im folgenden beschriebene Zuwachsrate der gesamten Fahrleistung noch größer ausfiele.

[40] Als Stau wird hierbei eine Situation definiert, in der zur Bewältigung einer Strecke von 1,5 Kilometern mehr als 30 Minuten benötigt werden.

SENTÂ 1992: 46-53). Dies wirkt sich sowohl auf die Transportgeschwindigkeit der Lastkraftwagen als auch auf die zeitliche Berechenbarkeit ihrer Ankunft am Zielort negativ aus. Diese Belastungssituation stellt sich auch Mitte der neunziger Jahre aufgrund eines unverändert hohen Straßenverkehrsaufkommens (leichter Rückgang des Güterverkehrsaufkommens, leichter Anstieg des Personenverkehrsaufkommens) prinzipiell unverändert dar (Suji de miru un`yu hakusho 1995: 124-125).

Damit wird deutlich, daß die gegenüber den siebziger Jahren gestiegene Verkehrsdichte in Japan trotz eines enormen Ausbaus des Straßennetzes die Leistungsfähigkeit des Straßengüterverkehrs partiell einschränkt. Dies betrifft vor allem die Unternehmungen mit einem hohen Anteil zeitkritischer Auslieferungen. Somit läßt sich die Frage nach der Leistungsfähigkeit des Straßenverkehrs nur bei einer differenzierten Betrachtung der jeweiligen Transportanforderungen einzelner Unternehmungen beantworten. Gemessen an der Transportleistung des Straßengüterverkehrs (Tab. 9), ist jedoch gesamtwirtschaftlich seit 1975 eine deutliche Leistungssteigerung zu konstatieren.

IV.C.4. Flugverkehr

Insgesamt ist der Flugverkehr für den Gütertransport, bezogen auf den quantitativen Transportumfang, von relativ untergeordneter Bedeutung. Relevant ist der Flugverkehr in der Regel nur für die Überbrückung großer Entfernungen, wie die Durchschnittsdistanz im Frachtverkehr von 929 Kilometern für das Jahr 1991 in Japan zeigt (Un`yu keizai tôkei yôran 1993: 31).[41] In einigen Bereichen hat jedoch der Transport von hochwertigen und eilbedürftigen Gütern per Flugzeug stark zugenommen. Hierin spiegeln sich der gestiegene Bedarf nach entsprechenden Transportleistungen einerseits und die Möglichkeit dieser Art des Hochgeschwindigkeitstransportes andererseits wider.

---

[41] Das höchste Frachtaufkommen (ohne Luftpostverkehr) fiel auf die Verbindungen Sapporo - Tôkyô und Fukuoka - Tôkyô. An dritter Stelle steht die Route Okinawa - Tôkyô (Kôkû tôkei yôran 1991/92: 168-171).

Eine Besonderheit des Flugverkehrs innerhalb Japans liegt darin, daß der Gütertransport ausschließlich im Verbund mit dem Personentransport durchgeführt wird.[42] Aufgrunddessen kommt es bei der Betrachtung der Leistungsfähigkeit dieses Verkehrssystems, seiner Verkehrsmittel und -wege zu keiner Differenzierung zwischen Personen- und Güterverkehr (Tab. 11). Es ergibt sich vielmehr die Besonderheit des Flugverkehrs, daß über eine verstärkte Transportnachfrage im Personenverkehr und die damit verbundene Einrichtung neuer Flugstrecken direkt auch das Angebot für den Gütertransport steigt.

Tab. 11: Strukturdaten zur Entwicklung der Leistungsfähigkeit des Flugverkehrs beim Gütertransport in Japan 1975-1991

	1975	1980	1985	1990	1991
Routennetz in Flugkilometer (1000)	173697	221336	231480	267189	294567
davon Hauptstrecken	70102	66886	68179	78112	84870
davon Nebenstrecken	103595	154450	163301	189078	209696
Zahl der Flughäfen		60	68	70	72	73
davon Kategorie 1[1)]		2	3	3	3	3
davon Kategorie 2		23	23	23	25	25
davon Kategorie 3		35	42	44	44	45
Zahl der Flugzeuge im Linienverkehr		212	272	282	327	357
Transportleistung in Tonnen (1000)	192	329	538	874	874
Transportleistung in tkm (Mio.)	152	290	482	799	812

1) Gemäß der Klassifikation in Japan zählen seit 1980 beide Flughäfen von Tôkyô, Haneda und Narita, sowie der Flughafen Ôsaka zu der Kategorie 1.

Quelle: Suji de miru un´yu hakusho 1995; Un´yu keizai tôkei yôran 1993; Kôkû tôkei yôran 1985/86, 1991/92; Suji de miru kôkû 1984, 1992

Eine nähere Betrachtung der Flugkilometerentwicklung im Inlandsverkehr zeigt, daß die 20%-ige Zunahme auf den Hauptstrecken zwischen Tôkyô, Ôsaka, Sapporo, Fukuoka und Okinawa deutlich von der Verdoppelung der Flugleistung auf den Nebenstrecken übertroffen wird. Diese Tendenz zum verstärkten Ausbau der Flächenerschließung wird auch durch die Verteilung der Flugzeugbewegungen bestätigt.

---

[42] Lediglich zum Ende der achtziger Jahre und auf dem Höhepunkt des damaligen Wirtschafts- und Transportbooms war kurzzeitig ein regelmäßiger Flugverkehr einer reinen Frachtmaschine zwischen Tôkyo und Sapporo eingerichtet worden. Die mangelnde Auslastung dieser zweimal täglich verkehrenden Maschine führte jedoch nach einigen Monaten zur Einstellung dieses Verkehrs.

So wuchs die Zahl der täglichen Landungen auf den beiden für den Inlandsverkehr wichtigen Großflughäfen Haneda (Tôkyô) und Ôsaka zwischen 1982 und 1990 nur um 13% auf 399, während sie bei den kleineren Flughäfen um 22% auf 1281 zunahm (Suji de miru kôkû 1984, 1992).

Insgesamt begrenzen die auch vom internationalen Flugverkehr zunehmend in Anspruch genommenen Flughafenkapazitäten stark die Leistungsfähigkeit. Nach der Eröffnung des neuen internationalen Flughafens Narita bei Tôkyô 1978 kam es deshalb in der Folgezeit bis 1993 nur zu einer sehr begrenzten Schaffung neuer Kapazitäten.[43]

Die Zunahme der im Linienverkehr eingesetzten Flugzeuge um 70% spiegelt dagegen den Kapazitätsausbau innerhalb der zur Verfügung stehenden Verkehrswegekapazitäten wider.

Aufgrund der starken Steigerung der Transportnachfrage im Frachtverkehr konnte sich die Transportleistung in Tonnenkilometern bis 1991 verfünffachen. Der Anteil der Hauptstrecken ging von 89% im Jahr 1980 auf 67% im Jahr 1991 zurück (Kôkû tôkei yôran 1985/86, 1991/92), ein weiteres Zeichen für die Kapazitätssteigerungen der Regionalflughäfen. Die hohen Zuwachsraten deuten insgesamt auf eine starke Steigerung der Leistungsfähigkeit im Flugverkehr hin. Diese muß jedoch, wie beschrieben, differenziert betrachtet werden. Außerdem dürften im Flugverkehr, neben angebotsseitigen Kapazitätssteigerungen, direkt wie indirekt vor allem nachfrageseitige Faktoren beim Güter- und Personentransport für die starke Ausweitung des Frachtverkehrs verantwortlich gewesen sein.

---

[43] Erst im Laufe des Jahres 1994 folgte durch die Eröffnung der beiden täglich 24 Stunden geöffneten Flughäfen Chitose (Hokkaidô) und Kansai (Ôsaka) eine merkliche Angebotssteigerung. Insgesamt betrug 1994 die Zahl der nationalen und internationalen Flugzeugbewegungen auf den acht größten Flughäfen Japans einschließlich Nagoya, Fukuoka und Naha (Okinawa) täglich im Durchschnitt 2293 (Worldwide Airport Traffic Report 1994: 70-72).

IV.C.5. Sonstige Verkehrssysteme

Es fällt auf, daß Rohrleitungsverkehr in Japan kaum eine Rolle spielt.[44] Dies liegt in den topographischen Gegebenheiten Japans begründet, wo Zergliederung und große Reliefenergien ein Verlegen von Rohrleitungen stark erschweren. Hinzu tritt die Gefährdung durch Erdbeben, die beim Bau zusätzliche Anlage- und Instandhaltungsaufwendungen erfordern würden. Auf der anderen Seite steht eine leistungsfähige See- und Küstenschiffahrt, die insbesondere einen kostengünstigen Transport von Roh- und Mineralöl zu den an den Küsten konzentrierten Hauptabnehmern ermöglicht.

Schließlich sei noch kurz der Nachrichtenverkehr erwähnt, da dieser durch die Substitution bisher erbrachter Transportleistungen indirekt Einfluß auf die Leistungsfähigkeit anderer Verkehrssysteme nehmen kann (ISERMANN 1995: 602-607; VOPPEL 1980: 113). Insgesamt haben sich Qualitätsniveau und Verbreitung der verschiedenen Nachrichtenverkehrssysteme in Japan in den siebziger und achtziger Jahren stark erhöht. So stieg beispielsweise der Computereinsatz zur Koordination von Transportaktivitäten bei Transportunternehmungen mit einem Jahresumsatz von 1-5 Mrd. Yen von unter 50% im Jahr 1976 auf über 90% im Jahr 1986 (Suji de miru butsuryû 1993: 39).

Im internationalen Vergleich liegt jedoch gerade die japanische Industrie insgesamt auch Anfang der neunziger Jahre bei der Einführung von Informationssystemen noch hinter anderen Industriestaaten (HANDELSBLATT 13.4.95: 9), wodurch eine Substitution von physischen Transportvorgängen und damit eine Entlastung der Transportsysteme weniger stark ausfällt. Allerdings haben in jüngerer Zeit gerade große und finanzstarke Unternehmungen gewaltige Fortschritte bei der Entwicklung eigener zwischenbetrieblicher Informationssysteme gemacht (SANGYÔ GIJUTSU SÂBISU SENTÂ 1992), so daß branchen- und unternehmungsspezifische Differenzierungen ein vielseitiges Bild ergeben (Kap. V.).

---

[44] Die hier einzig erwähnenswerte Pipeline dient der Versorgung des Flughafens Narita mit Kerosin.

IV.D. Kostenentwicklung der einzelnen Verkehrssysteme

Während bis hierhin allein die Entwicklung der Transportkapazität der einzelnen Verkehrssysteme dargestellt wurde, soll im folgenden die Kostenentwicklung beleuchtet werden, da diese aus Nachfragersicht ebenfalls von großer Bedeutung für die Leistungsfähigkeit der einzelnen Verkehrssysteme ist.

Erschwert wird eine umfassende Darstellung der Kostenentwicklungen nach Verkehrssystemen dadurch, daß sich je nach Nachfrager die physischen, räumlichen und zeitlichen Merkmale der zu transportierenden Güter und damit die Transportanforderungen stark voneinander unterscheiden. Außerdem gibt es große Qualitätsunterschiede zwischen an sich gleichen Transportleistungen, die vor allem aus einer unterschiedlich starken Übernahme von Zusatzleistungen herrühren. Trotzdem wird im folgenden versucht, die generellen Unterschiede in der Kostenentwicklung nach Verkehrssystemen abzubilden und im Ansatz zu erklären.

Tab. 12: **Kostenentwicklung für die Inanspruchnahme der verschiedenen Verkehrssysteme beim Gütertransport in Japan 1985-1993 (Preisindex: 1985 = 100)**

	1985	1986	1987	1988	1989	1990	1991	1992	1993
Eisenbahngüterverkehr	100,0	101,1	101,1	101,1	103,4	104,2	104,2	104,2	104,2
Küstenschiffahrt									
Frachtgebühren	100,0	95,3	90,5	91,1	93,8	98,5	104,0	102,9	102,1
Hafengebühren	100,0	101,0	100,7	100,9	101,8	102,7	104,9	107,2	107,3
Straßengüterverkehr	100,0	100,7	101,7	102,4	106,4	112,9	119,9	121,7	121,8
Flugfrachtverkehr	100,0	100,1	100,1	100,1	102,2	103,8	104,9	105,8	104,2
Transport insgesamt	100,0	98,0	97,7	98,1	101,3	105,5	108,9	109,8	109,6
Unternehmungsbezogene Dienstleistungen insgesamt	100,0	99,8	100,2	101,4	106,0	110,4	114,1	116,3	117,0

Quelle: Bukka shisû nenpô 1993: 298-305

Tab. 12 zeigt die Kostenentwicklung nach Verkehrssystemen ab 1985, wobei zur besseren Vergleichbarkeit eine indizierte Darstellungsweise gewählt wurde. Vergleichbare Zahlen für einen früheren Zeitraum liegen in Japan nicht vor.

Auffällig sind insbesondere zwei Entwicklungen. Zum einen liegt die Kostensteigerung im Durchschnitt des Transportbereiches (Personen- und Gütertransport) deutlich unter der Zuwachsrate für unternehmungsbezogene Dienstleistungen insgesamt. Dies kann auf die in dieser Zeit besonders großen Kostenzuwächse bestimmter Bereiche wie Werbung und Immobilien (Pacht, Miete) zurückgeführt werden. Innerhalb des hier interessierenden Gütertransportes fällt der Straßengüterverkehr durch eine überdurchschnittliche Kostensteigerung auf, während sich die Inanspruchnahme der drei anderen Verkehrssysteme für den Gütertransport nur geringfügig verteuerte.

Diese Entwicklung verwundert nicht, da angesichts der veränderten Transportanforderungen gesamtwirtschaftlich vor allem die Transportnachfrage im Straßenverkehr stark angestiegen ist. Dabei hat der Straßenverkehr aufgrund seiner spezifischen Leistungsfähigkeit bei vielen Transportarten in der Konkurrenz mit anderen Verkehrssystemen eine Monopolstellung inne, die ihm die Durchsetzung höherer Transportpreise erleichtert.

Die konkrete Kostenentwicklung beim Straßengüterverkehr läßt sich monokausal nur schwer erklären, da neben anderen Einflußgrößen vor allem auch eine unterschiedlich starke Einflußnahme des Staates auf die Preisentwicklung existiert (UN'YU KEIZAI KENKYÛ SENTÂ 1990). Als ein bestimmender Faktor auf der Angebotsseite kann die zunehmende Verknappung und damit in der Folge Verteuerung des Arbeitskräfteangebotes genannt werden. Auch nach 1975 stiegen in Japan die Arbeitskosten allgemein stark an, so daß sich für arbeitsintensive Bereiche ein wachsendes Erfordernis der Rationalisierung, verbunden mit der Einsparung menschlicher Arbeitskraft, ergab. Bezogen auf den Gütertransport, betraf dies sowohl die reinen Transportleistungen als auch die Bereiche Lagerung und Umschlag.

Betroffen war in erster Linie der Straßengüterverkehr. Dessen Bedarf an Lastkraftwagen-Fahrern stieg aufgrund der spezifisch geringen Substitutionsmöglichkeit menschlicher Arbeitskraft von 1975 bis 1991 um mehr als die Hälfte auf 855000 Beschäftigte (Rikuun tôkei yôran 1993: 93). Diese ausgeprägte Arbeitsintensität schlug sich besonders stark auf der Kostenseite nieder. Gerade in den Boomjahren 1990 und 1991 wurde dieser Kostenfaktor in besonderem Maße wirksam, zumal ein spürbarer Fahrermangel zu Lohnerhöhungen bis zu 30% zwang (Bukka shisû nenpô 1993: 299; RHYS/MCNABB/NIEUWENHUIS 1992: 81). Vergleichbares gilt für die Küstenschiffahrt, wenngleich diese weniger arbeitsintensiv ist. Doch spiegelt auch dort die relativ stärkere Kostenzunahme bei den

Hafengebühren den beim Güterumschlag ausgeprägteren Arbeitskräftebedarf wider. Noch deutlicher als im Straßengüterverkehr wirkt sich hier die sinkende Bereitschaft zur Übernahme der vergleichsweise harten und schmutzigen Arbeit in einem konkreten Arbeitskräftemangel aus (ICHIKI 1990: 98-100).

Trotz aller Probleme der Vergleichbarkeit und Quantifizierbarkeit der Kostenentwicklung kann abschließend festgehalten werden, daß in Japan dem enormen Ausbau der Transportkapazitäten im Straßenverkehr zumindest seit Mitte der achtziger Jahre eine überdurchschnittliche Verteuerung der Inanspruchnahme dieses Verkehrssystems entgegensteht. Dies führte seit Beginn der neunziger Jahre zu verstärkten Bemühungen um partielle Transportverlagerungen auf die Eisenbahn und die Küstenschiffahrt, wobei jedoch merkliche Anteilsverlagerungen bis jetzt noch nicht zu verzeichnen sind (Suji de miru un`yu hakusho 1995: 125).

V. Reorganisation des Gütertransportes - Betrachtung ausgewählter Industriezweige

V.A. Eisen- und Stahlindustrie

V.A.1. Stellung und Charakterisierung des Industriezweiges

Die Eisen- und Stahlindustrie repräsentiert ein typisches Beispiel einer Massengüter verarbeitenden und herstellenden Grundstoff- und Produktionsgüterindustrie. In Japan stellt die Eisen- und Stahlindustrie wie auch in anderen Industriestaaten einen sehr bedeutenden Industriezweig dar. Ihre besondere Rolle als Schlüsselindustrie für die Industrialisierung Japans zeigt sich unter anderem an der in Japan schon vor 1970 geprägten Bezeichnung "sangyô no kome" [Reis der Wirtschaft] (ICHIKI 1993: 1).

Ihren Höhepunkt, gemessen am Rohstahlausstoß, erreichte die Eisen- und Stahlindustrie in Japan mit 119 Mio. Tonnen im Jahr 1973 (1960 noch 22 Mio. Tonnen); seitdem schwankt die Produktion zwischen 97 und 110 Mio. Tonnen (Nihon no tekkôgyô 1993: 26). In diesem relativen Rückgang spiegeln sich sowohl eine binnenländische Nachfragestagnation als auch die Zunahme von Importstahl bei gleichzeitigem Rückgang des Exportvolumens wider. So sank auch der Anteil der ehemals bedeutendsten Grundstoff- und Produktionsgüterindustrie am gesamten Industrieumsatz von 8,9% 1973 auf unter 6% Anfang der neunziger Jahre (Kôgyô tôkeihyô, sangyôhen 1975-1993). Trotzdem war Japan 1993 der weltweit größte Rohstahlerzeuger, wie es auch mit 676 Kilogramm den höchsten Pro-Kopf-Verbrauch aller Staaten aufwies (Statistisches Jahrbuch der Stahlindustrie 1994: 331, 337). Diese Zahlen unterstreichen die Bedeutung und Stellung der japanischen Eisen- und Stahlindustrie auch in der jüngeren Vergangenheit, so daß die Betrachtung dieses Industriezweiges im Rahmen dieser Arbeit nicht nur aus methodischer Sicht ein relevantes Untersuchungsbeispiel darstellt.

Bei der Stahlproduktion läßt sich mit Bezug auf das angewandte Produktionsverfahren zwischen Oxygen- und Elektrostahl unterscheiden, wobei der Anteil des letzteren von unter 20% zu Beginn der siebziger Jahre auf über 30% seit 1990 gestiegen ist (Steel Industry of Japan 1993: 20). Der Großteil der Produktion liegt aber auch weiterhin beim Oxygenverfahren, das in integrierten Stahlwerken angewandt wird, in denen alle drei Produktionsstufen (Roheisenerzeugung, Rohstahlherstellung und Bearbeitung des Stahles in Walzwerken) vereint sind.

Abb. 22: Räumliche Verteilung der Standorte der Eisen- und Stahlindustrie in Japan 1993

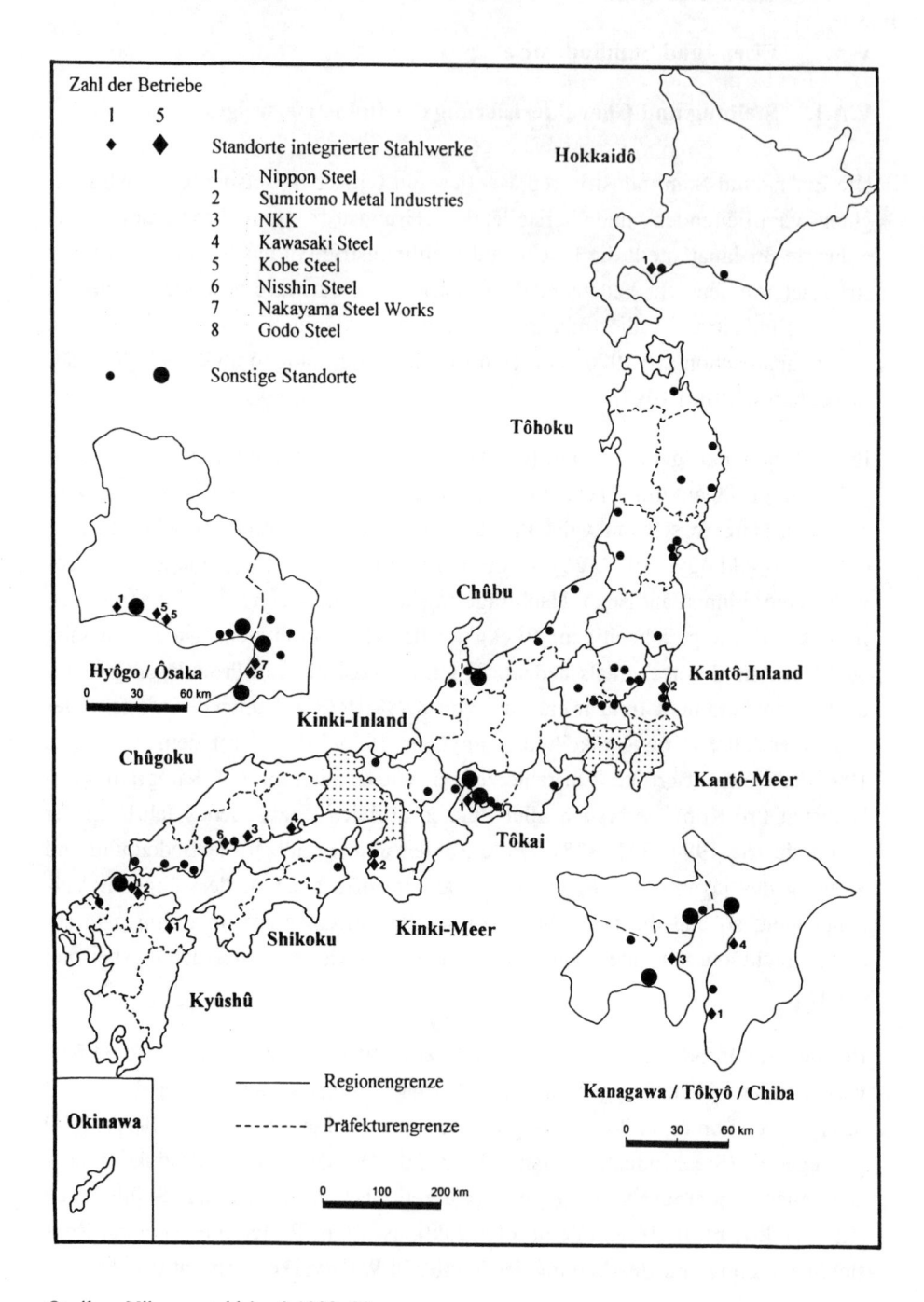

Zahl der Betriebe

1   5

♦   ◆   Standorte integrierter Stahlwerke
    1   Nippon Steel
    2   Sumitomo Metal Industries
    3   NKK
    4   Kawasaki Steel
    5   Kobe Steel
    6   Nisshin Steel
    7   Nakayama Steel Works
    8   Godo Steel

•   ●   Sonstige Standorte

Hokkaidô
Tôhoku
Chûbu
Hyôgo / Ôsaka
Kantô-Inland
Kinki-Inland
Chûgoku
Kantô-Meer
Tôkai
Shikoku
Kinki-Meer
Kyûshû
Okinawa

Regionengrenze
Präfekturengrenze

Kanagawa / Tôkyô / Chiba

Quelle: Nihon no tekkôgyô 1993: 32

Von den acht Unternehmungen mit zusammen 18 integrierten Stahlwerken konzentrierten die fünf größten (Nippon Steel, NKK, Sumitomo Metal Industries, Kawasaki Steel, Kobe Steel) im Jahr 1994 allein 63,4% der gesamten japanischen Stahlherstellung auf sich (Nikkei Weekly 1995: 9).[45] 1977 hatten die gleichen fünf Unternehmungen noch einen Anteil von 77,3% an der Rohstahlproduktion und über 90% an der Roheisenerzeugung; die Zahl der integrierten Stahlwerke hatte mit 21 ebenfalls etwas höher gelegen (MURAKAMI/YAMAMOTO 1980: 144; GANDOW 1978: 35). Die gegenwärtige räumliche Verteilung der Standorte größerer Hersteller beider genannten Verfahren wird in Abb. 22 gezeigt. Deutlich wird eine Konzentration der Standorte zwischen Tôkyô und Kita-Kyûshû entlang der Pazifikküste, an der die integrierten Stahlwerke ausnahmslos liegen, während die Erzeuger von Elektrostahl auch über Binnenstandorte verfügen. Von einer relativen Zunahme der letzteren abgesehen, hat sich an diesem Lokalisationsmuster seit den siebziger Jahren nichts verändert.

Bei der folgenden Beschreibung des Gütertransportes und seiner Veränderungen in der Eisen- und Stahlindustrie konzentriert sich die Betrachtung auf die großen Hersteller mit integrierten Stahlwerken. Gegenstand der Untersuchung ist deren absatzseitiger Transport von Stahlprodukten. Hierbei handelt es sich um den Transport von gewichtsintensiven Massengütern in großem Umfang. Damit unterscheidet sich der Transport von dem der kleineren und meist spezialisierten Hersteller. Dieser ist grundsätzlich anders zu beurteilen, da häufig andere Eingangsstoffe (Schrott statt Eisenerz) und spezielle Absatzbedingungen eine spezifische Standortausrichtung (zum Teil Binnenstandort) wie auch einen spezifischen Gütertransport bedingen.

V.A.2. Gestaltung des Gütertransportes Mitte der siebziger Jahre

Zur Beschreibung und zum besseren Verständnis des Gütertransportes in der Eisen- und Stahlindustrie Mitte der siebziger Jahre ist ein kurzer historischer Abriß mit Blick auf die Absatzseite hilfreich. Zu dem großen Bedarf an Stahl für den Auf- und Ausbau des Verkehrswesens in den fünfziger Jahren trat im folgenden Jahrzehnt verstärkt eine wachsende Stahlnachfrage aus Bereichen der Grundstoff- und Produktionsgüterindustrie wie Schiffsbau und Grundstoffchemie. Durch die Konzentration dieser Industrien auf den Küstenstreifen von

---

[45] Ein geringer Teil davon fiel auch auf Elektrostahl.

Tôkyô bis Ôsaka und dessen Verlängerung bis zum Norden Kyûshûs (vergleiche Kap. II.C.2.) konzentrierte sich auch hier räumlich die Nachfrage nach Stahl und Stahlprodukten. Dem trugen die ausschließlich an der Pazifikküste lokalisierten großen Stahlhersteller (siehe Abb. 22) bei ihrem Gütertransport auf der Absatzseite dergestalt Rechnung, daß sie ihren Transport insbesondere auf den Verkehrsweg Meer ausrichteten und in den Hauptabsatzgebieten zunehmend seeseitige Lager- und Umschlagsplätze (Verteilzentren) einrichteten, zu denen sie per Schiff den Großteil ihrer Produktion transportierten. Physisch wie auch kostenseitig endete hier der Gütertransport der Stahlhersteller; die weitere see- und landseitige Verteilung wurde vollständig von Handelsunternehmungen übernommen.[46]

Seit Ende der sechziger Jahre änderten sich erneut Struktur und Gestalt des Gütertransportes. So setzt seitdem die Zuständigkeit der Handelsunternehmungen nicht schon am seeseitigen Verteilzentrum ein; vielmehr übernehmen die Stahlhersteller in zunehmendem Maße ebenfalls den (zumeist landseitigen) Weitertransport bis zum Großkunden, Großhandel oder einer anderen weiterbearbeitenden Stufe, dem Kakô-Center. Diese Kakô-Center (wörtlich: Bearbeitungs-Center) stellen seit Beginn der siebziger Jahre eine Neuerung innerhalb der Transportkette dar. Neben einer reinen Handels- und Verteilfunktion steht bei ihnen die Bearbeitungsfunktion im Sinne des Schneidens und Verformens von Stahlprodukten im Vordergrund. Ihre Standorte liegen sowohl an der Küste als auch im Binnenland. Es handelt sich um rechtlich selbständige Unternehmungen, die jedoch klar den Unternehmungsnetzwerken (keiretsu) der einzelnen Stahlhersteller zugeordnet werden können (SHIN NIPPON SEITETSU 1993a: 1; ICHIKI 1993: 6-8).

Abb. 23 zeigt für 1973 schematisch den von den Stahlherstellern durchgeführten Gütertransport innerhalb Japans auf der Absatzseite. Bei dieser Form der Abstrahierung läßt sich grundsätzlich zwischen ein- und zweistufigem, hier gleichbedeutend mit ungebrochenem oder gebrochenem, Gütertransport unterscheiden.

---

[46] In den fünfziger Jahren hatte sich die Beteiligung der Stahlhersteller am absatzseitigen Gütertransport noch auf die Übergabe der von ihnen hergestellten Güter ab Stahl- beziehungsweise Walzwerk beschränkt. Der eigentliche Gütertransport lag komplett im Aufgabenbereich der Handelsunternehmungen; wichtigstes Transportmittel war die Eisenbahn (SHIN NIPPON SEITETSU 1993a: 1).

Es fällt auf, daß nur 4,5% der Stahlproduktion das Stahlwerk per Bahn verließen. Während ein Teil davon direkt an Großkunden geliefert wurde, fand als zweite Transportart auch eine zweistufige Auslieferung mit Güterumschlag an Güterbahnhöfen und Weitertransport auf Lastkraftwagen statt.

Abb. 23: Schema des Stahltransportes zwischen Stahlwerk und Abnehmern mit Anteilen der einzelnen Verkehrsmittel 1973

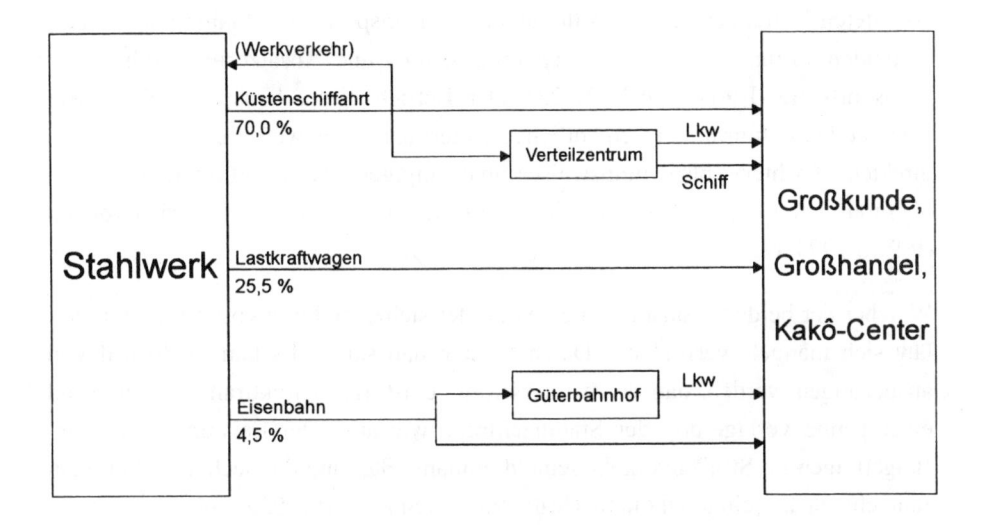

Quelle: eigene Darstellung nach Nihon butsuryû nenkan 1976: 52

Einen mit rund 25% deutlich größeren Anteil am Ersttransport ab Werk wies 1975 der Lastkraftwagenverkehr auf. So konnten sowohl mit Großkunden als auch mit Großhandel und Kakô-Center alle drei Abnehmertypen direkt beliefert werden. Folglich kommt es hier für die Stahlhersteller zu keiner zweiten Transportstufe. Diese betrifft im Rahmen der weiteren Verteilung allein Großhandel und Kakô-Center. In der relativ großen Bedeutung des Lastkraftwagens als Verkehrsmittel im direkten Gütertransport zeigt sich der räumliche Verbund von den Standorten der Stahl- und Walzwerke einerseits und den großen Bevölkerungs- und Wirtschaftsagglomerationen andererseits. Die dadurch ab Werk zu überbrückenden Entfernungen waren häufig so gering, daß sich eine Zwischenschaltung von Bahn- oder Schiffstransport erübrigte.

Eine überragende Bedeutung beim Ersttransport hatte 1973 mit einem Anteil von 70% die Küstenschiffahrt. Hierbei lassen sich mit Blick auf die Zielorte neben dem Transport von Halbfertigprodukten zwischen einzelnen Werken zwei Transportarten unterscheiden: die direkte Auslieferung an küstenseitig lokalisierte Großkunden, Großhandel und Kakô-Center einerseits und der Transport zu konzerneigenen Verteilzentren andererseits. Während beim ersteren der Gütertransport der Stahlhersteller mit Erreichen des seeseitigen Zielortes endet, schließt sich beim Transport via Verteilzentrum die weitere Verteilung an Großkunden, Großhandel und Kakô-Center zumeist über Land und per Lastkraftwagen an. Somit stehen die vor allem bis Mitte der siebziger Jahre in großem Ausmaß errichteten Verteilzentren im Mittelpunkt des Transportes der Stahlhersteller und verbinden so räumlich wie sachlich Produktions- und Absatzorte innerhalb der Transportkette (ICHIKI 1993: 21-23). Der Betrieb dieser Umschlagsplätze wie auch die Durchführung des eigentlichen Gütertransportes wurde in der Regel von direkten Tochter- beziehungsweise unabhängigen Transportunternehmungen übernommen, die jedoch klar bestimmten Herstellern zugeordnet werden können (ICHIKI 1993: 6-24).

Welcher der beiden Transporttypen Mitte der siebziger Jahre vorherrschend war, läßt sich mangels verfügbarer Daten nicht genau sagen. Es kann jedoch davon ausgegangen werden, daß der wasserseitige, einstufige Direkttransport aufgrund einer Binnenverlagerung der Stahlnachfrage wie auch der Leistungsfähigkeitssteigerungen im Straßenverkehr seine dominante Stellung der sechziger Jahre ein Jahrzehnt später eingebüßt hatte (SHIN NIPPON SEITETSU 1993a: 1-4).

V.A.3. Veränderungen der Transportbedingungen

V.A.3.a. Transportanforderungen

Ein Wandel der Transportanforderungen in der Eisen- und Stahlindustrie ist direkt mit Veränderungen in der Struktur der Stahlnachfrage verbunden.[47] Aus diesem Grund sei zunächst die Entwicklung des inländischen Stahlabsatzes, dessen Anteil gegenüber dem Export von 1973 bis 1991 leicht auf über 77% gestiegen war (Steel Industry of Japan 1993: 28), nach Abnehmergruppen dargestellt (Tab. 13).

---

[47] Als Beispiel einer frühen Arbeit zu strukturellen Veränderungen in der Eisen- und Stahlindustrie und deren Einfluß auf den Transportbereich siehe HELMICH (1970).

Tab. 13: Entwicklung des inländischen Verbrauches von Normalstahlprodukten nach Hauptabnehmergruppen in Japan 1973-1991 (Anteile in %)

	1973	1980	1988	1989	1990	1991	Index 91/73
Konstruktion/Bau	51,0	46,2	49,9	50,4	51,0	50,3	115
Schiffsbau	10,3	6,7	3,1	3,5	3,6	3,8	44
Automobilbau	10,5	17,9	17,8	17,4	17,1	17,4	194
Industriemaschinen	8,0	8,7	8,6	8,8	8,7	8,3	122
Elektromaschinen	3,8	4,3	6,9	6,5	6,6	6,9	210
Sonstige	16,4	16,2	13,7	13,1	13	13,5	95
gesamt in Tonnen	66,3	61,0	70,0	76,3	81,5	77,6	117

Quelle: Gyôkai bunseki 1994: 173; SHIN NIPPON SEITETSU 1993b: 26

Tab. 13 zeigt deutlich, daß sich seit 1973 in Japan die anteilige Zusammensetzung der Verbraucher von Normalstahl zum Teil stark verändert hat. Unverändert hoch geblieben ist der Anteil des Bereiches *Konstruktion/Bau*, der bis 1991 durchweg allein rund die Hälfte des gesamten Stahlverbrauches auf sich vereinigt hat. Auffällig dagegen ist der gegenüber 1973 stark zurückgegangene Stahlverbrauch im Bereich *Schiffsbau*. Gleichzeitig ist die Nachfrage aus den Bereichen *Automobilbau* und *Elektromaschinen* nicht nur absolut, sondern auch relativ auf ungefähr das Doppelte gestiegen. Hierin spiegelt sich der beschriebene Strukturwandel der japanischen Industrie mit einem starken Anteilszuwachs der Zweige Elektrogeräte und Transportmaschinen seit Mitte der siebziger Jahre (Kap. II.B.1.).

Diese strukturelle Veränderung der inländischen Stahlnachfrage war mit Blick auf den Gütertransport der Stahlhersteller in zweierlei Hinsicht von großer Bedeutung. Zum einen veränderte sich dadurch die Höhe und Zusammensetzung der abzusetzenden und zu transportierenden Güter. Zum anderen ließ die bis dahin ausgeprägte regionale Konzentration der Stahlverbraucher auf die Pazifikküste nach, während gleichzeitig die Nachfrage in binnenseitig und peripher gelegenen Regionen stieg.

Selbstverständlich veränderte nicht nur die gestiegene Stahlnachfrage aus den Bereichen *Elektromaschinen* und *Automobilbau* die Produktpalette der Stahlhersteller. Beide Produktgruppen verdeutlichen jedoch am besten den Strukturwandel in der Stahlnachfrage und die Tendenz eines vermehrten Absatzes von kleineren und leichteren Gütern aufgrund des spezifischen Bedarfes der einzelnen Abnehmer (Gyôkai bunseki 1994: 172; SHIN NIPPON SEITETSU 1993a: 1; ICHIKI 1993: 4-6).[48] Zu der körperlichen Veränderung der Güterzusammensetzung trat außerdem eine starke Ausweitung der Produktpalette im Stahlbereich auf rund 100000 verschiedene Produkte (SHIN NIPPON SEITETSU 1993a: 4). Diese Zunahme der Produktvielfalt geschah in Reaktion auf die Nachfragediversifizierung durch die stahlverarbeitenden Industrien, die ihrerseits alle seit 1975 durch eine starke Ausweitung des Produktionssortimentes gekennzeichnet sind (Kap. III.B.1.).

Von gleichfalls großer Bedeutung ist die seit den siebziger Jahren gestiegene räumliche Streuung der Stahlnachfrage. Zum einen sank zwischen 1975 und 1992 der Anteil der Regionen Kantô und Kinki um über sieben Prozentpunkte auf nur noch 55,3%, während die Nachfrage vor allem in den Regionen Tôkai und Tôhoku deutlich stieg (Nihon butsuryû nenkan 1977-1994). Zum anderen stieg die Nachfrage in Binnenregionen gegenüber Küstenregionen. Bedingt durch Flächenmangel und Arbeitskräfteknappheit in den Industrieagglomerationen an der Pazifikküste, verlagerte die stahlverarbeitende Industrie einen Teil ihrer Standorte ins Binnenland[49] (Kap. II.B.2.).

In einigen Bereichen der Elektronik- und Kraftfahrzeugindustrie kam es neben einer absoluten Zunahme der Zahl der Unternehmungen außerdem zu deutlichen Betriebsverlagerungen in weiter peripher gelegene Regionen wie Kyûshû und Tôhoku (Chiiki keizai repôto 1992: 16-33), so daß es mit einer zunehmenden räumlichen Streuung des Stahlverbrauches auch zu einer entsprechenden Streuung des Absatzes kam. Diese Entwicklung betraf insbesondere den Absatz von kleinen und spezialisierten Produkten. Daher wird in diesem Bereich die sachliche und räumliche Veränderung der Transportstrukturen, insbesondere die steigende Zahl der Auslieferungen, bei einer Ausweisung des jeweiligen Transportgewichtes unterzeichnet. Aber auch bei Bau und Konstruktion, einem Bereich mit großem Bedarf an großen und schweren Stahlprodukten, kam es seit den siebziger Jahren, wie zum Beispiel beim Ausbau des Verkehrswesens, durch

---

[48] Diese Tendenz zeigt sich auch in einer Steigerung des inländischen Absatzes an Spezialstahl um über 50% auf über 10 Mio. Tonnen zu Beginn der neunziger Jahre (Steel Industry of Japan 1993: 21).

[49] Bei den angesprochenen Verlagerungen in die Binnen- und Peripherregionen Japans handelt es sich weniger um direkte Standortverlagerungen als vielmehr meist um eine stärkere Orientierung auf diese Räume bei der Standortfestlegung für neue Produktionsstätten (YADA 1988: 11-36; NEI 1988: 26-33).

eine stärkere Orientierung auf außerhalb des Kernraumes von Honshû gelegene Regionen zu einer stärkeren räumlichen Streuung des Stahlabsatzes.

Mit Blick auf die Transportanforderungen kann damit an dieser Stelle schon festgehalten werden, daß allein an räumliche und bestimmte physische Merkmale der zu erbringenden Transportleistungen der Eisen- und Stahlindustrie im Betrachtungszeitraum stark veränderte Anforderungen gestellt wurden. Unmittelbar damit verknüpft sind aber auch zusätzliche Veränderungen der Anforderungen an zeitliche und weitere physische Merkmale.

So hat seit den siebziger Jahren in Japan wie auch in anderen Staaten der Just-in-time-Gedanke zunehmend Eingang in den Bereich von Stahlproduktion und -transport gefunden (MCCANN 1989: 27-29; FILZ ET AL. 1989). Ursächlich hierfür ist das veränderte Bestellverhalten von stahlverarbeitenden Unternehmungen. Hervorzuheben ist erneut die Kraftfahrzeugindustrie, die als ein wichtiger, häufig direkter Abnehmer von Stahlprodukten schon früh konsequent das Just-in-time-Prinzip in Produktion und Anlieferung umgesetzt hatte (SMITKA 1991: 80-85).

Daraus resultieren Schwankungen der Nachfrage und eine Reduzierung der einzelnen Bestellmenge bei gleichzeitiger Zunahme der Lieferfrequenz, verbunden mit einer Verringerung der Lieferfrist bei Erhöhung der Lieferzeitpunktgenauigkeit (Kap. IV.D.2.). Dies betrifft die Stahlhersteller entweder direkt oder aber zumindest indirekt, je nachdem ob sie ab Werk beziehungsweise Verteilzentrum direkt oder aber über weitere Bearbeitungs- oder Handelsstufen ausliefern (SHIN NIPPON SEITETSU 1993a: 1-3; ICHIKI 1993: 8-12; FLORIDA 1992: 162). Gerade der Punkt Lieferfristverkürzung wird von Stahlherstellern bei Umfragen zu Transportproblemen hervorgehoben (RYÛTSÛ SEKKEI 1993: 23). In jedem Fall übertragen sich die Just-in-time-Anforderungen und Nachfrageschwankungen des Stahlendverbrauchers, wenn auch zum Teil durch dazwischen liegende Stufen abgeschwächt, bis auf die Stahlhersteller. Diese Ausführungen sind natürlich nicht auf die Beziehungen zur Kraftfahrzeugindustrie beschränkt, sondern in prinzipiell gleicher, wenn auch unterschiedlich stark ausgeprägter Form für eine Vielzahl von Stahlabnehmern zutreffend (SHÔKÔ CHÛKIN 1989: 60-64; SHOKÔ CHÛKIN 1983: 43-47).

Entscheidend für die Beurteilung des Wandels der Transportanforderungen in der Eisen- und Stahlindustrie ist das gleichzeitige Auftreten starker Anforderungsveränderungen an die physischen, räumlichen und zeitlichen Merkmale der zu erbringenden Transportleistungen. So ist die insgesamt beobachtbare Zunahme der räumlichen Streuung der Stahlnachfrage gerade bei den

Abnehmern besonders ausgeprägt, die sowohl anteilig seit 1975 an Bedeutung gewannen, als auch branchen- und produktbedingt die höchsten Transportanforderungen stellten. Bei der Elektro- und Kraftfahrzeugindustrie als Stahlnachfrager tritt beispielsweise der verhältnismäßig einfache Transport großer Mengen voluminöser und schwerer Massengüter über See in den Hintergrund. Dagegen sind landseitig verstärkt Güter in geringeren Bestellmengen und bei größerer Zeitempfindlichkeit zu transportieren. Insgesamt tritt zum konzentrierten Transport schwerer Massengüter über weite Entfernungen im Streckenverkehr verstärkt der Bedarf eines Verteilungsverkehrs mit kleineren Mengen, so daß der Abstimmung und Organisation aller Glieder der Transportkette und ihrer Schnittstellen besondere Bedeutung zukommt.

Schließlich wirken die veränderten absatzseitigen Transportanforderungen rückwärts über die gesamte Transportkette bis in den Produktionsbereich hinein. Damit wirkt der veränderte Stahlabsatz bis zum zwischen- und innerbetrieblichen Gütertransport in den Stahlwerken zurück und stellt auch hier erhöhte Flexibilitätsanforderungen.

V.A.3.b. Transportsysteme

Die vorherigen Ausführungen haben gezeigt, daß für den Gütertransport der Eisen- und Stahlindustrie sowohl die Leistungsfähigkeit der Küstenschiffahrt als auch die des Straßenverkehrs große Bedeutung hat.

Mit Blick auf den seeseitigen Transport ist als grundsätzliches Kennzeichen hervorzuheben, daß sowohl die eingesetzten Schiffe als auch die beanspruchten Hafen- und Umschlagseinrichtungen branchen- und meist auch unternehmungsspezifischer Natur sind. So wickelte beispielsweise die Unternehmung Nippon Steel 1989 ihren seeseitigen Transport nahezu vollständig unter dem Einsatz von 292 auf den Stahltransport spezialisierten Schiffen von insgesamt sieben Reedereien ab (ICHIKI 1993: 17). Durch die Notwendigkeit der Ausrichtung dieser Schiffe auf die unterschiedlichen produkt- und transportspezifischen Anforderungen der einzelnen Hersteller stellen sie für diese die allein relevanten Wasserverkehrsmittel dar. In ähnlicher Weise sind die genutzten Hafen- und Umschlagseinrichtungen der eigenen Unternehmungsgruppe beziehungsweise der Großhändler/Kakô-Center wie auch vieler Großkunden ausgerichtet auf den Antransport von Stahlprodukten im allgemeinen und von bestimmten Herstellern im speziellen. Dadurch ergibt sich eine gewisse Unabhängigkeit des seeseitigen

Stahltransportes von allgemeinen Entwicklungen in der Küstenschiffahrt, gleichzeitig aber die Notwendigkeit und Möglichkeit zu ständigen Verbesserungen der spezifischen Leistungsfähigkeit.

Im Bereich der Schiffsentwicklung sind zwei Tendenzen hervorzuheben. Zum einen sind in der Vergangenheit stetig größere Schiffseinheiten bis zur Kapazität von 2100 Tonnen Ladegewicht[50] zum Einsatz gekommen, um so Größen- und Kostenvorteile zu nutzen (SHIN NIPPON SEITETSU 1993a: 5; KAWASAKI SEITETSU 1992: 7). Zum anderen wird seit Ende der achtziger Jahre der Einsatz von besonderen Spezialschiffen verstärkt, die auf den Massentransport eines bestimmten Produkttyps, beispielsweise Profile oder Walzdraht, ausgerichtet sind (ICHIKI 1993: 14-19).

Beide Entwicklungen beschreiben den Versuch einer Rationalisierung des Schiffstransportes durch Bündelung von Transporten und dadurch mögliche Ausnutzung von Massenvorteilen. Als Beispiel ist die Einführung des landesweit ersten RORO-Stahlfrachters im Jahr 1991 beim Hersteller NKK zu nennen (Torakku yusô 1991: 29). Dieser auf den Transport von Blechspulen spezialisierte Frachter benötigt aufgrund seiner Roll-on-Roll-off-Vorrichtung entsprechende, mit großen Investitionen verbundene spezielle Lade- und Löschvorrichtungen am Pier. Mithin wird auch beim Stahltransport die Leistungsfähigkeit des Schiffstransportes von der Ausstattung und Leistungsfähigkeit der Umschlagseinrichtungen begrenzt.

Mit der Tendenz zum Transport größerer Mengen spezifischer Produkte durch bestimmte Schiffstypen stieg insgesamt der Abstimmungsbedarf für eine effiziente Ausnutzung dieser Transportkapazitäten. Dem begegneten die einzelnen Hersteller mit der Entwicklung und Einführung unternehmungseigener Informations- und Koordinationssysteme.[51]

Im Gegensatz zum Schiffstransport ist für den Gütertransport der Eisen- und Stahlindustrie im Straßenverkehr festzustellen, daß er kaum branchen- oder unternehmungsspezifische Merkmale aufweist. Allein die höhere Grenze des

---

[50] Nach oben begrenzt wird die Größe der im Einsatz befindlichen Küstenmotorschiffe vor allem durch die zumeist beschränkten Hafen- und Reedekapazitäten auf seiten der Abnehmer (Verteilzentren, Großkunden und -handel, Kakô-Center).

[51] Beispielhaft seien hier die satellitengesteuerten Informationssysteme TRITON und ZEUS genannt, mit denen seit 1992 beziehungsweise 1994 die gesamten für Nippon Steel beziehungsweise Kawasaki Steel fahrenden Schiffsflotten gelenkt und koordiniert werden (Torakku yusô 1994: 29; FUKUYAMA 1993: 13).

zulässigen Gesamtgewichts für Lastkraftwagen beim Transport bestimmter Stahlprodukte (bis zu 40 Tonnen gegenüber üblicherweise 15 Tonnen) spiegelt eine Besonderheit dieser Branche und der von ihr zu transportierenden Güter wider. Ansonsten ist im wesentlichen auf die allgemeinen Ausführungen zur Entwicklung der Leistungsfähigkeit des Straßenverkehrs seit 1975 zu verweisen (Kap. IV.C.3.). Insbesondere der qualitative Ausbau des Straßennetzes erleichterte eine direkte Auslieferung der branchenspezifisch schweren Güter ab Werk oder Verteilzentrum über weitere Entfernungen bis hin zum Abnehmer.

V.A.4. Transportkosten und Veränderungen bei der Gestaltung des Gütertransportes

Einleitend sei ein kurzer Überblick über die Kostenentwicklung beim Stahltransport seit 1986 gegeben. Während nähere Beleuchtung und Erklärung der in Tab. 14 ablesbaren Entwicklungen erst am Ende dieses Kapitels vorgenommen werden, sei an dieser Stelle schon auf zwei wesentliche Punkte hingewiesen.

Tab. 14: **Kostenentwicklung beim Transport von Stahlprodukten ab Werk im Verhältnis zu Produktion und Umsatz 1986-1992 (Durchschnitt der sechs größten Stahlhersteller)**

	Produktion Rohstahl (Mio. Tonnen)	Index	Jahresumsatz (Mrd. Yen)	Index	Transportkosten (Mrd. Yen)	Index	Transportkosten pro Tonne Rohstahl (1000 Yen)	Index	Anteil Tr.kosten am Umsatz[1]
1986	65,3	100	6442	100	199	100	3060	100	3,1%
1987	69,5	107	6382	99	206	103	2970	97	3,2%
1988	71,7	110	7345	114	222	111	3090	101	3,0%
1989	72,4	111	7733	120	252	127	3480	114	3,3%
1990	74,0	113	8028	125	285	143	3850	126	3,5%
1991	70,7	108	8042	125	303	152	4290	140	3,8%
1992	65,4	100	7408	115	275	138	4210	138	3,7%

1) Die niedrigsten und höchsten Werte für einzelne Unternehmungen lagen bei 2,3% beziehungsweise 5,2%. Zum Teil gehen diese Differenzen auf unterschiedliche Erfassungsmethoden zurück, so daß die Unterschiede in der tatsächlichen anteiligen Transportkostenbelastung zwischen den einzelnen Unternehmungen relativ gering ausfallen.

Quelle: Yûkashôken hôkokusho 1987-1993

Zum einen stellen die absatzseitigen Transportkosten mit drei bis knapp vier Prozent am Gesamtumsatz für die Eisen- und Stahlindustrie einen beträchtlichen Kostenfaktor dar. Dabei umfaßt diese Angabe nur die direkt zahlungswirksamen Transportleistungen, die rund 85% der gesamten absatzseitigen Transportkosten ausmachen (NIHON ROJISUTIKUSU SHISUTEMU KYÔKAI 1994: 44). Ebenfalls hier nicht erfaßt werden die innerbetrieblichen Transportkosten, die allein bei 5-6% liegen dürften. Damit läge der Transportkostenanteil am Umsatz bei einer alle Transportakte einschließenden Sichtweise in Japan je nach Hersteller bei insgesamt rund 9-10% und damit unabhängig vom Betrachtungszeitpunkt allgemein recht hoch.[52]

Abb. 24: Schema des Stahltransportes zwischen Stahlwerk und Abnehmern mit Anteilen der einzelnen Verkehrsmittel 1991

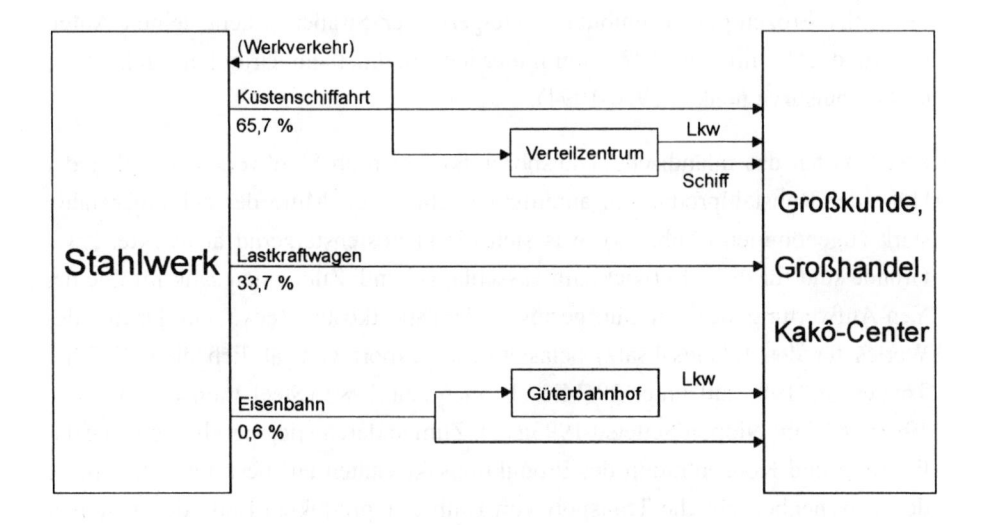

Quelle: eigene Darstellung nach Nihon butsuryû nenkan 1974: 242

---

[52] Die Höhe dieses Transportkostenanteils ist stärker als industrie- denn länderspezifisch anzusehen. BAILLY ET AL. (1988: 95) geben in einer vergleichbaren Untersuchung für Frankreich die Transportkosten in der Eisenindustrie mit 10,3% des Umsatzes in einer ähnlichen Größenordnung an.

Zum anderen fällt neben der absoluten Höhe der Transportkosten ihre, gegenüber der Entwicklung von Rohstahlproduktion und Umsatz überproportionale, Zunahme seit Mitte der achtziger Jahre auf. Diese hat aufgrund des schon branchenspezifisch großen Transportkostenanteils natürlich besondere Bedeutung und wird dementsprechend näher zu untersuchen sein.

Analog zu Abb. 23 und der Darstellung für das Jahr 1973 wird in Abb. 24 der absatzseitige Gütertransport der Stahlhersteller zu Beginn der neunziger Jahre schematisch dargestellt. Auf den ersten Blick scheint sich gegenüber Mitte der siebziger Jahre grundsätzlich am Aufbau der Transportketten nur wenig verändert zu haben. Drei wesentliche Veränderungen müssen jedoch hervorgehoben werden.

Erstens haben sich die Anteile der einzelnen Verkehrsmittel am Ersttransport ab Werk deutlich verschoben. Während Eisenbahn und Küstenschiffahrt gegenüber 1973 klar Prozentpunkte einbüßten, steigerte der Straßenverkehr seinen Anteil von rund 25% im Jahr 1973 kontinuierlich auf über ein Drittel im Jahr 1991 (Nihon butsuryû nenkan 1976-1994).

Zweitens hat das inländische Transportaufkommen ab Stahlwerk gegenüber der Höhe der Rohstahlproduktion anteilig vor allem seit Mitte der achtziger Jahre stark zugenommen (Abb. 25), was sich direkt kostensteigernd auswirkte. Zwei Gründe sind für diese Entwicklung ausschlaggebend. Zum einen sank infolge der Yen-Aufwertung der mit nur geringen Transportkosten (etwa ein Drittel des Wertes für den Inlandsabsatz) belastete Stahlexport von jährlich über 30 Mio. Tonnen bis 1986 auf unter 20 Mio. Tonnen seit 1989 (Steel Industry of Japan 1993: 28; Shin Nippon Seitetsu 1993a: 9). Zum anderen stieg parallel zur Spezialisierung und Konzentration der Produktionsaktivitäten auf bestimmte Standorte der zwischenbetriebliche Transport von Halbfertigprodukten Ende der achtziger Jahre stark an, so daß es auch dadurch zu einer Erhöhung des inländischen Transportvolumens kam (Nihon butsuryû nenkan 1994: 242).

Drittens kann schließlich seit Beginn der siebziger Jahre eine deutlich stärkere Nutzung der Verteilzentren der Stahlhersteller beim Schiffstransport konstatiert werden, wenngleich eine genaue Quantifizierung dieser Entwicklung mangels verfügbarer Daten nicht möglich ist. Es kann jedoch aufgrund von Herstellerangaben davon ausgegangen werden, daß Anfang der neunziger Jahre nur noch rund 20% der Transporte auf dem Wasserweg direkt ausgeliefert wurden, während rund 80% die jeweiligen Verteilzentren durchliefen (SHIN NIPPON SEITETSU 1993a: 8).

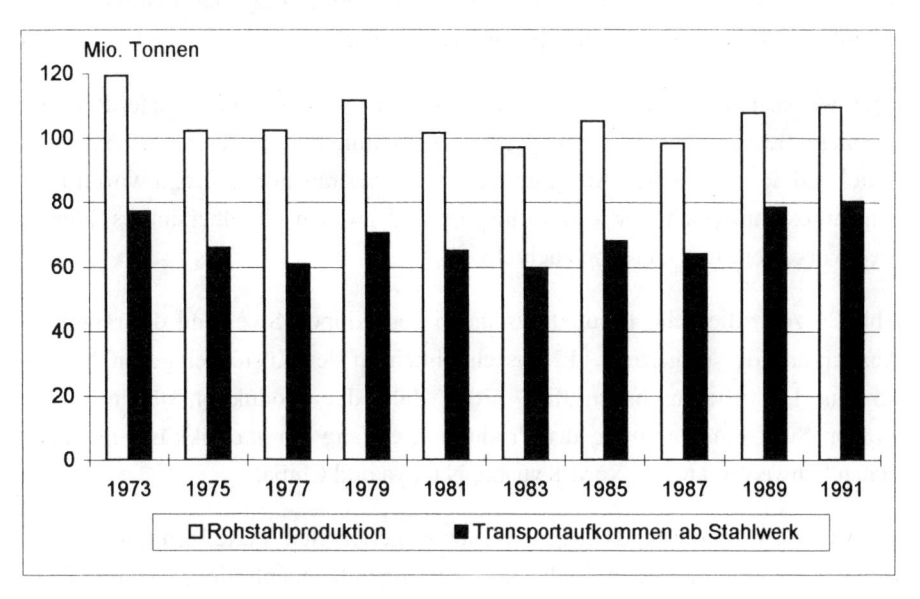

Abb. 25: Gegenüberstellung von Rohstahlproduktion und Transportaufkommen (nur Inland) ab Werk in der japanischen Eisen- und Stahlindustrie 1973-1991

Quelle: Nihon no tekkôgyô 1993: 26; Nihon butsuryû nenkan 1976-1994

Alle drei Veränderungen sind angesichts des beschriebenen Wandels der Absatz- und Transportbedingungen nicht überraschend. So ist der Bedeutungszuwachs des Lastkraftwagens im Direkttransport sowohl mit einer Steigerung der Leistungsfähigkeit dieses Verkehrsmittels verbunden als auch mit der Notwendigkeit eines verstärkten binnenseitigen Absatzes. Außerdem weist der Lastkraftwagen eine ausgeprägte Affinität zum schnellen und flexiblen Transport vergleichsweise geringer Mengen auf, wie er seit Mitte der siebziger Jahre verstärkt gefordert wird.[53]

Der Anstieg des zwischenbetrieblichen Transportes von Halbfertigprodukten ist vor allem Ausdruck einer Spezialisierung der einzelnen Werke auf bestimmte Produkte innerhalb eines insgesamt gewachsenen Produktsortiments. Hier stehen erhöhten Transportaufwendungen Einsparungen durch Rationalisierungsvorteile im Produktionsbereich gegenüber (TAKEUCHI 1989: 6-8).

---

[53] Außerdem ist zu bedenken, daß die Anteilswerte der einzelnen Verkehrsmittel in Abb. 24 auf die gesamte Eisen- und Stahlindustrie in Japan bezogen sind und somit auch die Produktion von Elektro- und/oder Spezialstahl umfassen. Diese ist seit 1975 relativ angestiegen und weist beim Gütertransport per se eine höhere Affinität zum Lastkraftwagen als Transportmittel auf.

Die verstärkte Nutzung seeseitiger Verteilzentren mit anschließendem Weitertransport per Lastkraftwagen verbindet schließlich die Vorteile günstigen Massentransportes über weite Entfernungen mit dem gestiegenen Erfordernis der flexiblen Erschließung von einzelner Absatzräume.

Eine weitergehende Analyse der tatsächlichen Veränderungen erfordert eine genauere Betrachtung der Transportkostenstruktur, der eingesetzten Transportmittel und der räumlichen Ausgestaltung des Gütertransportes. Dazu wird im folgenden exemplarisch der Gütertransport des größten Stahlherstellers Nippon Steel vorgestellt und näher beleuchtet.

Abb. 26 zeigt die zehn Produktionsstätten von Nippon Steel und die räumliche Ausrichtung der insgesamt 112 ausschließlich an der Küste gelegenen Verteilzentren. Die überdurchschnittlich große Zahl der Produktionsstätten erlaubt Nippon Steel eine Streuung der Produktion entlang der Pazifikküste mit deutlichen Schwerpunkten in Nord-Kyûshû, Nagoya und Chiba.

Die auf den weiteren landseitigen Absatz ausgerichteten Verteilzentren sind entlang der gesamten Küste zu finden. Zu auffälligen Konzentrationen kommt es jedoch in den Buchten von Tôkyô, Nagoya und Ôsaka, wie auch an den räumlich anschließenden Küsten bis Nord-Kyûshû. Hierin zeigt sich eine deutliche Ausrichtung auf die Hauptabsatzgebiete. Die gleichzeitige Lokalisation einzelner Verteilzentren an der Japanmeerküste wie in Tôhoku und Hokkaidô (und sogar Okinawa) unterstreicht aber auch die Notwendigkeit zur Erschließung peripher gelegener Absatzgebiete per Schiff, da diese durch einen Landtransport nur zu ungleich größeren Kosten erreichbar wären. Insgesamt ist die Zahl der Verteilzentren gegenüber den siebziger Jahren relativ unverändert geblieben.

Abb. 26: Räumliche Verteilung der Stahlwerke und der Verteilzentren des Herstellers Nippon Steel in Japan 1995

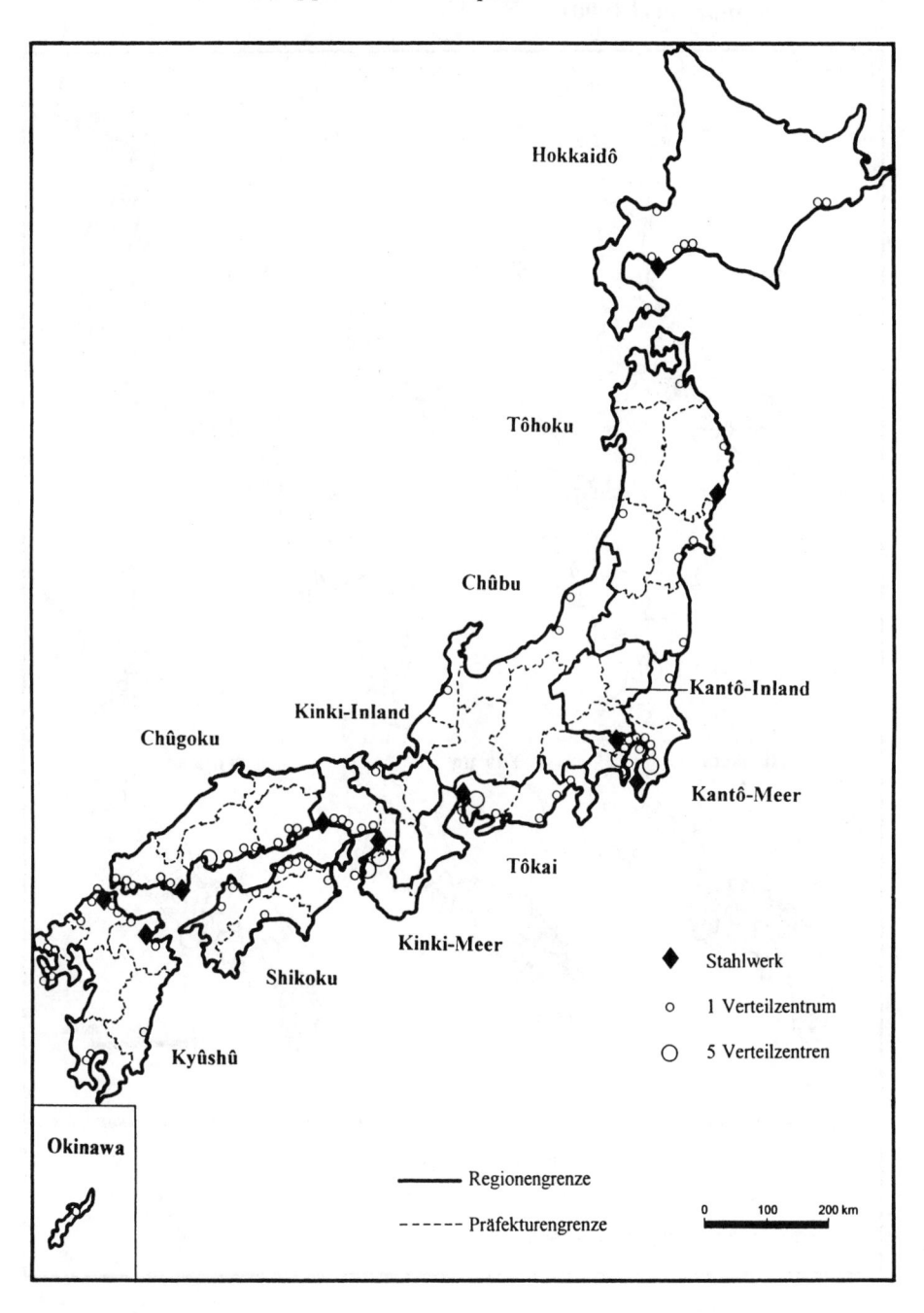

Quelle: eigene Darstellung nach Angaben von Nippon Steel

Abb. 27: **Auslieferungsgebiete beim Stahltransport ab Werk per Lastkraftwagen (Beispiel der sechs integrierten Stahlwerke des Herstellers Nippon Steel 1990)**

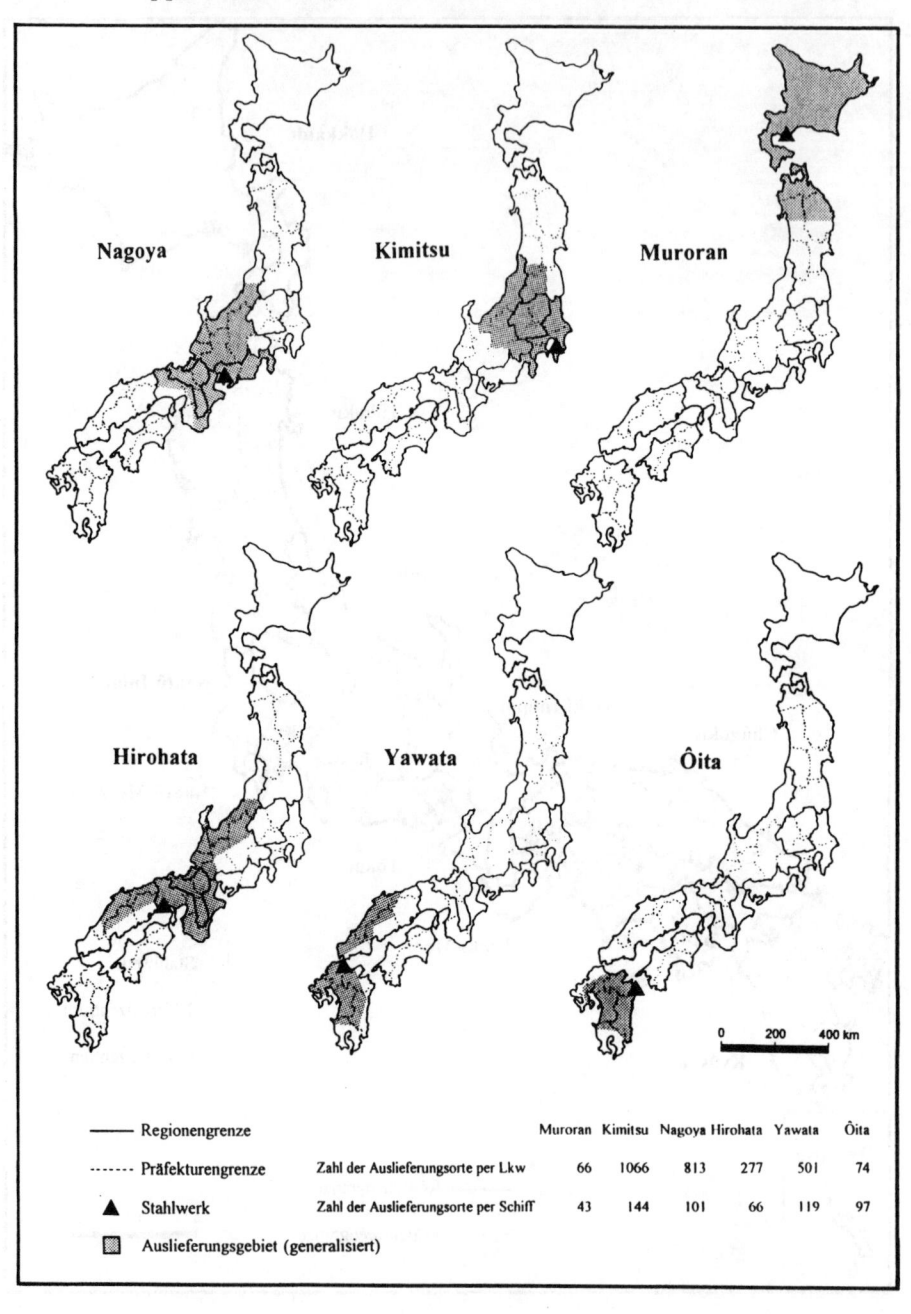

	Muroran	Kimitsu	Nagoya	Hirohata	Yawata	Ôita
Zahl der Auslieferungsorte per Lkw	66	1066	813	277	501	74
Zahl der Auslieferungsorte per Schiff	43	144	101	66	119	97

— Regionengrenze
------ Präfekturengrenze
▲ Stahlwerk
▨ Auslieferungsgebiet (generalisiert)

Quelle: eigene Darstellung nach Angaben von Nippon Steel

Die direkte landseitige Erschließung per Lastkraftwagen ab Stahlwerk zeigt die Abb. 27, wobei nur die sechs Standorte mit integrierten Stahlwerken von Nippon Steel aufgeführt werden. Bei Einbezug aller zehn Werke wurden 1990 insgesamt 2216 verschiedene Auslieferungsorte (Großkunden, Großhandel, Kakô-Center) direkt per Lastkraftwagen angefahren. Dabei ergänzen sich die jeweiligen Auslieferungsgebiete entsprechend der Streuung der Produktionsstandorte derart, daß ein Großteil Japans durch Direktauslieferung per Lastkraftwagen erschlossen werden kann.[54] Insbesondere die Werke Nagoya und Kimitsu (Chiba) liefern an auffällig viele Abnehmer direkt per Lastkraftwagen aus, was mit ihrer zentralen Lage inmitten wichtiger Absatzgebiete zu erklären ist. Gleichzeitig weisen diese beiden Stahlwerke aufgrund ihrer Nähe zu den Hauptabsatzgebieten ebenfalls eine große Zahl an Auslieferungsorten per Schiff auf. Auf alle zehn Werke bezogen, betrug die Zahl der per Schiff angefahrenen Auslieferungsorte in Japan insgesamt 237, wobei die räumliche Erschließung der einzelnen Werke nicht wie im Landtransport auf das Umland begrenzt ist, sondern zumeist Gesamtjapan umfaßt.

Einen näheren Vergleich der Transportstrukturen und räumlichen Charakteristika beim Erst- und Zweittransport durch den Lastwagen ermöglichen die Tab. 15 und 16. Während der Anteil des Straßenverkehrs am gesamten Ersttransport von Nippon Steel 1990 im Landesdurchschnitt bei 35% lag, zeigen die einzelnen werkbezogenen Werte deutliche Unterschiede. So war der Lastkraftwagen für die beiden großen, inmitten bedeutender Absatzgebiete liegenden Werke Kimitsu und Nagoya das mit Abstand wichtigste Transportmittel, während ansonsten deutlich das Schiff überwog. Die günstigen Absatzvoraussetzungen aufgrund der dort geringen zu überbrückenden Entfernungen drücken sich bei den Werken Kimitsu und Nagoya auch in den mit Abstand kürzesten Routenlängen aus, die wiederum eine größere Zahl von Fahrten pro Lastkraftwagen und Tag erlauben. Dagegen erfordert die Direktauslieferung ab Werk Yawata im Norden Kyûshûs durch die gestreute Lage der einzelnen Abnehmer und einen gleichzeitig geringeren Lieferumfang pro Abnehmer eine erheblich längere Auslieferungsroute pro Lastkraftwagen (SHIN NIPPON SEITETSU 1993a: 16).

---

54 Als größter Hersteller verfügt Nippon Steel über deutlich mehr Produktionsstandorte als alle übrigen Stahlhersteller (Nihon no tekkôgyô 1993: 28-31). Insofern ist die Möglichkeit zur nahezu landesweiten Direktauslieferung ab Werk in stärkerem Maße gegeben als bei den anderen Herstellern.

Tab. 15: Strukturdaten zum Stahltransport im Lastkraftwagen-Ersttransport, bezogen auf die sechs integrierten Stahlwerke des Herstellers Nippon Steel 1990

	Ôita	Yawata	Hirohata	Nagoya	Kimitsu	Muroran	gesamt[1]
Lkw-Transportmenge (Tonnen / Monat)	12500	54200	42800	242700	270900	17900	668600
Anteil des Lkw-Transportes am gesamten Ersttransport	3%	22%	28%	63%	58%	15%	35%
Durchschnittliche Routenlänge pro Fahrt (km)	266	577	301	113	144	226	228
Durchschnittliche Zahl der Fahrten pro Lkw u. Tag	0,5	0,8	1,3	1,8	1,6	1,1	1,3

1) Gesamt-/Durchschnittswerte aller zehn Stahlwerke

Quelle: SHIN NIPPON SEITETSU 1993a: 11

Tab. 16: Strukturdaten zum Stahltransport im Lastkraftwagen-Zweittransport nach Auslieferungsregionen des Herstellers Nippon Steel 1990

	Kyûshû	Chûgoku/ Shikoku	Raum Ôsaka	Raum Nagoya	Raum Tôkyô	Tôhoku	Hokkaidô	gesamt
Lkw-Transportmenge (Tonnen / Monat)	27400	32800	93400	50400	204500	25900	10600	445000
Durchschnittliche Routenlänge pro Fahrt (km)	62	71	56	61	81	124	181	73
Durchschnittliche Zahl der Fahrten pro Lkw u.Tag	2,5	2,2	1,9	1,9	2	1,5	1,1	1,9

Quelle: SHIN NIPPON SEITETSU 1993a: 11

Tab. 16 bestätigt mit großen Transportanteilen der Räume Tôkyô, Nagoya und Ôsaka die schon in Abb. 26 sichtbar gewordene Absatzkonzentration beim Transport via Verteilzentren in diesen drei Regionen. Der große Anteil des Transportaufkommens ab Verteilzentren im Raum Ôsaka spiegelt die in dieser Region gegenüber Tôkyô und Nagoya geringere Produktionspräsenz von Nippon Steel wider. Gegenüber dem Ersttransport (Tab. 14) fällt insgesamt eine durchschnittlich niedrigere Routenlänge bei gleichzeitig größerer Fahrtenzahl pro Tag auf. Durch die größere räumliche Streuung der Verteilzentren wird es offensichtlich gegenüber den Transporten ab Stahlwerk möglich, sich auf kleinere Auslieferungsgebiete zu beschränken und so den Anteil des teuren Landtransportes zu reduzieren.

Abb. 28: Schema des Stahltransportes des Herstellers Nippon Steel zwischen dessen zehn Stahlwerken und den Abnehmern in Japan 1993, Anteile der einzelnen Transportarten in 1000 Tonnen/Monat

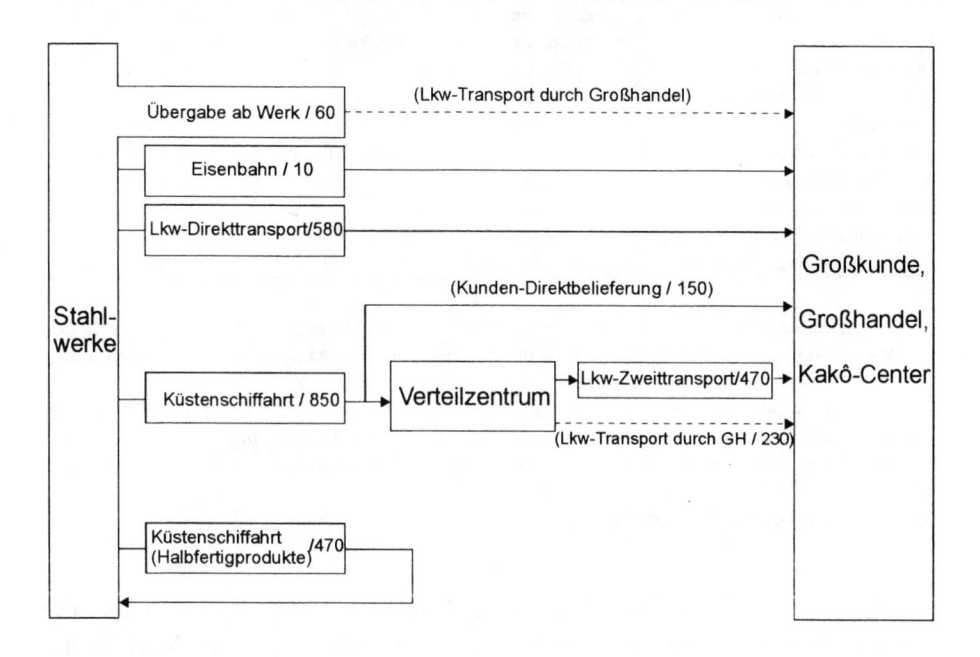

```
                    (Lkw-Transport durch Großhandel)
         Übergabe ab Werk / 60  -------------------------->
         Eisenbahn / 10         ──────────────────────────>
         Lkw-Direkttransport/580 ─────────────────────────>
                                                              Großkunde,
                    (Kunden-Direktbelieferung / 150)
Stahl-                                                        Großhandel,
werke
         Küstenschiffahrt / 850 → Verteilzentrum → Lkw-Zweittransport/470 → Kakô-Center
                                      (Lkw-Transport durch GH / 230)

         Küstenschiffahrt   /470
         (Halbfertigprodukte)
         <──────────────────────────────────────────────
```

Quelle: eigene Darstellung nach Angaben von Nippon Steel

Die konkrete Transportgestaltung von Nippon Steel und die bei den einzelnen Transportarten anfallenden Transportkosten werden für das Jahr 1993 in Abb. 28 und Tab. 17 präsentiert. Gegenüber der grundsätzlichen Darstellung in Abb. 24 wird hier für einen bestimmten Hersteller der Umfang der einzelnen Transportarten quantifiziert. Dabei wird für die tatsächliche Transportdurchführung und Kostenübernahme nach Hersteller einerseits und Abnehmer andererseits unterschieden.

Tab. 17: Transportkosten im Verhältnis zu transportierter Menge und Transportart beim absatzseitigen Gütertransport des Herstellers Nippon Steel innerhalb Japans 1993

	Transportmenge 1000 Tonnen/Monat	Transportkosten Mio. Yen/Monat	Transportkosten pro Tonne in Yen
Küstenschiffahrt	850	1980	2329
Küstenschiffahrt (Werkverkehr)	470	760	1617
Eisenbahn	10	90	9000
Lkw-Direkttransport	580	1750	3017
Lkw-Zweittransport	470	800	1702
Übergabe ab Werk	60	0	0
transportierte Menge, Summe[1]	2380	5380	2261
abgesetzte Menge, Summe[2]	1500	5380	3587

1) Bei der Summe der insgesamt vom Hersteller Nippon Steel transportierten Menge taucht der Posten *Übergabe ab Werk* nicht auf, da dieser Transport vom Abnehmer übernommen wird.

2) Die Summe der insgesamt abgesetzten Menge ergibt sich aus Addition aller Einzelposten einschließlich *Übergabe ab Werk*, jedoch ohne die Posten *Küstenschiffahrt (Werkverkehr)* und *Lkw-Zweittransport*, da diese Transportmengen schon an anderer Stelle erfaßt werden.

Quelle: Angaben von Nippon Steel

In Ergänzung zur Darstellung des Transportvolumens werden in Tab. 17 die bei den einzelnen Transportarten angefallenen Kosten aufgeführt. Wesentlich ist die große Differenz zwischen insgesamt transportierter und tatsächlich abgesetzter Menge, die sich durch den Mehrfachtransport (Werkverkehr, Lastkraftwagen-Zweittransport) einzelner Güter erklärt und sich entsprechend auf die Kosten auswirkt.

Die deutlich günstigste Transportart ist nach dem nicht direkt absatzseitig wirksamen Werkverkehr[55] die Direktauslieferung per Schiff mit einer durchschnittlichen Kostenbelastung von 2329 Yen pro Tonne. Die entsprechenden Kosten beim Lastkraftwagen-Direkttransport liegen um knapp ein Drittel höher, wobei diese geringe Kostendifferenz auf den ersten Blick überrascht.

---

[55] Das große Transportvolumen von Halbfertigprodukten bei Nippon Steel erklärt sich aus dem hier besonders starken Ausmaß der branchenweit beobachtbaren Tendenz zur Spezialisierung der Produktion an bestimmten Standorten. So wurden beispielsweise in Sakai und Kamaishi Hochöfen stillgelegt und die Stahlproduktion ganz eingestellt, nicht jedoch die Verarbeitung von Stahl aus anderen Werken wie Kimitsu, wo sogar ein dritter Hochofen in Betrieb genommen wurde (NIPPON STEEL CORPORATION 1992: 3; TAKEUCHI 1989: 6-8).

Diese direkte Gegenüberstellung berücksichtigt jedoch nicht die jeweils zurückgelegte Distanz, so daß die Transportkosten pro Tonne und Kilometer beim Lastkraftwagen-Direkttransport deutlich höher liegen, da die Durchschnittsentfernungen im Schiffstransport um ein Vielfaches über denen beim Lastkraftwagen-Direkttransport liegen.

Die gegenüber dem Lastkraftwagen-Direkttransport relativ geringe Transportkostenbelastung pro Tonne beim Lastkraftwagen-Zweittransport kann zum Teil auf die kürzeren Auslieferungsrouten zurückgeführt werden (Tab. 15 und 16). Außerdem müssen zu dieser Angabe zur Erfassung der Gesamtkosten zusätzlich die Kosten für den vorausgehenden Schiffstransport aufgeschlagen werden, so daß sich eine insgesamt höhere Kostenbelastung ergibt. Doch muß auch hier die üblicherweise vom Schiff erbrachte hohe Entfernungsüberbrückung mitberücksichtigt werden.

Insgesamt verhindert die fehlende Einbeziehung der Distanzkomponente einen direkten Vergleich der Transportkosten nach Transportarten wie auch eine Beurteilung des Durchschnittswertes von 3736 Yen pro abgesetzter Tonne. Die gleichzeitige Betrachtung der drei Kriterien *räumliche Gestalt des Gütertransportes*, *Einsatz der verschiedenen Transportmittel* und *dabei jeweils anfallende Transportkosten* zeigt am Untersuchungsbeispiel Nippon Steel deutlich die untereinander bestehenden Interdependenzen. Sie unterstreicht erwartungsgemäß die Vorteilhaftigkeit einer Transportorganisation, bei der das zum Massentransport besonders geeignete Verkehrsmittel Schiff den Transport über möglichst weite Entfernungen übernimmt und der Lastkraftwagen nur im regionalen Auslieferungsverkehr eingesetzt wird.

Für eine abschließende Beurteilung sei jedoch der Betrachtungsrahmen von Nippon Steel wieder auf die gesamte Branche erweitert. Die eingangs in Tab. 14 abgebildete Transportkostenentwicklung der großen Stahlhersteller wies deutlich überdurchschnittliche Kostensteigerungen im Transportbereich aus, sowohl bezogen auf die Rohstahlproduktion als auch auf den Umsatzanteil.[56] Am deut-

---

[56] Zwei Faktoren müssen bei der Interpretation dieser Veränderungen beachtet werden.
Erstens wirkte sich der ab 1985 einsetzende anteilige Exportrückgang zwar hemmend auf die hier ausgewiesene Umsatzentwicklung aus, jedoch nicht entsprechend auf die Transportkosten. Denn diese betragen, bezogen auf die abgesetzte Menge, nach Herstellerangaben nur rund ein Drittel der Ausgaben beim Inlandsabsatz. Aus diesem Grund wird der Transportkostenanteil, bezogen auf den Umsatz, in Tab. 13 leicht überzeichnet.
Zweitens erwirtschaften die großen Stahlhersteller zunehmend größere Anteile ihres Umsatzes in nicht direkt stahlbezogenen Geschäftsfeldern, die bis zur Halbleiterherstellung reichen (YONEKURA 1994: 256-262) und neben völlig anderen Transportcharakteristika auch deutlich

lichsten zeigt ein Vergleich der Zahlen für 1986 und 1992, daß 1992 trotz gleichhoher Rohstahlproduktion die Transportkosten um über ein Drittel höher lagen. Als Hintergrund und Erklärung für diese Kostenzunahme sind vor allem die folgenden vier Faktoren zu nennen:

Erstens stieg die insgesamt transportierte Menge durch den verstärkten Werkverkehr von Halbfertigprodukten stärker an als die tatsächlich abgesetzte Menge.

Zweitens verlagerte sich aufgrund der veränderten Abnehmermerkmale und -anforderungen ein größerer Transportanteil auf den vergleichsweise teuren Straßentransport.

Außerdem verteuerte sich gerade im hier betrachteten Zeitraum der Straßentransport, der für die Eisen- und Stahlindustrie stark an Bedeutung gewonnen hat, aufgrund eines gesamtwirtschaftlichen Nachfrageüberhanges überdurchschnittlich.

Schließlich sei der rapide gestiegene Bedarf verstärkter Investitionen sowohl in Spezialschiffe und verbesserte Umschlagseinrichtungen als auch in den beschriebenen Ausbau von Informations- und Koordinationssystemen genannt.

Es kann festgehalten werden, daß sich in der Eisen- und Stahlindustrie Transportkosten und Gestaltung des Gütertransportes gegenseitig stark beeinflussen. Wesentlicher Punkt bei beiden ist das Streben nach einer insgesamt optimalen Mischung aus kostengünstigem Massentransport per Schiff über meist weitere Entfernungen und vergleichsweise teurem Einzeltransport per Lastkraftwagen im landseitigen Verteilungsverkehr. Die hierzu als zentral herausgearbeitete Stellung der Verteilzentren ist sogar für die meisten Hersteller von noch größerer Bedeutung als für den größten Hersteller Nippon Steel. Aufgrund der deutlich geringeren Zahl von Produktionsstandorten bei allen übrigen Herstellern kommt hier der räumlichen Erschließungsfunktion der Verteilzentren noch größeres Gewicht zu.

Damit kommt der Abstimmung des gesamten Transportsystems zwischen Produktion und Absatz eine noch größere Bedeutung zu, was sich in der verstärkten Nutzung der Verteilzentren beim Umschlag vom Wasser- zum Landtransport

---

geringere Transportkostenanteile aufweisen. Der Umsatzanteil dieser Geschäftsfelder war bis 1993 auf rund 20-30% angestiegen (KAISHA SHIKIHÔ 1994: 377-380). Daraus folgt, daß sowohl die absolute Höhe der Transportkosten im Stahlbereich wie auch deren Steigerung im Zeitablauf in Tab. 13 tendenziell unterzeichnet werden. Beide Effekte sind gegenläufiger Natur, so daß sie sich zum Teil ausgleichen.

niederschlägt. Eine solche verstärkte Nutzung entspricht den Anforderungen aus Transportkostensicht, da sie über eine jeweils maximale Entfernung den kostengünstigen Massentransport per Schiff ermöglicht. Gleichzeitig erlaubt sie im Auslieferungsverkehr eine Bündelung der einzelnen, tendenziell verringerten Bestellmengen, wodurch ebenfalls eine große Kapazitätsauslastung der eingesetzten Lastkraftwagen gewährleistet wird. Genauso wichtig erscheint aber auch die Erhöhung der Lieferbereitschaft, die nur durch das Vorhandensein leistungsfähiger Verteilzentren gewährleistet werden kann. Dabei ermöglicht eine landesweite Streuung dieser Verteilzentren eine kostengünstige Erschließung aller Absatzregionen; die gleichzeitig bestehende Konzentration auf die Hauptabsatzgebiete widerspricht dem nicht, sondern ist vielmehr Ausdruck der großen Produktvielfalt, verbunden mit differenzierten Absatz- und Transportanforderungen.

V.B. Bierindustrie

V.B.1. Stellung und Charakterisierung des Industriezweiges

Die Bierindustrie als Vertreter der Verbrauchsgüterindustrien stellt in Japan einen relativ alten und ausgereiften Industriezweig dar. Gemessen am Bierausstoß, wird sie weltweit allein von den USA, Deutschland und der Volksrepublik China übertroffen (Bîru hyakka 1994: 16). Die Herstellung von Bier erhöhte sich seit 1975 von knapp 40 Mio. Hektolitern zunächst langsam, seit Mitte der achtziger Jahre zunehmend rascher auf knapp 70 Mio. Hektoliter im Jahr 1993 (BREWERS ASSOCIATION OF JAPAN 1994: 5). Damit fallen rund 0,7% des gesamten Industrieumsatzes in Japan auf diesen Bereich, der somit eine beträchtliche Größe erreicht (Kôgyô tôkeihyô, sangyôhen 1993). Einschränkend ist jedoch anzumerken, daß über 40% dieses hohen Umsatzwertes auf eine im internationalen Vergleich in Japan extrem starke Alkoholbesteuerung beim Bier zurückzuführen sind (Bîru hyakka 1992: 38-42).

Auffällig ist die stark oligopolistische Struktur des japanischen Biermarktes. Über 99% der Bierherstellung entfallen auf die vier Hersteller Suntory, Sapporo, Asahi und Kirin, wobei der letztere mit einem Marktanteil von rund der Hälfte (bis 1985 sogar von über 60%) den Marktführer repräsentiert (Gyôkai bunseki 1985-1995).[57] Bei Asahi, Sapporo und Kirin stellte 1992 die Bierherstellung mit 84-97% des jeweiligen Unternehmungsumsatzes eindeutig den Betätigungsschwerpunkt dar, während bei Suntory die Herstellung anderer alkoholischer und nicht-alkoholischer Getränke im Vordergrund stand (Kaisha Shikihô 1994: 153-154).

Abb. 29 zeigt die räumliche Verteilung aller 37 Brauereistätten in Japan im Jahr 1994, wobei mit Ausnahme der kleineren Hersteller Suntory und Orion eine (vor allem transportkostenbedingte) starke räumliche Streuung der Produktionsorte mit Schwerpunkten in den Agglomerationsräumen Tôkyô und Ôsaka deutlich wird. Dieses Lokalisationsmuster unterscheidet sich nur geringfügig von dem des Jahres 1975; seitdem haben Asahi und Suntory je eine, Kirin und Sapporo je zwei Produktionsstätten neu in Betrieb genommen.

---

[57] Mit Orion und Hokkaidô Asahi sind darüber hinaus zwei weitere Brauereien zu nennen. Orion produziert allein auf Okinawa und ist auch hauptsächlich auf den dortigen regionalen Absatz beschränkt. Hokkaidô Asahi ist eine 100%-iges Schwesterunternehmung von Asahi und wird auch im folgenden als integraler Bestandteil Asahis behandelt.

Abb. 29: Räumliche Verteilung des Bierverbrauches und aller 37 Brauereistätten in Japan 1994

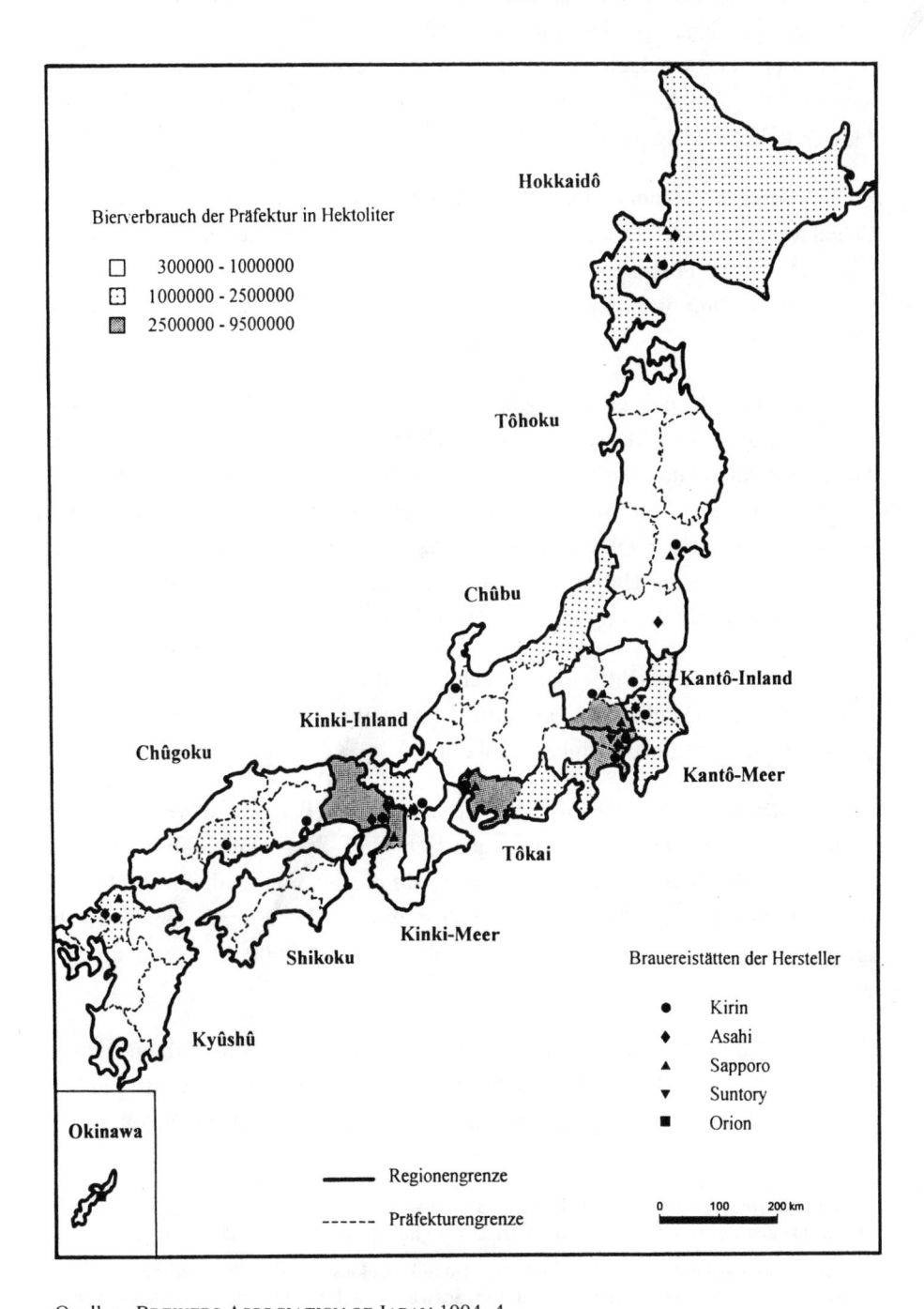

Quelle: BREWERS ASSOCIATION OF JAPAN 1994: 4

Mit Bezug auf den absatzseitigen Gütertransport weist die Bierindustrie insofern Ähnlichkeit zur Eisen- und Stahlindustrie auf, als bei ihr mit dem Bier ebenfalls große Mengen eines gewichtsintensiven Massengutes[58] zu transportieren sind. Neben weiteren Aspekten ist der Bierabsatz jedoch vor allem wegen seiner produktbedingt direkten Ausrichtung auf den Endverbraucher vor grundsätzlich anderen Rahmenbedingungen zu betrachten.

Zum besseren Verständnis der Ausgestaltung des Biertransportes seien zunächst Charakteristika der Bierindustrie in Japan genannt, die in den siebziger Jahren wie auch in der Folgezeit für den Gütertransport von unverändert gleichbleibender Bedeutung waren (Nihon butsuryû nenkan 1994: 265-267; YAMADA 1985: 389-390).

Grundsätzlich gilt, daß es sich beim Bier um ein im Verhältnis zum Gewicht relativ geringwertiges Massengut handelt. Hinzu tritt das große Eigengewicht des Transportgefäßes Glas, welches zusätzlich zur abgesetzten Menge als Leergut ein zweites Mal die gleiche Strecke in umgekehrter Richtung zu transportieren ist. Anfang der neunziger Jahre betrug der Anteil des Flaschenbieres am Gesamtumsatz noch rund die Hälfte, Mitte der siebziger Jahre hatte er sogar bei etwa 80% gelegen (Nihon butsuryû nenkan 1994: 266).

Des weiteren ist zu beachten, daß es sich beim Bier um ein verderbliches Frischprodukt handelt. Damit ist es nur bedingt lagerfähig, so daß der Absatz generell ein hohes Maß an Eilbedürftigkeit aufweist.[59]

Eine Besonderheit des japanischen Biermarktes ist der Anteil der einzelnen Sorten am Gesamtumsatz der jeweiligen Hersteller. So verfügen alle Hersteller heute wie früher über ein oder zwei Sorten, auf die der Hauptteil von Produktion und Umsatz (bis zu 80%) entfällt. Ergänzt werden diese durch eine Vielzahl anderer Sorten, die jedoch jeweils nur sehr geringe Anteile am Gesamtumsatz aufweisen.

Auffällig sind die starken jahreszeitlichen Schwankungen im Bierverbrauch und -absatz. Während in den Sommermonaten Juni, Juli und August jeweils deutlich mehr als 10% des Jahresumsatzes anfallen, liegen die entsprechenden Anteile für

---

[58] Die Klassifizierung als Massengut aus Transportsicht erfolgt hier mit Blick auf die übliche Bündelung des eigentlichen Stückgutes Bier in Flasche oder Dose zu Kästen und Paletten.

[59] Stärker als die tatsächliche Verderblichkeit des Produktes dürfte sich allerdings ein beim Konsumenten ausgeprägtes Frischebewußtsein auswirken, aufgrunddessen Bier älteren Abfülldatums schlechter absetzbar ist.

Januar und Februar bei nur rund 4-5% (Bîru hyakka 1992: 53). Ebenso treten zwischen den einzelnen Jahren witterungsbedingt merkliche Unterschiede auf.

Die räumliche Verteilung des Bierabsatzes ist dagegen im Zeitablauf sehr konstant. Entsprechend der Bevölkerungsverteilung ist eine ausgeprägte Konzentration auf den Kernraum Honshûs festzustellen. So vereinigen die Regionen Kantô, Tôkai und Kinki seit jeher allein über 60% des Bierverbrauches auf sich. Die Städte Tôkyô und Ôsaka weisen heute wie früher die mit Abstand höchsten Pro-Kopf-Verbrauchswerte auf, so daß sie allein für fast ein Viertel des gesamten Landesverbrauches stehen und damit eine besondere Absatzkonzentration bedingen (Bîru hyakka 1994: 59). Andererseits erfordert der landesweite Bierabsatz aber auch gleichzeitig die Versorgung peripher gelegener Gebiete.

V.B.2. Gestaltung des Gütertransportes Mitte der siebziger Jahre

Seit 1960 hatte sich der Bierausstoß in Japan jährlich um durchschnittlich 2 Mio. Hektoliter auf knapp 40 Mio. Hektoliter im Jahr 1975 rasch erhöht (Bîru hyakka 1992: 51). Durch die damit einhergehende Vervierfachung des Transportvolumens hatte auch das Transport-, Lager- und Umschlagsnetz einen gewaltigen Ausbau erfahren.

Abb. 30: Schema des Biertransportes zwischen Brauereistätte und Abnehmern 1975

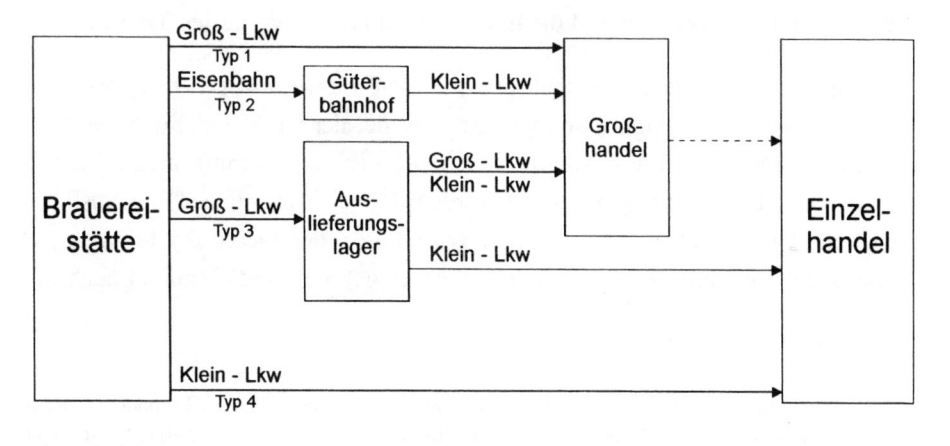

Quelle: eigene Darstellung nach Herstellerangaben

Abb. 30 zeigt schematisch den Aufbau des absatzseitigen Biertransportes, wie er Mitte der siebziger Jahre bei den vier großen Bierherstellern in nahezu gleicher Weise anzutreffen war. Aufgrund der ausgeprägt oligopolistischen Marktstruktur stehen in Japan seit jeher alle Hersteller mit nahezu den gleichen Großhändlern (rund 800-1000) und Einzelhändlern (rund 120000-150000)[60] direkt beziehungsweise indirekt in Kontakt (Nihon butsuryû nenkan 1994: 266 und 1979: 100; YAMADA 1985: 389). Die konkrete Transportdurchführung geschah bei allen Herstellern durch eigene Tochterunternehmungen beziehungsweise vertraglich gebundene Speditionen. Große Ähnlichkeiten bestanden auch bei Aufbau, Funktion und Lage der Auslieferungslager (haisô-sentâ), deren Zahl Mitte der siebziger Jahre bei den einzelnen Herstellern mit rund zwanzig (Suntory weniger) auf nahezu gleicher Höhe lag (Nihon butsuryû nenkan 1979: 100). Bei den Auslieferungslagern kann nach eigenen und angemieteten Lagerflächen unterschieden werden. Je nach Aufbau der Transportkette zwischen Fabrik und Einzelhandel lassen sich für den Zeitpunkt Mitte der siebziger Jahre grundsätzlich vier Transporttypen unterscheiden.

Der überwiegende Teil der Transporte ging ab Brauereistätte per Groß-Lastkraftwagen direkt an den Großhandel (Typ 1), der die weitere Verteilung an den Einzelhandel komplett übernahm.

Bei Typ 2 kam die Eisenbahn im Ferntransport zum Einsatz. Ein direkter Gleisanschluß der meisten Brauereistätten erlaubte diese Transportform, der sich am Zielpunkt ein Verteilungsverkehr per Klein-Lastkraftwagen an einzelne Großhandelsbetriebe anschloß. Mit rund 18% des gesamten Transportaufkommens fiel 1975 ein beträchtlicher Teil auf die Eisenbahn und damit auf diesen Transporttyp.

Bei Typ 3 wurde zunächst ein Transport per Groß-Lastkraftwagen zu einem Auslieferungslager durchgeführt, von wo aus entweder der Großhandel oder der Einzelhandel beliefert wurde. Dabei konnten bei der Auslieferung an den Großhandel Groß-Lastkraftwagen genutzt werden. Bei der selteneren Direktauslieferung an den Einzelhandel mußten aufgrund des geringeren Lieferumfanges nahezu ausschließlich Klein-Lastkraftwagen eingesetzt werden, zumal auch die

---

[60] Die große Zahl der Einzelhändler, Gaststätten nicht eingerechnet, ist als besonderes Merkmal des japanischen Distributionssystemes anzusehen. Dieses äußert sich nicht nur beim Vertrieb alkoholischer Getränke wie Bier in einer großen Einzelhändlerzahl, sondern zeigt sich in einer branchenweit großen Zahl von Verkaufsstätten im Einzelhandel (MEYER-OHLE 1994: 91-97). 1991 betrug sie insgesamt knapp 1,6 Mio. Verkaufsstätten (Nihon tôkei nenkan 1993: 394).

Lage der meisten Einzelhandelsgeschäfte an kleinen Straßen eine Anlieferung mit größeren Fahrzeugen nicht gestattete.[61]

Neben der Direktlieferung an Groß- oder Einzelhandel stellte schon Mitte der siebziger Jahre der Transport via Auslieferungslager einen wichtigen Transporttyp dar. Diese Lager waren parallel zur Produktionsausweitung in den sechziger Jahren verstärkt in räumlicher Nähe zu den Produktionsstätten eingerichtet worden (KIRIN 1993: 12), wobei sie zwei gleichgewichtige Funktionen aufwiesen. Zum einen schufen sie dringend benötigte zusätzliche Lagerkapazitäten, die auf dem Fabrikgelände nicht bereitgestellt werden konnten. Zum anderen ermöglichte die im Verhältnis zu den Produktionsstätten größere Streuung im Raum eine gezieltere Belieferung von Groß- und Einzelhandel. Somit ist hier eine mit den Verteilzentren der Eisen- und Stahlindustrie vergleichbare Funktion feststellbar, nämlich abnehmerausgerichtete Lagerhaltung und Zusammenstellung jeweiliger Auslieferungsmengen. Der Anteil des über Auslieferungslager abgewickelten Transportvolumens betrug nach Herstellerangaben Mitte der siebziger Jahre durchschnittlich jedoch nur rund ein Zehntel des gesamten Biertransportes. Dies verdeutlicht ihren Ergänzungs- und Ausgleichscharakter.

Schließlich wurde bei Nähe von größeren Einzelhandelsabnehmern bisweilen auch an diese eine Direktlieferung ab Brauereistätte vorgenommen (Typ 4). Der Anteil dieses Types am Gesamttransportvolumen war mit 2-3% jedoch marginal (Nihon butsuryû nenkan 1979: 100). Zum Einsatz kamen ausschließlich Klein-Lastkraftwagen.

Neben dem bemerkenswert großen Anteil der Eisenbahn am gesamten Transportaufkommen ist vor allem die differenzierte Nutzung von Groß- und Klein-Lastkraftwagen zu beachten. Sie spiegelt das Streben und die Möglichkeit zur Ausnutzung von Größen- und Kostenvorteilen einerseits und die Notwendigkeit von kleinen Transportlosen andererseits wider.

In Abb. 30 nicht aufgeführt ist der produktbedingt notwendige Rücktransport von Leergut. Dieser geschah zumeist mit denselben Lastkraftwagen im Anschluß an die jeweilige Auslieferung. Außerdem wird der Transport zwischen einzelnen Fabrik- oder auch Auslieferungslagern vernachlässigt, da er nicht Teil des plan-

---

[61] Bei diesem Typ 3 erfolgte die Auslieferung an den Einzelhandel zwar durch den Bierhersteller, jedoch im Namen des Großhandels. Dafür zahlte dieser an den Hersteller einen branchenweit festgesetzten Satz pro transportierter Menge Bier.

mäßigen Güterabsatzes ist. Außerplanmäßiger Lieferbedarf führte jedoch schon 1975 zu dieser Art zwischenbetrieblicher Transporte.

V.B.3. Veränderungen der Transportbedingungen

V.B.3.a. Transportanforderungen

Die Bierindustrie als Verbrauchsgüterindustrie reagiert sehr stark auf Konsumveränderungen der Endverbraucher, da sie mit diesen lediglich über die Handelsstufen verbunden ist. Damit sind auch die Transportanforderungen direkt von der Struktur der Biernachfrage und den im Zeitablauf auftretenden Veränderungen abhängig. Auch hier lassen sich die Veränderungen am besten in einer Unterscheidung nach physischen, zeitlichen und räumlichen Merkmalen der zu erbringenden Transportleistungen abbilden.

Neben einer knappen Verdoppelung der insgesamt seit 1975 jährlich zu transportierenden Menge an Bier hat es bedeutende physische Veränderungen beim jeweils einzelnen Transportvorgang gegeben. Die Diversifizierung des Kundengeschmacks und ein verstärkter Wettkampf um Marktanteile resultierten in einer stetigen Einführung neuer Biersorten. Damit verdreifachte sich bis zum Jahr 1993 die Artikelzahl der einzelnen Hersteller bei Unterscheidung nach Sorte und Behältnis (Flasche oder Dose) auf je 100 bis 180 (BÎRU SHUZÔ KUMIAI 1995; Nihon butsuryû nenkan 1994: 265-267).[62] Außerdem wuchs der Anteil der nur zu bestimmten Jahreszeiten angebotenen Biersorten wie "aki aji" [Geschmack des Herbstes] oder "fuyu monogatari" [Wintermärchen], wodurch saisonal produktspezifische Transportbedürfnisse entstanden. Insgesamt stieg durch diese Produktdiversifikation der Abstimmungsbedarf zwischen Produktion und Absatz und damit - zusätzlich zum quantitativ weiterhin bedeutsamen Transport weniger Hauptsorten - die Notwendigkeit von spezifischen Auslieferungen mit kleineren Losen verschiedener Produkte.

Der stetige Anteilszuwachs von Dosenbier auf rund 38% bis zum Jahr 1992 (Nihon butsuryû nenkan 1994: 266) erforderte beim Transport ebenfalls eine vom Flaschenbier verschiedene Behandlung. Gleichzeitig verringerte sich beim Dosentransport neben der Empfindlichkeit (Bruchgefahr) vor allem das zu

---

[62] In diesen Werten sind weder Faßbier für Gaststätten noch Bier-Geschenkpackungen enthalten. Die in Japan weitverbreitete Sitte des Geschenkaustausches zur Jahresmitte und zum Jahresende erfordert diese weiteren Produktformen und damit zusätzlichen Verpackungs-, Koordinations- und Transportaufwand.

transportierende Gewicht, gleichzeitig ließen sich Stapelbarkeit und Volumenausnutzung verbessern. Damit hat die verstärkte Dosennachfrage die Transportbedingungen partiell erleichtert, zumal hierbei auch der Transport von Leergut entfällt.

Direkt mit den beschriebenen physischen Merkmalen verbunden sind die Veränderungen der zeitlichen Merkmale. So traten zu den saisonalen und witterungsbedingten Schwankungen der Biernachfrage durch die ständige Einführung neuer Biersorten[63] auch produktspezifische Nachfrageschwankungen, die neben Produktionsanpassungen auch eine Flexibilisierung und Beschleunigung des Gütertransportes erforderten. Bemühungen um Flexibilisierung und Reduzierung des Lagerumfanges bei Groß- und Einzelhandel führten auf der Herstellerseite zu höherer Auslieferungsfrequenz bei gestiegenen Anforderungen an Lieferzeit und -genauigkeit. Auch diese Veränderungen berührten weniger den Transport von Hauptsorten, jedoch sehr stark den von Nebenprodukten, bei denen es aufgrund des geringeren Produktionsvolumens bei unerwartet auftretender Nachfrage schneller zu regionalen Lieferengpässen kommen konnte.

Damit ergibt sich auch direkt ein Zusammenhang zu Veränderungen bei den räumlichen Merkmalen. Während insgesamt im Zeitablauf die räumliche Verteilung von Bierverbrauch und -absatz stabil blieb, führten einzelne produktbezogene Nachfrageschwankungen häufiger zum räumlichen Auseinanderfallen von Produktion, Lagerhaltung und Nachfrage. Dann konnten Lieferungen unter Einhaltung einer kurzen Frist oft nur durch weite Transporte zu außerhalb der üblichen Versorgungsgebiete gelegenen Auslieferungspunkten realisiert werden, so daß Bemühungen um Transport- und Entfernungsminimierungen hinter dem Faktor Lieferfrist zurückstehen mußten.

Als letzter Punkt veränderter Zeitanforderungen sei das gestiegene Frischebewußtsein japanischer Biernachfrager angeführt. Wenngleich sich weder die tatsächliche Haltbarkeit noch die entsprechenden gesetzlichen Bestimmungen in Japan seit den siebziger Jahren entschieden verändert haben, sind auf Verbraucherseite gestiegene Frischeanforderungen zu konstatieren (MASHIBA 1994: 20;

---

[63] Besondere Bedeutung und Folgen hatte 1988 die Einführung der Sorte "Super dry" durch Asahi. Der unerwartet große Erfolg dieser einen Sorte ließ in einem Jahr den gesamten Asahi-Marktanteil von 12,8% auf 20,6% steigen, bis 1991 sogar auf 24,3% (Analysis of Japanese Industries 1990, 1994). Die plötzlichen Nachfrageverschiebungen 1988 führten bei Asahi wie auch seinen Konkurrenten im Sommer zu großen Transportproblemen und Lieferengpässen, die in die Geschichte der japanischen Bierindustrie als butsuryû panikku [Logistik-Panik] eingingen (ÔYA 1994b: 28).

ÔYA 1994b: 28-30; NISHIMURA 1993a: 35-36). Damit verlangt auch der Handel nach Produkten eines möglichst jungen Abfülldatums. So hat sich die produktbedingte Eilbedürftigkeit von Bier noch weiter erhöht, wobei dies weniger die tatsächliche Transportzeit als vielmehr die Dauer einer möglichen Lagerung betrifft. Bestes Beispiel ist die 1992 landesweit mit großem Erfolg vollzogene Einführung der Kirin-Sorte "bîru kôjô" [Bierfabrik]. Dieses Produkt wird von Kirin auf dem Etikett ausschließlich damit beworben, daß es garantiert innerhalb von drei Tagen nach Abfüllung beim Einzelhandel zum Verkauf bereit steht.[64] Die Einhaltung dieses landesweit gegebenen Versprechens ist natürlich nur durch ein insgesamt beschleunigtes Transportsystem mit minimierten Umschlags- und Lagerzeiten möglich (NISHIMURA 1993a: 35-38).

V.B.3.b. Transportsysteme

Bei dem durchschnittlich über 95% großen Anteil, den der Straßenverkehr am Transportaufkommen beim Bierabsatz aufweist, ist der allgemeine Ausbau des Straßennetzes für die Bierindustrie als besonders wichtig anzusehen. Dabei wirkt sich jedoch die besonders im Nahverkehr gestiegene Staubelastung aufgrund der gestiegenen Anforderungen an Lieferzeit und -zeitpunktgenauigkeit beim Biertransport stark aus. Durch die Unverzichtbarkeit des Straßenverkehrs traf außerdem dessen überdurchschnittliche Verteuerung seit 1985 die Bierindustrie besonders stark.

Der allgemeine Rückgang der Leistungsfähigkeit des für die Bierindustrie zweitwichtigsten Verkehrsmittels Eisenbahn ist dort auch an der Anteilsminderung auf 1-5% des gesamten Biertransportes im Jahr 1993 ablesbar (Torakku yusô 1994: 23-24). So hatten noch bis 1980 viele Brauereistätten einen eigenen Gleisanschluß. Heute ist beispielsweise bei dem größten Hersteller Kirin nur noch die Produktionsstätte in Sendai direkt ans Schienennetz angeschlossen. In jüngster Zeit bietet jedoch der forcierte Ausbau des Containerverkehrs der Bahn auch für Bierhersteller neue Möglichkeiten, auf bestimmten Strecken große Mengen kostengünstig über weite Entfernungen zu transportieren. Der bei dem

---

[64] Ein wesentlicher Faktor, der dieses ermöglicht, ist die Tatsache, daß die Sorte *bîru kôjô* lediglich alle zehn Tage auf der Grundlage von Bestellungen durch den Handel abgefüllt und ausgeliefert wird. Damit steigt zwar beim Handel das Risiko von Angebotsengpässen; diese unterstreichen aber gleichzeitig werbepsychologisch die besondere Frische dieses Produktes

Containerverkehr vereinfachte Güterumschlag ermöglicht dabei auch ohne direkten Gleisanschluß und die damit verbundene Notwendigkeit der Lastkraftwagennutzung im Vorlauf eine effiziente Nutzung der Eisenbahn im Ferntransport.

Schließlich sei kurz auf die Entwicklung von Informations- und Koordinationssystemen eingegangen, denen aufgrund der starken Schwankungen der Biernachfrage (gesamt, zeit-, produkt- und regionalspezifisch) große Bedeutung beikommt. So gilt es, sowohl durch Rückgriff auf Wetter- und Marktdaten Nachfrageentwicklungen zu prognostizieren, als auch durch Vernetzung von Handels- und Verkaufsstellen, Produktionsanlagen und Lagern die gegenseitige Abstimmung zu verbessern, um so den Gütertransport zu optimieren (YAMADA 1985: 390-399). Die oligopolistische Marktstruktur mit vier großen Herstellern erlaubte diesen aufgrund ihrer Größe und den damit verbundenen Investitionsmöglichkeiten relativ früh, entsprechend dem technischen Fortschritt unternehmungsspezifische Informationssysteme zu entwickeln und auszubauen, so daß der Entwicklungsstand der Bierindustrie in diesem Bereich als fortschrittlich angesehen werden kann (MASHIBA 1994: 20).

V.B.4. Transportkosten und Veränderungen bei der Gestaltung des Gütertransportes

Einleitend sei für die drei größten Brauereien in Japan die Entwicklung ihrer direkten absatzseitigen Transportkosten im Verhältnis zum jeweiligen Gesamtumsatz seit 1985 dargestellt (Tab. 18). Der hier deutlich werdende Durchschnittswert von rund 3% gibt jedoch die tatsächlich anfallenden Transportkosten nur unzureichend wieder. Abgebildet werden hier lediglich die Kosten für außer Haus vergebene Transport- und Lagerleistungen beim Bierabsatz zwischen Fabrik und Handel. Festgehalten werden kann jedoch, daß es, abgesehen von kleinen Unterschieden zwischen den einzelnen Herstellern, bis 1990/91 zu einem tendenziellen Anstieg der Transportkostenanteile kam. Seitdem sind diese wieder leicht rückläufig, wobei die Trendwende bei Kirin im Jahr 1991 zuerst einsetzte. Auf diese Veränderungen wird später noch näher eingegangen.

Tab. 18: Direkte Kosten des Biertransportes zwischen Brauereistätte und Abnehmer als Anteil am Gesamtumsatz 1987-1993

	1985	1986	1987	1988	1989	1990	1991	1992	1993
Kirin	2,62%	2,49%	2,42%	2,84%	2,94%	2,99%	2,72%	2,54%	2,36%
Asahi	2,66%	2,78%	3,07%	3,16%	3,74%	3,50%	3,66%	3,22%	3,02%
Sapporo	2,31%	2,16%	2,25%	2,55%	2,66%	2,57%	2,81%	2,77%	2,80%

Quelle: Yûkashôken hôkokusho 1985-1994 nach: Torakku yusô 1992-1994; YANASE 1991: 69; RYÛTSÛ SEKKEI 1987: 9-10

Aufgrund der begrenzten Aussagekraft dieser Zahlen wird mit Tab. 19 versucht, Umfang und Struktur der insgesamt beim Gütertransport in der Bierindustrie tatsächlich anfallenden Kosten differenzierter abzubilden. Dabei werden auch Kosten für selbsterstellte Leistungen wie für den Leerguttransport und den gesamten Organisationsbereich erfaßt, nicht jedoch Anlageinvestitionen für feste Einrichtungen.[65]

Tab. 19: Gesamte Logistikkosten bei Beschaffung und Absatz in der Bierindustrie 1993

	Bierindustrie Anteil am Bruttoumsatz	Bierindustrie Anteil am Nettoumsatz	Bierindustrie jeweiliger Anteil an 100	Ø Ges. Industrie Anteil am Bruttoumsatz	Ø Ges. Industrie jeweiliger Anteil an 100
Transportkosten, ges.	7,55	13,78	100,0	8,35	100,0
- Beschaffung	1,49	2,72	19,7	0,74	9,8
- Absatz	6,06	11,06	80,3	7,61	90,2
- Transport	4,48	8,18	73,9	4,26	55,3
- Lagerung	1,00	1,83	16,6	1,74	21,4
- Verpackung	.	.	.	1,14	16,4
- Organisation	0,58	1,05	9,6	0,47	6,9

1) Nettoumsatz = Bruttoumsatz minus Anteil Biersteuer

Quelle: NIHON ROJISUTIKUSU SHISUTEMU KYÔKAI 1994: 139-143

---

[65] Die Werte beruhen auf Angaben eines der größeren Bierhersteller, dessen Identität dem Verfasser zwar bekannt ist, hier aber anonym bleiben muß. Es kann jedoch von einem hohen Repräsentationsgrad für alle vier großen Hersteller ausgegangen werden.

In Tab. 19 werden Logistikkosten nach Beschaffung einerseits und Absatz andererseits unterschieden. Die zweite Gruppe ist hier Gegenstand der Betrachtung, wobei weiter nach Kosten für Transport, Lagerung, Verpackung und Organisation unterschieden wird. Der Wert von 4,48% in Spalte 1 entspricht in etwa den Angaben aus Tab. 18 einschließlich der dort nicht berücksichtigten Kosten für den Leerguttransport. Spalte 2 gibt die einzelnen Kostenanteile mit Bezug auf den um den großen Biersteueranteil verminderten Umsatz an, wodurch sich entsprechend größere Kostenanteile ergeben. Nach dieser Sichtweise liegen die relevanten Kosten für den gesamten absatzseitigen Gütertransport bei über 11% Umsatzanteil und somit deutlich über dem Vergleichsanteil von 7,61% eines gesamtindustriellen Durchschnitts (Spalte 4). Auffällig ist der große Anteil der reinen Transportkosten in der Bierindustrie, während dagegen der Anteil der Lagerkosten vergleichsweise niedrig liegt. Hierin zeigt sich eine Parallele zu Grundstoffindustrien mit einem großen Transport-anteil von Massengütern, bei denen sich ebenfalls die Transportkosten vor allem als Funktion von Gewicht und Entfernung darstellen (NIHON ROJISUTIKUSU SHISUTEMU KYÔKAI 1994: 50-51).

Die genannten Zahlen verdeutlichen, daß beim Bierabsatz vor allem den Aufwendungen zur direkten Raumüberwindung großes Gewicht beikommt. An diesem Sachverhalt hat sich seit den siebziger Jahren grundsätzlich nichts geändert, wie es auch beim Grundmuster der Gütertransportgestaltung (Abb. 30) bis Anfang der neunziger Jahre zu keinen wesentlichen Veränderungen kam.

Allein die Nutzung der Eisenbahn ist stark zurückgegangen; sie wird nur noch auf wenigen bestimmten Fernstrecken eingesetzt. Dagegen hat der Lastkraftwagen weiter an Bedeutung gewonnen. Zwar beeinträchtigen Staus in den Agglomerationsräumen auch die Bierauslieferung erheblich; spezifische Transportanforderungen machen den Lastkraftwagen im Nah- und Regionalverkehr auch weiterhin unersetzlich. Dabei erfolgt der Großteil der Auslieferung direkt ab Brauereistätte an den Großhandel, wobei die ausschließliche Nutzung von Groß-Lastkraftwagen die kostengünstigste Transportform ermöglicht.

Relativ gewonnen hat bei allen Herstellern der Transport via Auslieferungslager. Während bei der Belieferung der Auslieferungslager auch weiterhin nahezu ausschließlich Groß-Lastkraftwagen eingesetzt werden, können bei der anschließenden Lieferung an Groß- und Einzelhandel aufgrund des geänderten Bestellverhaltens und der geringeren Auslieferungsmengen dagegen nur noch Klein-Lastkraftwagen genutzt werden. Dadurch steigert sich sowohl der Aufwand für Lager- und Umschlagsleistungen als auch der für den Zweittransport.

Abb. 31: Räumliche Verteilung der Brauereistätten und Auslieferungslager des Herstellers Asahi 1995

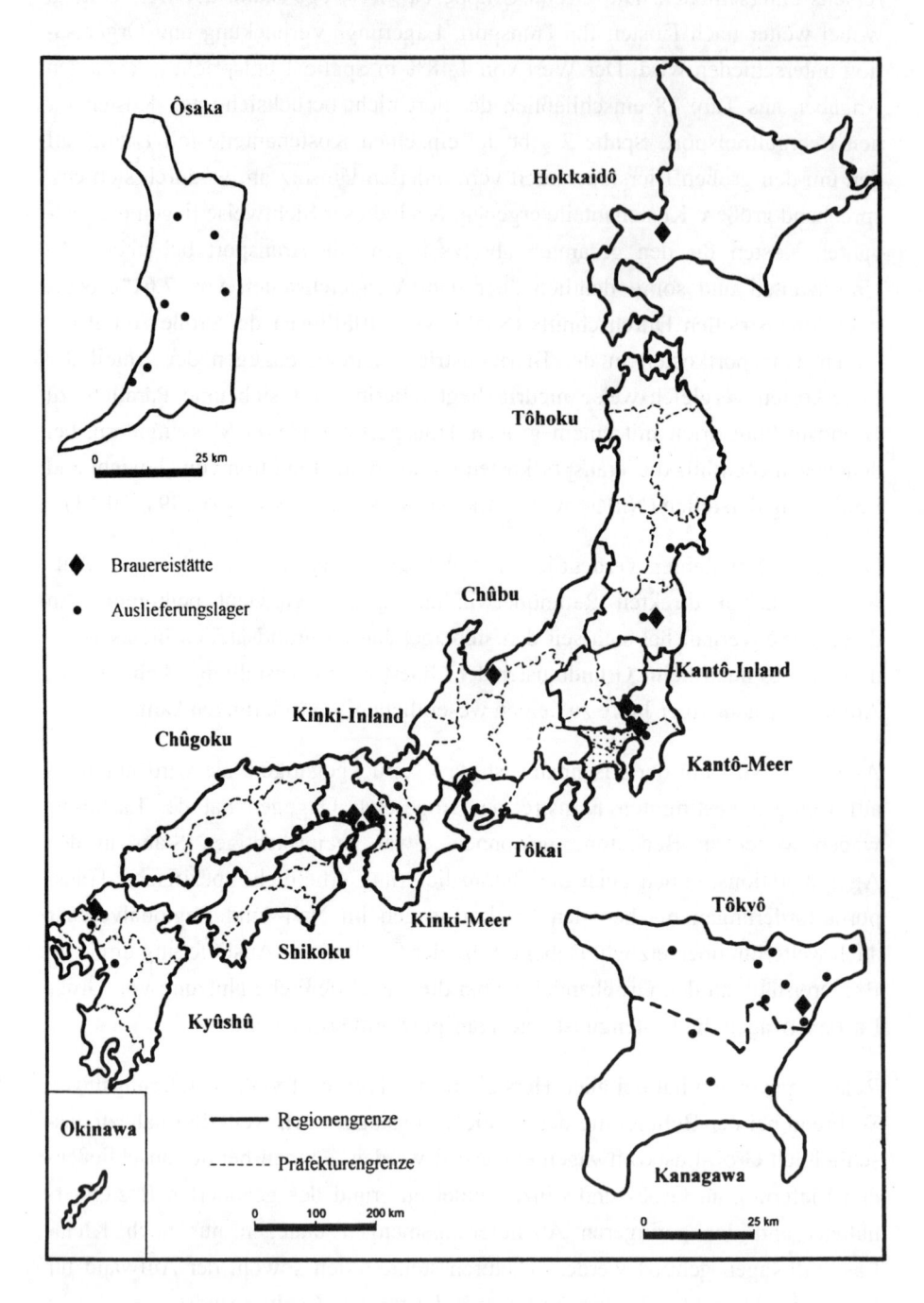

Quelle: eigene Darstellung nach Herstellerangaben

Aufgrund der gestiegenen Bedeutung der Auslieferungslager für den Biertransport sei auf sie im folgenden näher eingegangen. Abb. 31 zeigt beispielhaft für den Hersteller Asahi die Zahl und die räumliche Verteilung seiner Produktions- und Lagerstätten im Jahr 1995. Die regionale Verteilung der Brauereistätten wie auch besonders die der Auslieferungslager spiegeln die starke Konzentration des Bierabsatzes auf die Großräume Tôkyô und Ôsaka wider. So befinden sich dort sechs von insgesamt elf Brauereistätten wie auch 23 der insgesamt 35 Auslieferungslager.

Die meisten Auslieferungslager werden von nur einer Brauereistätte beliefert, in deren räumlicher Nähe sie auch meist lokalisiert sind. Damit ist bei ihnen der räumliche Erschließungscharakter weniger stark ausgeprägt als bei den Verteilzentren in der Eisen- und Stahlindustrie. Dies verwundert auch nicht, da aufgrund der beschriebenen Absatzkonzentrationen auf wenige Räume und der darauf ausgerichteten Lokalisation der einzelnen Brauereistätten eine solche Fernerschließung weniger vonnöten ist. In Regionen ohne eigene Brauereistätte kommt jedoch einzelnen Auslieferungslagern eine Fernerschließungsfunktion zu. So versorgt das Auslieferungslager in Kumamoto den Süden Kyûshûs, das in Hiroshima die Region Chûgoku, das auf Awajishima ganz Shikoku, wie auch das Auslieferungslager in Sendai die Versorgung des Nordens von Tôhoku übernimmt. Eine ähnliche räumliche Verteilung der Auslieferungslager zeigt sich auch bei den übrigen Herstellern, wobei sich entsprechend der Zahl und Lage der jeweiligen Brauereistätten nur geringfügige Modifikationen ergeben.

Tab. 20: **Zahl der Brauereistätten und Auslieferungslager (in Klammern) der Hersteller Kirin, Asahi und Sapporo nach Regionen 1993**

	Hokkaidô	Tôhoku	Hokuriku	Kantô	Nagoya	Kinki	Shikoku	Chûgoku	Kyûshû	Japan
Kirin	1 (1)	1 (1)	1 (1)	5 (13)	1 (2)	4 (8)	0 (1)	1 (1)	1 (2)	15 (30)
Asahi	1 (0)	1 (2)	·	2 (17)	1 (3)	2 (16)	·	·	1 (4)	8 (42)
Sapporo	2 (2)	1 (1)	·	4 (17)	1 (3)	1 (7)	·	·	1 (4)	10 (34)
Summe	4 (3)	3 (4)	1 (1)	11 (47)	3 (8)	7 (31)	0 (1)	1 (1)	3 (10)	33 (106)

Quelle: Angaben der einzelnen Hersteller

In Tab. 20 fällt auf, daß sich mit Ausnahme von Kirin alle Produktionsstätten und Verteillager auf sechs Regionen konzentrieren. Diesem räumlichen Verteilungsmuster tragen alle Hersteller seit Mitte/Ende der achtziger Jahre derart Rechnung, daß sie den gesamten Bereich Bierproduktion und -absatz zunehmend in jeweils sechs (Kirin sieben, da Chûgoku eigener Block) Blöcken organisieren. Diese arbeiten weitgehend selbständig, sind jedoch durch ein gemeinsames Steuerungs- und Koordinationszentrum (Tôkyô oder Ôsaka) miteinander verbunden. Dabei reichen die Aufgaben von der Erstellung einer regionalen Absatzprognose und des entsprechenden Produktionsplanes über die Produktion bis hin zur Organisation und Abstimmung des jeweiligen Absatzes, verbunden mit Gütertransport und Lagerung (TOMITA 1994: 36; KIRIN 1993: 9).

Während früher Planung, Beschaffung, Produktion und Absatz stärker in räumlicher Einheit bei den einzelnen Produktions- oder Absatzstätten lagen, erlaubt die Zusammenfassung zu Blöcken bei räumlicher Ausgliederung der Steuerungs- und Koordinationszentralen eine rationellere Nutzung vorhandener Kapazitäten. Insbesondere der Gütertransport als Verbindungsglied zwischen Produktion und Absatz läßt sich so, bezogen auf eine gesamte Region, ihre Abnehmer und die jeweiligen Nachfrageschwankungen, effizienter gestalten, wobei insbesondere eine größere Auslastung der eingesetzten Lastkraftwagen ermöglicht wird. Dadurch können kostenintensive Ausgleichslieferungen zwischen Produktions- und Lagerstätten verschiedener Regionen über weite Entfernungen weitgehend vermieden werden. Noch 1988 waren diese in größerem Umfang nötig gewesen (ÔYA 1994b: 28-30). So konnte beispielsweise Kirin die innerregionale Auslieferungsquote von 60% im Jahr 1988 auf 95% im Jahr 1993 deutlich steigern und dadurch zwei Mrd. Yen Transportkosten einsparen (MASHIBA 1994: 20).

Deutlich zeigt sich dabei in den letzten Jahren eine zunehmende Substitution von den beschriebenen Ausgleichslieferungen und damit von den physischen Transportvorgängen durch einen verbesserten Informationsverkehr. Dies betrifft sowohl den Datenaustausch zwischen Herstellern und Abnehmern (1992: Grad der durchschnittlichen On-line-Vernetzung mit dem Großhandel 55%) als auch zwischen den einzelnen Produktions-, Lager- und Verkaufsstätten der Bierhersteller (NIKKEI SANGYÔ SHINBUN 1994: 18; KIRIN 1993: 10).

Parallel zu diesen organisatorischen Veränderungen bei der Gestaltung des absatzseitigen Gütertransportes ist seit Ende der achtziger Jahre insbesondere ein struktureller und funktioneller Wandel auf seiten der Auslieferungslager zu beobachten. Während ihre Zahl bei allen Herstellern in den letzten Jahren gegenüber dem starken Anstieg der Bierproduktion nur unterproportional zunahm, ist gleichzeitig eine deutliche Tendenz zur Errichtung besonders großer und leistungsfähiger Einheiten unverkennbar (Butsuryû yôran 1986-1993). Lokalisiert sind diese nahezu ausschließlich in den bedeutenden Absatzräumen Tôkyô,

Ôsaka und Nagoya. Durch ihre größere Lagerkapazität bei gleichzeitiger Einführung modernster Umschlagstechniken ermöglichen sie eine raschere Auslieferung der jeweiligen Bestellmengen in den Hauptabsatzgebieten, wobei die durchschnittliche Lagerverweildauer in den Verteilzentren nach Herstellerangaben auf unter drei Tage gesenkt werden konnte. Mit ihrer Inbetriebnahme wurden sogar einzelne kleinere Auslieferungslager obsolet und konnten folglich geschlossen werden. So sank allein zwischen 1993 und 1995 nach Herstellerangaben bei Asahi die Gesamtzahl von 40 auf 35.

Neben einer allgemein besseren Bedienung des Großhandels versuchen die Hersteller durch die Nutzung solcher Auslieferungslager vor allem, die direkte Lieferquote an den Einzelhandel zu erhöhen. Offiziell wird dieses Bestreben von den Herstellern mit einem Rückgang der logistischen Fähigkeit des Großhandels begründet (KIRIN 1994). Mindestens ebenso bedeutend sind jedoch die großen Veränderungen der jüngeren Zeit in der japanischen Einzelhandelsstruktur.

Dort führten zahlreiche Deregulationsmaßnahmen seit 1991 zum verstärkten Aufkommen von Getränke-Discountern. Deren Wettbewerbsposition hat sich insbesondere durch zwei Entwicklungen seit Ende der achtziger Jahre verbessert. Zum einen hatten Importvereinfachungen und stetige Aufwertungen des Yens den Vertrieb von Importbier erleichtert.[66] Zum anderen konnten sie in jüngerer Zeit verstärkt günstige Überschußmengen inländischen Bieres vom Großhandel abnehmen und unter dem üblichen Einzelhandelspreis anbieten (ÔYA 1994b: 28-32). Der damit einhergehende allgemeine Preisdruck übertrug sich auf den restlichen kleinbetrieblichen Einzelhandel, der diesen wiederum an die Hersteller weitergab und so deren Gewinnmöglichkeiten einschränkte.

Diesem Kreislauf des Preisdrucks versuchen die Hersteller verstärkt dadurch entgegenzuwirken, daß sie den Großhandel durch eine verstärkte Direktbelieferung des Einzelhandels partiell[67] umgehen. Damit verbessern sie sowohl die Möglichkeiten einer Preiskontrolle, als sie auch grundsätzlich den Absatz ihrer Produkte sicherstellen (ÔYA 1994b: 28-32). Eine solche Übernahme der klassischen Verteilfunktion des Großhandels ist nur durch entsprechende leistungsfähige Verteil-

---

[66] Allein zwischen 1987 und 1993 verfünffachte sich das Volumen von Importbier in Japan (BREWERS ASSOCIATION OF JAPAN 1993: 8).

[67] Eine völlige Ausschaltung des Großhandels ist aufgrund der großen Zahl der Einzelhandelsgeschäfte und des damit verbunden geringen Lieferumfanges bei den Kleinbetrieben weder ökonomisch durchführbar, noch wird sie von den Herstellern angestrebt.

zentren mit der Fähigkeit zur Koordination und Belieferung einer entsprechend größeren Zahl von Abnehmern möglich.

Damit wird deutlich, daß sich in jüngerer Zeit eine graduelle Veränderung vom Auslieferungslager zum Verteilzentrum mit entsprechendem Bedeutungszuwachs der Sortier- und Verteilfunktion gegenüber der Lagerfunktion vollzogen hat, jedoch an sich keine grundsätzliche Veränderung der Transportkette vorliegt.

Eine Form der Reorganisation ist jedoch seit Beginn der neunziger Jahre beim größten Hersteller Kirin zu beobachten. Auf das Jahr 1991 fällt die Inbetriebnahme des ersten betriebseigenen Distributionszentrums Hokubu in Tôkyô, dem 1992 und 1993 die Eröffnung der Distributionszentren Rokko-Island (Kobe) und Yokohama folgten (ÔYA 1994b: 29). Wie die Bezeichnung Distributionszentrum vermuten läßt, handelt es sich bei diesen Einrichtungen um grundsätzliche Neuerungen in der Transportkette von Kirin. Dies verdeutlicht auch Abb. 32. Das jeweilige Distributionszentrum wird zwischen Brauereistätte und Auslieferungslager, Großhandel oder Einzelhandel geschaltet und stellt somit bei den beiden ersten Auslieferungsformen zunächst eine zusätzliche Transportstufe dar.

Abb. 32: Schema des Biertransportes zwischen Brauereistätte und Abnehmern beim Hersteller Kirin 1993

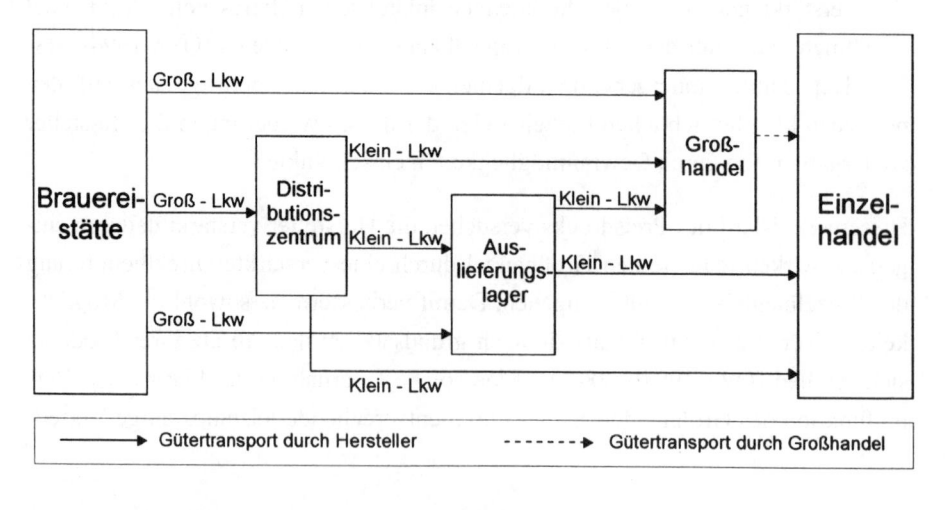

Quelle: eigene Darstellung nach Angaben von Kirin

Trotz der damit zum Teil zusätzlich eingerichteten Umschlagsstelle stehen die Ziele Beschleunigung, Flexibilisierung und Kostensenkung hinter dieser Maßnahme. Dies wird dadurch erreicht, daß die besagten drei Distributionszentren die Bierproduktion aus den direkt umliegenden sechs Fabriken bündeln, lagern und sortieren und je nach Bedarf an die zwanzig, im Umkreis liegenden Auslieferungslager verteilen, die ihrerseits wieder den Groß- aber auch Einzelhandel so flexibler beliefern können. Gemäß Aussagen von Kirin ist eine solche flexible Anpassung an alle möglichen Nachfrageschwankungen nur durch den Einsatz von großen Distributionszentren in den Hauptabsatzgebieten und damit einhergehenden Bündelungseffekten möglich. Auch die Quote der Direktbelieferung des Einzelhandels konnte so deutlich gesteigert werden. 1992 lag sie im Raum Tôkyô für Kirin schon bei 41,6%, während der zweitgrößte Anbieter Asahi dort nur 30% direkt ausliefern konnte (Butsuryû yôran 1993: 28).

Wenn zuvor mit der Einführung von Distributionszentren auch von einer Verlängerung der Transportkette die Rede war, so ist dies nur bedingt richtig. Das jüngste Distributionszentrum Yokohama II (Inbetriebnahme 1995, Baukosten 9,9 Mrd. Yen) ist direkt in die dortige Produktionsstätte integriert, so daß der Transport Fabrik - Distributionszentrum entfällt. Im Fall der Direktbelieferung des Einzelhandels findet bei der Produktions- und Distributionseinheit Yokohama II sogar eine Reduzierung auf nur eine Transportstufe statt. Damit ähnelt der Typ der traditionellen Direktbelieferung ab Werk. Gegenüber dieser besteht jedoch der Vorteil, daß die Möglichkeit der Zulieferung aus weiteren Brauereistätten im Verbund mit der hohen Lagerkapazität des Distributionszentrums eine flexible Zusammenstellung verschiedener Lieferungen stark erleichtert. Diese Veränderung ist um so bedeutender, als der Anteil der Direktbelieferung auch weiterhin gesteigert werden soll.

Wenn auch in der Form neu, so verkörpert doch diese Entwicklung bei Kirin, die durch das große Produktionsvolumen dieses Herstellers begünstigt wurde, lediglich eine Weiterentwicklung des herstellerweit beobachtbaren Trends zur Einrichtung weniger, aber größer und leistungsfähiger Verteilzentren in den Hauptabsatzgebieten. Auch bei den übrigen Herstellern zeigt sich im Ausbau ihrer bisherigen Auslieferungslager zu größeren Verteilzentren eine Parallele zu der Entwicklung bei Kirin.[68]

---

[68] So sank beispielsweise bei Asahi allein zwischen 1993 und 1995 die Zahl der Auslieferungslager von 42 auf 35, was durch den gleichzeitigen Ausbau einiger Lager zu deutlich leistungs-

Die Entwicklung der herstellerweit beobachtbaren Errichtung größerer und leistungsfähigerer Verteillager in den Agglomerationsräumen verdeutlicht, daß sich in der Bierindustrie Kosten und Gestaltung des Gütertransportes gegenseitig stark beeinflussen. Den Investitionskosten für Verteilzentren stehen Kostenersparnisse direkter und indirekter Art gegenüber. So verspricht sich Kirin beispielsweise von der Inbetriebnahme des neuesten Distributionszentrums in Yokohama eine Senkung der jährlichen Lagerkosten um rund 700 Mio. Yen (MASHIBA 1994: 20). Hier, wie auch in den anderen neuen Verteilzentren, zielen Mechanisierung und Technisierung der Umschlagseinrichtungen sowohl auf eine qualitative Erhöhung der Lieferbereitschaft als auch auf eine Erhöhung der Lagerumschlagshäufigkeit und die Einsparung von Arbeitskräften. Gerade die Rationalisierung von arbeitsintensiven Vorgängen bietet erhebliche Kosteneinsparungspotentiale. Noch eindrucksvoller ist die Gegenüberstellung der jährlichen Ausgaben desselben Herstellers für Transport, Lagerung und Umschlag und der Investitionssumme für zwei neue Verteilzentren in Tôkyô und Yokohama. Letztere betrugen allein 1994 rund 20 Mrd. Yen und erreichten damit zwei Drittel der im gesamten Jahr 1993 landesweit getätigten Transportausgaben (KAGÔ NJÛSU 1994: 16).

In den Tab. 18 und 19 waren Ausgaben für Anlageinvestitionen der Hersteller nicht berücksichtigt. Diese haben sich jedoch in den letzten Jahren mit der Einrichtung eigener Verteilzentren deutlich erhöht und stellen somit einen wesentlichen Kostenfaktor dar. Dadurch sank der Ausgabenanteil für fremdbezogene Lagerleistungen. Bei Kirin betrug die Einsparung beispielsweise jährlich 800 Mio. Yen, was einem Drittel der gesamten Lagerkosten bis 1993 entspricht (NIHON KEIZAI SHINBUN 1994: 21). Neben dieser Internalisierung konnten außerdem durch Effizienzsteigerungen im Rahmen des Auf- und Ausbaus größerer Verteilzentren Senkungen der insgesamt anfallenden Transport- und Lagerkosten erreicht werden. Eine Quantifizierung ist aufgrund mangelnder Verfügbarkeit entsprechender Zahlenangaben durch die Hersteller bisher nicht möglich. Auffällig ist jedoch, daß mit Kirin gerade der Hersteller seit 1991 die Transportkosten anteilig verringern konnte (siehe Tab. 18), der beim Aufbau eigener großer Verteilzentren bisher eine führende Rolle gespielt hat.

---

fähigeren Verteilzentren ermöglicht wurde. Dies drückt sich auch in einer differenzierten Bezeichnung aus.

Zusammenfassend läßt sich festhalten, daß die Entwicklung der sachlichen und räumlichen Transportgestaltung in der Bierindustrie nur im gemeinsamen Zusammenhang der Transportkostenentwicklung und den gestiegenen Flexibilitätsanforderungen beim Bierabsatz zu sehen ist. Alle Bemühungen um die Errichtung und den Einsatz leistungsfähiger Verteilzentren zielen auf eine möglichst effiziente Nutzung der Transport- und Lagerkapazitäten und damit auf eine Senkung der direkten Transportkosten. Gleichzeitig ermöglicht diese Organisationsform eine Verbesserung der Lieferbereitschaft und stärkt so die Wettbewerbsposition des jeweiligen Herstellers. Stärker noch als in der Eisen- und Stahlindustrie bestimmen in der Bierindustrie zeitbezogene Merkmale die Transportgestaltung. Das große Transportgewicht führt aber auch hier zum Streben nach maximaler Nutzung von Massentransportvorteilen, das heißt vor allem zum verstärkten Einsatz von Groß-Lastkraftwagen. Dies ist nur durch Bündelung der Transporte und höchstmöglichen Einsatz der Verteilzentren möglich, denen mithin auch in der Bierindustrie eine zentrale Rolle zukommt. Dabei ist jedoch gegenüber der Eisen- und Stahlindustrie der räumliche Erschließungscharakter aufgrund der stärkeren Ausrichtung der jeweiligen Brauereistätten auf die einzelnen Hauptabsatzgebiete weniger stark ausgeprägt.

V.C. Halbleiterindustrie

V.C.1. Stellung und Charakterisierung des Industriezweiges

Als dritter Industriezweig und Vertreter der Investitionsgüterindustrien wird schließlich das Beispiel der Halbleiterindustrie behandelt, die sich in vielerlei Hinsicht von den beiden zuvor betrachteten Branchen unterscheidet.

Weltweit, wie auch in Japan, handelt es sich hierbei um einen sehr jungen und hohe Wachstumsraten aufweisenden Industriezweig. In Japan begannen um 1955 erstmals Unternehmungen mit der Herstellung von Transistoren. Die Produktion von integrierten Schaltkreisen (integrated circuit IC) setzte sogar erst um 1965 ein (KIMURA 1988: 37). Bis heute werden Halbleiter im wesentlichen in diskrete Halbleiter (Dioden, Transistoren) und integrierte Schaltkreise (monolithisch, hybrid[69]) unterschieden. In Japan übertreffen seit 1978 die integrierten Schaltkreise, häufig auch als Chips bezeichnet, die diskreten Halbleiter im Produktionswert deutlich. Seit 1984 nehmen sie sogar mehr als 75% des Gesamtwertes der Halbleiterproduktion ein (Analysis of Japanese Industries 1985-1994). Die folgenden Ausführungen und Zahlenangaben beziehen sich im wesentlichen auf die Entwicklung bei den integrierten Schaltkreisen, wobei jedoch bei allgemeinen Aussagen der Einfachheit halber der Oberbegriff Halbleiter verwandt wird.

Halbleiter stehen im Mittelpunkt der mikro-elektronischen Entwicklung und Industrie, weshalb die Branche in Japan auch mit Blick auf ihre große Bedeutung für andere Bereiche nach der Eisen- und Stahlindustrie als zweite das Attribut "sangyô no kome" [Reis der Wirtschaft] erhielt (TAKEUCHI 1993: 91). Den starken Aufschwung, den die Branche in Japan vor allem seit den achtziger Jahren nahm, verdeutlichen folgende Zahlen. Zwischen 1975 und 1991 stieg in Japan der Jahresumsatz integrierter Schaltkreise um das 32-fache (Kikai tôkei nenpô 1979-1991). Auf die Halbleiterindustrie insgesamt fielen im Jahr 1991 mit knapp sieben Billionen Yen rund 2% des gesamten Industrieumsatzes in Japan (Kôgyô tôkeihyô, sangyôhen 1991: 3-51). Weltweit vereinigen die japanischen Unternehmungen seit Mitte der achtziger Jahre durchweg mehr als 40% des Gesamtumsatzes auf sich, wovon der größte Teil in Japan selbst erwirtschaftet wird (HILPERT 1994: 1-9). Obwohl dort die Zahl der Halbleiterhersteller seit den achtziger Jahren stetig auf rund achtzig gestiegen war (TAKEUCHI 1993: 95), dominieren die Elektronik-Großkonzerne NEC, Toshiba, Hitachi, Mitsubishi und

---

[69] Der Anteil der hybriden an allen integrierten Schaltkreisen lag in Japan, gemessen am Produktionswert, bei durchschnittlich 10% (Analysis of Japanese Industries 1985-1994).

Fujitsu den japanischen Markt, auf dem sie 1993 72,5% des Umsatzes auf sich vereinigen konnten (NIKKEI WEEKLY 1994: 9).

Der rasante Aufstieg der Halbleiterbranche in Japan brachte für die Produktionsstruktur der einzelnen Unternehmungen innerhalb des hier betrachteten Zeitraumes große Veränderungen. Im Gegensatz zur Eisen- und Stahl- wie auch zur Bierindustrie wurden die meisten Produktionsstätten erst nach 1975 eingerichtet beziehungsweise für die Halbleiterproduktion in bedeutendem Umfang in Anspruch genommen. Abb. 33 zeigt die räumliche Verteilung der verschiedenen Halbleiterbetriebe in Japan 1990.

Ein besonderes Charakteristikum der Halbleiterindustrie ist ihr Produktionsprozeß, der von KIMURA als "one of the most complex high volume processes in today`s industries" bezeichnet wird (1988: 46).[70] Grob kann man nach den drei Stufen Forschung/Entwicklung/Design, Wafer-Herstellung und Wafer-Montage einschließlich Test unterscheiden, die räumlich voneinander getrennt werden können. Unterschiedliche Standortanforderungen führten in Japan zu einem klar differenzierten Standortmuster, wie es aus Abb. 33 deutlich wird.

Die hohe Kapital- und Forschungsintensität der Halbleiterindustrie führte zu einer ausgeprägten Konzentration der Forschungs- und Entwicklungseinrichtungen auf Tôkyô und Ôsaka, die einerseits das höchstqualifizierte Arbeitskräftepotential aufweisen und andererseits wichtige Kontakt- und Fühlungsvorteile innerhalb der Elektronikbranche bieten. Der letzte Punkt bewirkte sogar eine mikroräumliche Konzentration auf den südlichen Teil Tôkyôs, der bis heute den Standort des Hauptsitzes der meisten Großunternehmungen dieser Branche bildet (STERNBERG 1995: 260; TAKEUCHI 1993: 96-99; NISHIOKA/TAKEUCHI 1987: 279-286; MURATA/TAKEUCHI 1987: 227-236).

Die Betriebe zur technisch anspruchsvollen Wafer-Herstellung konzentrieren sich ebenfalls auf Kantô. Ungefähr die Hälfte wurde jedoch aufgrund eines gleichzeitig höheren Flächen- und Arbeitskräftebedarfs außerhalb der Großstadtregionen in Chûbu, Kinki oder auf Kyûshû errichtet.

Bei der Montage handelt es sich dagegen um vergleichsweise anspruchslose und arbeitsintensive Produktionsschritte. Dies führte zu einer starken räumlichen

---

[70] Zum Produktionsprozeß bei der Halbleiterherstellung siehe ausführlicher KIMURA (1988: 46-50).

Abb. 33: **Regionale Verteilung und funktionale Zuordnung der verschiedenen Halbleiterbetriebe in Japan 1990**

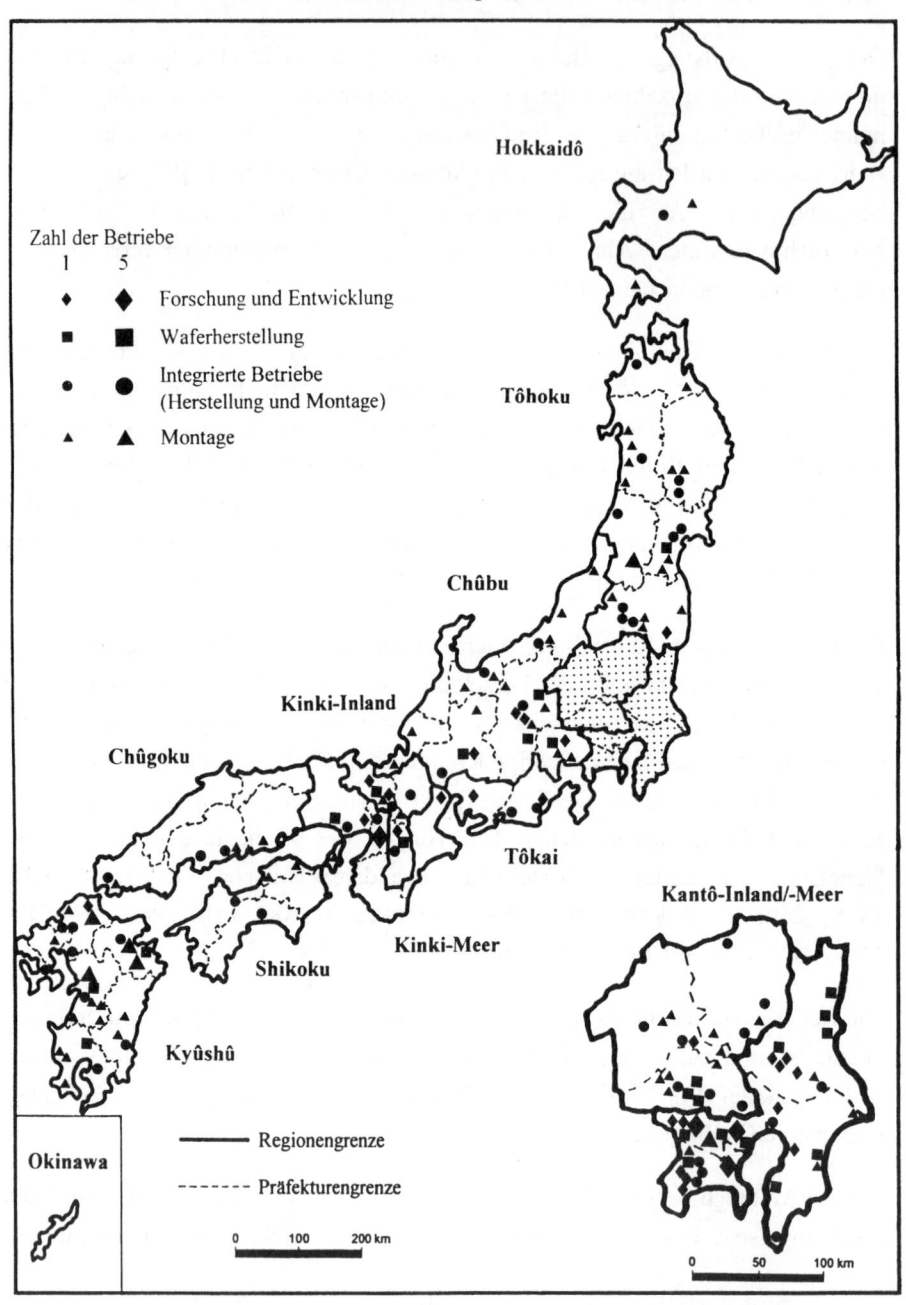

Anm.: In dieser Abbildung nicht aufgeführt sind die Produktionsstätten für diskrete und hybride Halbleiter.

Quelle: eigene Darstellung nach Handôtai nenkan 1991: 474-489

Ausrichtung auf Kyûshû und Tôhoku und - wenn auch abgeschwächt - auf andere ländliche Regionen. Dabei bewirkten gleichzeitige Flächenbereitstellung und Fördermaßnahmen der einzelnen Präfekturen im Verbund mit dem Versuch einer gleichmäßigen Beanspruchung regionaler Arbeitsmärkte eine landesweite Streuung der Werke, bei der jedoch eine Konzentration auf Kyûshû und Tôhoku auffällt.[71] Ein ähnliches Lokalisationsmuster weisen die sowohl Wafer-Herstellung als auch -Montage umfassenden integrierten Betriebe auf, bei deren räumlicher Ausrichtung die montagespezifischen Standortanforderungen zumeist den Ausschlag gaben (MATSUBARA 1993: 50-57; TAKEUCHI 1993: 96-99; SARGENT 1987: 76-82; MURATA/TAKEUCHI 1987: 226-238).

Dieser regionalen Streuung der Produktion stand jedoch Mitte der siebziger Jahre, wie heute, eine starke räumliche Konzentration des Halbleiterabsatzes auf Tôkyô und Ôsaka entgegen. Im Rahmen dieser Untersuchung wird ausschließlich der Transport von fertigen Halbleitern zwischen letzter Produktionsstufe und Abnehmern behandelt und somit vorwiegend der aus peripher gelegenen Regionen in die Großstadträume Tôkyô und Ôsaka. Auf die im Rahmen des gesamten Produktionsprozesses vorangehenden Transportvorgänge wird nicht näher eingegangen.

Bei den Transportcharakteristika fertiger Halbleiter ist als auffälligster Unterschied zu den bisher behandelten Branchen das extreme Wert-Gewichts-Verhältnis zu nennen. Während es sich bei Stahl und Bier um gewichtsintensive Massengüter handelt, sind Halbleiter als äußerst leichte, jedoch höchst wertintensive Stückgüter einzustufen. So lag nach MITI-Angaben 1983 in Japan der durchschnittliche Wert von einer Tonne 6mm-Stahl bei 90000 Yen, während der Wert der gleichen Gewichtsmenge Halbleiter mit 128 Mio. Yen zu veranschlagen war (SARGENT 1987: 73).

Darüber hinaus ist ein besonders großes Maß an Eilbedürftigkeit beim Güterabsatz zu konstatieren, welches in zwei Grundmerkmalen der Halbleiterindustrie begründet liegt. So ist zum einen durch den ständigen technischen Fortschritt die Lebensspanne einer jeden Chip-Generation äußerst kurz, zum anderen zwingt die große Kapitalintensität der Branche zur Ausschöpfung von Größenvorteilen der Massenproduktion (TAKEUCHI 1993: 91). Somit ergibt sich neben dem Gebot einer schnellen Massenproduktionsreife auch das Erfordernis eines raschen Massenabsatzes mit entsprechenden Zeitanforderungen an den Gütertransport.

---

[71] Auf den mikro- beziehungsweise mesoräumlich ebenfalls bedeutsamen Standortfaktor *Flughafennähe* wird im nächsten Abschnitt ausführlich eingegangen.

V.C.2. Gestaltung des Gütertransportes Mitte der siebziger Jahre

Im Gegensatz zur Eisen- und Stahl- wie auch zur Bierindustrie läßt sich die Gestaltung des Gütertransportes der Halbleiterhersteller nicht vereinfacht in einem Schema darstellen. Mitte der siebziger Jahre gab es zum Teil erhebliche Lokalisationsunterschiede zwischen den einzelnen Herstellern, so daß die unterschiedliche Verteilung der Halbleiterfabriken im Raum zu verschiedenen Organisationsformen des Gütertransportes führte.

Ihren räumlichen Ausgang fand die Halbleiterherstellung im Süden Tôkyôs, wo die ersten Produktionsstätten der großen Hersteller entstanden, die auf die dortige Konzentration von Forschungs- und sonstigen Produktionsaktivitäten aufbauten (TAKEUCHI 1993: 92-93; NISHIOKA/TAKEUCHI 1987: 281-286). Gerade zur Mitte der siebziger Jahre wurden aber auch die Produktionsstandorte in Kyûshû (weniger ausgeprägt auch in Tôhoku) ausgebaut, so daß der Anteil sowohl der integrierten als auch der reinen Montagewerke in diesen peripher gelegenen Regionen stark wuchs. Allein der Anteil von Kyûshû an der Zahl landesweit hergestellter integrierter Schaltkreise verdoppelte sich durch dortige Produktionsausweitungen von Toshiba und NEC zwischen 1974 und 1975 auf 40% (MATSUBARA 1993: 56). Dem standen große Hersteller wie Hitachi gegenüber, die ihre gesamte Produktion auf den Raum Tôkyô konzentrierten, aber auch kleinere, die sich auf Ôsaka ausrichteten. Der Absatz fertiger Halbleiter konzentrierte sich jedoch nach Schätzungen zu über 90% auf die Räume Tôkyô und Ôsaka, zumal auch der gesamte Export zu dieser Zeit über die Flughäfen beider Städte abgewickelt wurde (MATSUBARA 1993: 51). Damit ist grundsätzlich zwischen dem Gütertransport der inner- und der außerhalb der Hauptabsatzräume gelegenen Produktionsstätten zu unterscheiden.

Generell lassen sich beim Halbleiterabsatz vier Abnehmertypen unterscheiden: Direktkunden, Handelsunternehmungen, weiterverarbeitende Betriebe der eigenen Unternehmungsgruppe und Abnehmer im Ausland. Dabei fand nach Unternehmungsangaben bei absatznah gelegenen Produktionsstätten (Tôkyô, Ôsaka) in der Regel eine Direktbelieferung per Lastkraftwagen ab Werk an den jeweiligen Abnehmer beziehungsweise den Flughafen statt. Zum Teil wurde der Transport selbst abgewickelt, zum Teil an Transportunternehmungen vergeben.

Bei dem Transport von absatzfern gelegenen Werken, wie in Kyûshû oder Tôhoku, dominierte dagegen eine mehrstufige Organisationsform. Im Mittelpunkt stand das Flugzeug zur schnellen Überbrückung der Ferndistanz, der Zubringer-

und Verteilungsverkehr wurde von Lastwagen übernommen.[72] Neben den angeführten Standortfaktoren erwies sich mit Blick auf den Halbleitertransport gerade die Nähe zu Flughäfen bei den Standortentscheidungen der Halbleiterhersteller als bedeutsam (STERNBERG 1995: 278-279; MATSUBARA 1993: 57; SARGENT 1987: 76-78; MURATA/TAKEUCHI 1987: 238). Die große Entfernung zwischen Produktions- und Absatzort, die Eilbedürftigkeit des Transportgutes und die noch vergleichsweise schlechten Straßenverbindungen dieser Räume mit Tôkyô und Ôsaka machten das Flugzeug früh zum wichtigen Verkehrsmittel für den Halbleitertransport, zumal die dabei entstehende Transportkostenbelastung spezifisch gering lag. MURATA/TAKEUCHI (1987: 78) beziffern für Anfang der achtziger Jahre die Transportkosten per Flugzeug von Kyûshû nach Tôkyô mit 0,3% des Verkaufspreises der Halbleiter (1987: 238), SARGENT nennt für die gleiche Strecke mit 0,2% einen Anteil, der ebenfalls vernachlässigbar erscheint.

Nicht vergessen werden darf, daß es sich zu dieser Zeit auch bei den größeren Herstellern noch um vergleichsweise geringe Mengen zu transportierender Halbleiter handelte, so daß mit dem Fehlen eines größeren Transportaufkommens auch der Bedarf einer entsprechenden Transportorganisation entfiel. Erst mit dem parallel zur Produktionsausweitung rasch steigenden Transportbedarf entwickelte sich in den Folgejahren eine eigene Transportgestaltung für Halbleiter mit Lagern und Bündelungspunkten bei den Fabriken und Verteilzentren bei Tôkyô und Ôsaka.

V.C.3. Veränderungen der Transportbedingungen

V.C.3.a. Transportanforderungen

Die Veränderungen der Transportanforderungen der Halbleiterindustrie sind stärker als in anderen Industriezweigen vom schnellen Wachstum und den großen Strukturveränderungen der Branche an sich geprägt. Als erstes zu nennen ist die enorme Ausweitung des physischen Transportvolumens, welche direkt an der Entwicklung von Zahl und Wert der seit 1975 in Japan produzierten integrierten Schaltkreise ablesbar ist (Abb. 34).

---

[72] Außerdem kam es beispielsweise bei Toshiba einige Jahre zum Schiffstransport zwischen Ôita und Hiroshima beziehungsweise Ôsaka.

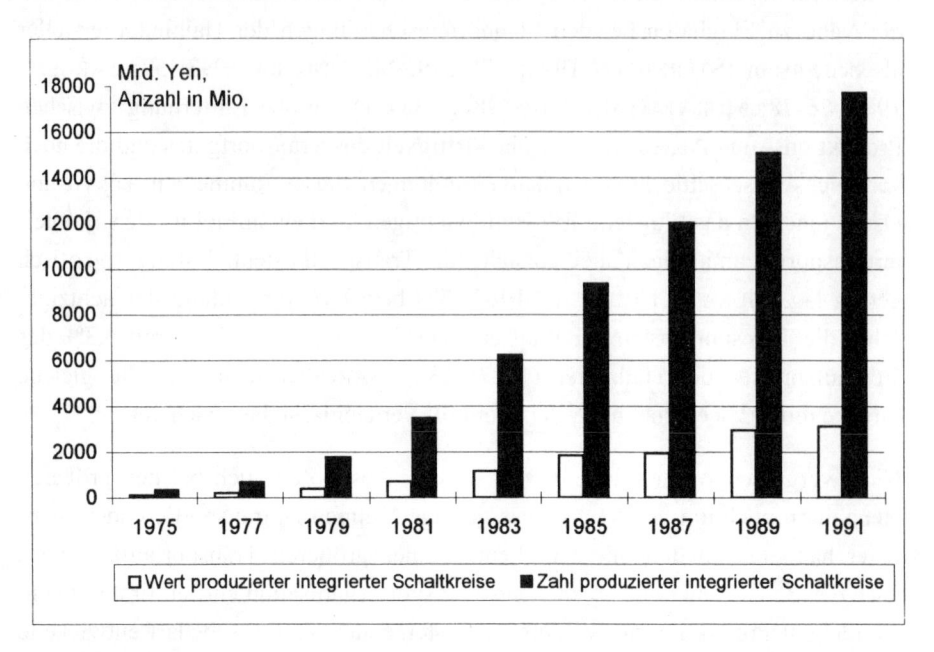

Abb. 34: Anzahl und Wert der Produktion integrierter Schaltkreise in Japan 1975-1991

[Balkendiagramm: y-Achse "Mrd. Yen, Anzahl in Mio." von 0 bis 18000; x-Achse Jahre 1975, 1977, 1979, 1981, 1983, 1985, 1987, 1989, 1991; Legende: □ Wert produzierter integrierter Schaltkreise, ■ Zahl produzierter integrierter Schaltkreise]

Quelle: Kikai tôkei nenpô 1979-1991

Zu dieser rein quantitativen Erhöhung des Transportvolumens trat infolge raschen technischen Fortschritts auch eine beschleunigte Zunahme der Produktvielfalt, die die einzelnen Hersteller über die Einführung neuer Chipgenerationen hinaus zur ständigen Sortimentserweiterung zwang (MATSUBARA 1993: 62). Gerade das unvergleichbar breite Produktspektrum[73] betont HILPERT (1994: 3) als Charakteristikum der japanischen Halbleiterindustrie, wobei dies auch für die größeren Hersteller im einzelnen zutrifft. Beide Entwicklungen führten sowohl zu Veränderungen der physischen als auch der räumlichen Merkmale der zu erbringenden Transportleistungen. So kam es im Rahmen der fortgesetzten Produktionsausweitung vor allem bei den größeren Herstellern zur Inbetriebnahme zahlreicher

---

[73] Gemessen am Produktionswert, lag das Verhältnis zwischen linearen und digitalen integrierten Schaltkreisen 1993 bei 1 zu 5. Innerhalb der letzteren Gruppe fielen 10% auf bipolare und 90% auf MOS-Chips. Diese lassen sich wiederum in Logic- und Memory-Chips unterscheiden, die ungefähr gleiche Anteile aufwiesen. (Analysis of Japanese Industries 1995: 38). Zu nennen sind außerdem die diskreten und hybriden Halbleiter. Neben dieser groben Produktklassifikation lassen sich je Produktgruppe verschiedene Halbleitertypen unterscheiden, so daß insgesamt eine ausgeprägte Produktvielfalt zu konstatieren ist. Ausführlicher zur Entwicklung der Produktpalette innerhalb der japanischen Halbleiterindustrie siehe Analysis of Japanese Industries (1985-1995).

neuer Produktionsstätten an verschiedenen Standorten, wie auch zur Spezialisierung der verschiedenen Produktionsstätten auf bestimmte Halbleitertypen und damit zu einer makroräumlichen Streuung der Produktion (TAKEUCHI 1993: 97,102).

In Abb. 35 sei beispielhaft für die beiden Hersteller NEC und Toshiba die räumliche Verteilung der am Produktionsprozeß beteiligten Betriebe auf Kyûshû dargestellt. Dabei läßt sich grob nach den drei Betriebstypen Hauptwerk (Wafer-Herstellung und -Montage), Zweigwerk (Montage und Test) und Zulieferbetrieb (Teile- und Materialzulieferung, Montageschritte und Test) unterscheiden.

Deutlich wird der räumliche Verbund von Hauptwerk und den konzerneigenen oder -fremden Zulieferbetrieben, die meist weniger als 30 Kilometer vom Hauptwerk entfernt liegen (MATSUBARA 1993: 59). Dagegen weisen die unternehmungseigenen Zweigwerke, auf die der Hauptteil der Endmontage fällt, größere Distanzen zum Hauptwerk auf. Dadurch wird eine zu große Beanspruchung der jeweiligen lokalen beziehungsweise regionalen Arbeitsmärkte durch den arbeitsintensiven Montagebereich vermieden. Durch diese intensive Form der Arbeitsteilung kommt es bei den einzelnen Herstellern bei der Bereitstellung der fertigen Halbleiter zum Abtransport im Ergebnis zu einer mikro- wie mesoräumlich ausgeprägt starken Streuung.

Dagegen blieb die starke räumliche Konzentration des Halbleiterabsatzes mit rund 90% auf die Räume Tôkyô und Ôsaka unverändert. Verantwortlich dafür ist neben der dortigen Konzentration inländischer Abnehmer die absolute wie relative Ausweitung des Halbleiterexportes, der bis zum Beginn der neunziger Jahre nahezu ausschließlich über die Flughäfen bei Tôkyô und Ôsaka abgewickelt wurde.[74] Während 1977 erst 17,4% (gemessen am Produktionswert) aller in Japan produzierten Halbleiter ins Ausland gingen, stieg dieser Anteil in den achtziger Jahren auf über 30% und erreichte 1992 sogar den Wert von 43,5% (Gyôkai bunseki 1985-1994).

---

[74] Erst mit der in Südostasien verstärkten Halbleiternachfrage sinkt in den letzten Jahren die Ausrichtung auf Tôkyô und Ôsaka beim Export, da sich beim Export nach Südostasien der Flughafen Fukuoka als räumlich geeignetere Alternative anbietet.

Abb. 35: Räumliche Verteilung der Zweigwerke und Zulieferbetriebe der Hersteller NEC und Toshiba auf Kyûshû 1990

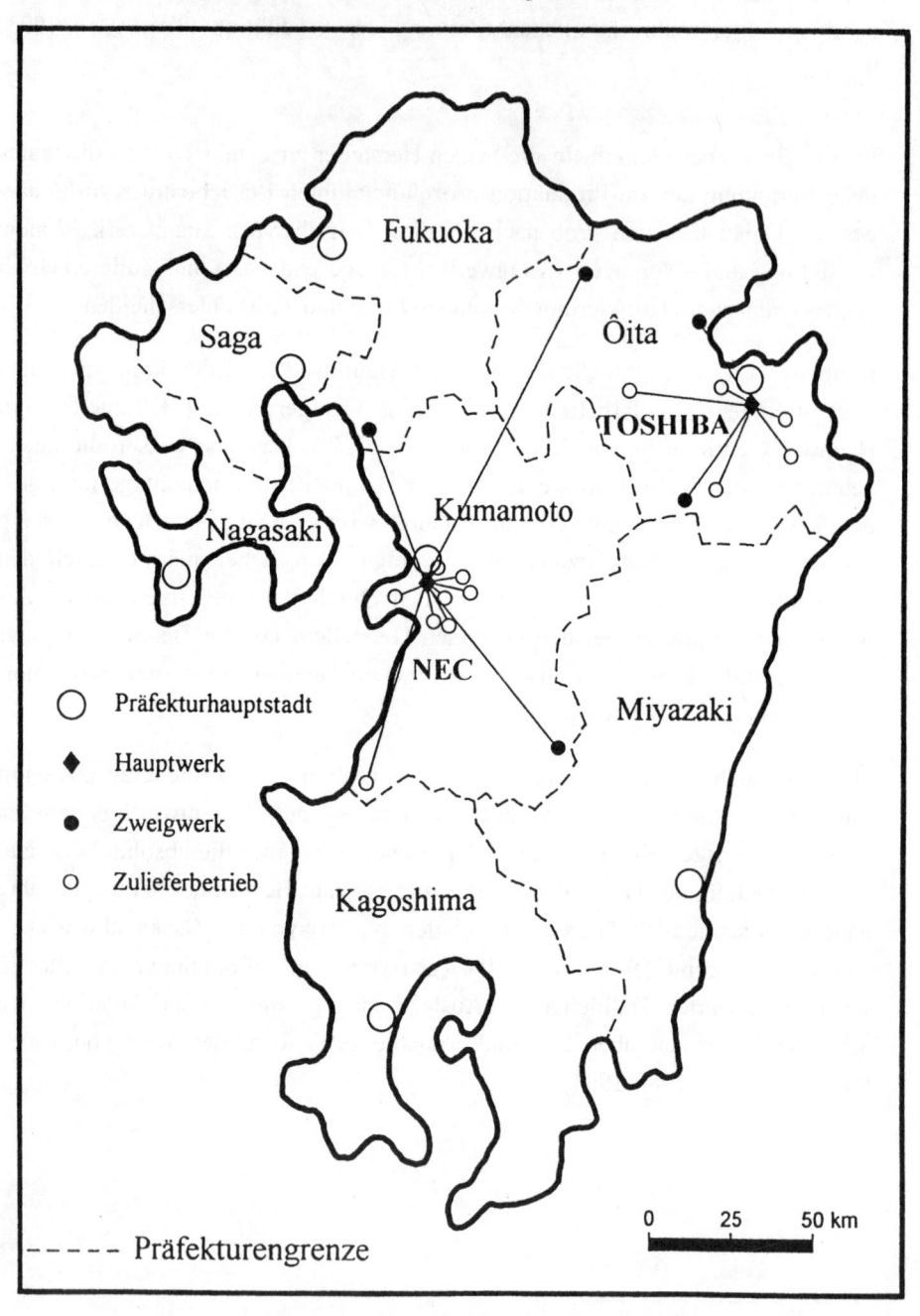

○ Präfekturhauptstadt
◆ Hauptwerk
● Zweigwerk
○ Zulieferbetrieb
----- Präfekturengrenze

Quelle: MATSUBARA 1993: 58-59; Handôtai nenkan 1991; Handôtai sôran 1986

Neben diesen physischen und räumlichen Merkmalen der zu erbringenden Transportleistungen gebührt mit der generell großen Eilbedürftigkeit des Halbleitertransportes einem zeitlichen Merkmal zentrale Beachtung. Während der technische Fortschritt seit 1975 durchschnittlich alle 3-4 Jahre eine neue Chipgeneration (vom 4K-Chip zum 16M-Chip) zur Massenproduktionsreife brachte (Gyôkai bunseki 1994: 40), ergibt sich für die einzelnen Hersteller die Notwendigkeit, in der jeweils relativ kurzen Produktlebensspanne eine möglichst große Anzahl ihrer Halbleiter abzusetzen. Branchenspezifisch große Kapital- und Forschungsinvestitionen von mehr als 40% der jeweiligen Umsätze - bei extrem niedrigen Stückkosten nach Erreichen der Serienreife - erfordern große Absatzzahlen (MITSUSADa 1995: 8; KIMURA 1988: 64). Bedeutender als die absolute Lebensspanne des jeweiligen Halbleiters ist dabei die jeweils erste Periode, die hohe Preise und Gewinne gestattet, bevor mit einem allgemeinen Angebotsanstieg ein deutlicher Preisverfall einsetzt (KIMURA 1988). Von Beginn an konnten erratische Schwankungen des Absatzes von jeweils einzelnen Produkten beobachtet werden. Abb. 36 zeigt den sogenannten silicon cycle, der die zyklischen Umsatzschwankungen der Branche anhand der jährlichen Umsatzveränderungen für Japan abbildet.

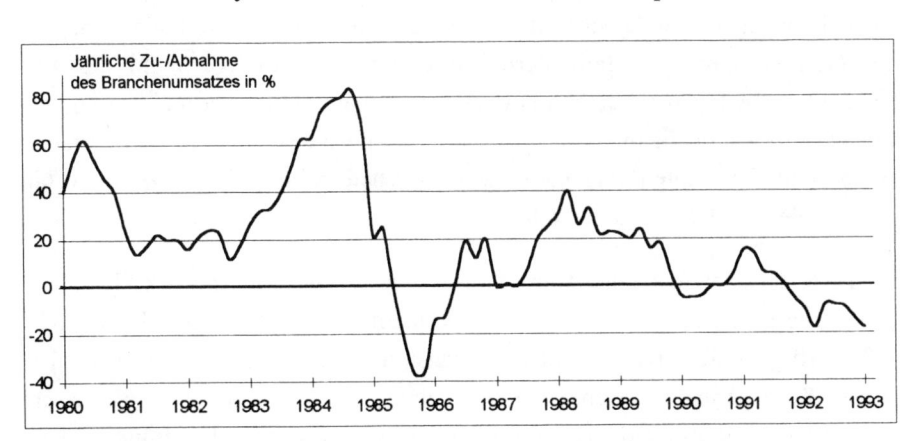

Abb. 36: Silicon cycle für die Halbleiterindustrie in Japan 1980-1993

Quelle: Gyôkai bunseki 1994: 41

Da es sich bei Halbleitern gleicher Leistungsstärke unabhängig vom Hersteller um nahezu homogene Güter handelt, kommt dem Aspekt der Lieferbereitschaft als leistungsdifferenzierendes Merkmal der einzelnen Hersteller besondere Bedeutung zu. Aufgrund der Kompliziertheit des Herstellungsprozesses bei Halbleitern vergehen zwischen dem ersten und letzten Produktionsschritt durchschnittlich zwei Monate. Damit betreffen zeitliche Anforderungen in besonderer Weise die Produktionsseite. Daneben erlangen aber auch Absatz und Transport einen hohen Stellenwert. Stärker noch als in anderen Branchen werden hier Produktion und Transport untrennbar miteinander verknüpft. Innerhalb der Organisation und Durchführung des Gütertransportes erhalten - vor allem auch angesichts eines international verschärften Wettbewerbs - Verfügbarkeit und Liefergeschwindigkeit eine zentrale Stellung. Verschärft wurden diese branchenspezifischen Anforderungen an den Faktor Zeit zusätzlich durch eine verstärkte Umsetzung des Just-in-time-Gedankens bei den jeweiligen Abnehmern der Halbleiter, unabhängig davon, ob es sich dabei um Handels- oder Industriebetriebe handelte. Damit entstand für den Großteil der Produkte, entsprechend der peripheren Lage der Montagewerke, die Notwendigkeit zum Ferntransport in die Hauptabsatzgebiete. Gleichzeitig galt es dort für die Hersteller, entsprechend einzelnen Bestellungen unterschiedlicher Größe und unterschiedlichen Inhalts, schnell und flexibel ausliefern zu können.

V.C.3.b. Transportsysteme

Veränderungen in der Leistungsfähigkeit einzelner Verkehrssysteme haben für den Gütertransport der Halbleiterindustrie und die jeweilige Wahl des Verkehrsmittels in Japan größere Auswirkungen gehabt als in den meisten anderen Branchen. In kaum einem anderen Industriezweig kam es in den letzten 20 Jahren zu so deutlichen Anteilsverschiebungen zwischen zwei Verkehrssystemen, hier dem Straßen- und dem Flugverkehr.

Bis Ende der achtziger Jahre war das Flugzeug für den Transport der Halbleiter über weite Entfernungen (zum Beispiel Kumamoto-Tôkyô) aufgrund der großen Eilbedürftigkeit des Transportgutes das meist genutzte Verkehrsmittel. Spezifisch höhere Transportstückkosten gegenüber anderen Verkehrsmitteln spielten nur eine sehr geringe Rolle, da dem Zeitvorteil ausschlaggebende Bedeutung zukam. Alle Regionen mit Halbleiterfabriken verfügten schon 1975 über Flughäfen und Flugverbindungen mit Tôkyô und Ôsaka, während der Autobahn- und Fernstraßenausbau erst in den achtziger Jahren zu leistungsfähigen Straßenverbindungen dieser Räume führte (vergleiche Abb. 21). Gerade Kyûshû verfügte aufgrund eines seit den sechziger Jahren dort stark gewachsenen Tourismus schon früh über gut ausgebaute Flughäfen und zahlreiche Flugverbindungen mit Tôkyô und Ôsaka (SARGENT 1987: 77; Kôkû tôkei yôran 1985/86: 168-195). Aber auch bei anderen peripheren Standorten in Tôhoku, Shikoku oder Chûgoku mit kürzeren Entfernungen zu den Hauptabsatzgebieten war das Flugzeug dem Straßentransport durch seine große Transportgeschwindigkeit deutlich überlegen.

Mit dem forcierten Ausbau des Fernstraßennetzes konnten die Transportzeiten im Straßenverkehr jedoch deutlich verkürzt werden. So sank allein zwischen 1980 und 1990 die durchschnittliche Transportzeit für die Strecke Tôkyo-Fukuoka um ein Viertel (UN`YUSHÔ 1990: 125). Damit stieg im Fernverkehr die Leistungsfähigkeit des Verkehrsträgers Straße für den Halbleitertransport erheblich, zumal nun dem Vorteil eines Verzichtes auf Umladevorgänge im gebrochenen Verkehr (Lastkraftwagen - Flugzeug - Lastkraftwagen) zunehmend größeres Gewicht beigemessen werden konnte.

In gleicher Weise profitierten die Halbleiterhersteller vom Ausbau des Straßennetzes für den Nah- und Regionalverkehr in den Produktionsregionen. So ermöglichten bessere Straßenverbindungen in Kyûshû beispielsweise dort einerseits einen schnelleren Güteraustausch zwischen den einzelnen Produktionsstätten. Andererseits verbesserten sie den Zugang zum Fernstraßennetz wesentlich und ermöglichten so zusammen mit dem Ausbau des Autobahnnetzes eine spürbare Beschleunigung des Straßentransportes über weite Entfernungen.

Neben den beschriebenen Möglichkeiten zur Beschleunigung der physischen Transportvorgänge stellen gerade bei der Halbleiterindustrie verbesserte Informations- und Koordinationssysteme eine wesentliche Veränderung der Transportbedingungen dar. Diese wurden zum großen Teil durch die großen Fortschritte bei der Halbleiterentwicklung selbst induziert und ermöglicht. Die enge Verknüpfung von Produktion und Absatz und die große Eilbedürftigkeit der dabei anfallenden Transportvorgänge zwangen einerseits die Hersteller zu einer stetigen Verbesserung ihrer Informationssysteme. Andererseits geschahen die Verbesserungen auf der Grundlage jeweils neuester mikroelektronischer Entwicklungen eben durch die großen Halbleiterhersteller wie NEC, Hitachi oder Toshiba selbst. Damit fielen Erfordernis und Entwicklungspotential bei den gleichen Unternehmungen zusammen, was dort zur besonders schnellen Einführung fortschrittlicher Informationssysteme auch beim Gütertransport führte (Torakku yusô 1994: 30; MIYAOKA 1985: 415-430).

V.C.4. Transportkosten und Veränderungen bei der Gestaltung des Gütertransportes

Auf das besondere Wert-Gewichts-Verhältnis von Halbleitern und die daraus beim Transport resultierende geringe Kostenbelastung im Verhältnis zum Umsatz wurde einleitend schon hingewiesen. Es muß jedoch beachtet werden, daß ein solcher Wert stark vom jeweiligen Verkaufspreis der entsprechenden Halbleiter abhängt. So lag beispielsweise der durchschnittliche Verkaufspreis von linearen integrierten Schaltkreisen im Jahr 1992 pro Stück bei 67 Yen, während der entsprechende Wert für digitale Memory-Chips 525 Yen betrug; außerdem weisen letztere gleichzeitig aufgrund geringerer Größe und niedrigeren Gewichtes tendenziell niedrigere Transportkosten pro Stück auf (Gyôkai bunseki 1994: 40). Des weiteren sinken, unabhängig von einzelnen Angebots- und Nachfrageschwankungen, nach der Markteinführung Verkaufspreis und Umsatzerlös pro Stück einer jeden Chipgeneration mit zunehmendem Produktlebensalter stark ab. Gleichzeitig entstehen jedoch Möglichkeiten zu Kosteneinsparungen durch Massenstückguttransport. Mithin hängen die Transportkosten im Verhältnis zum Umsatz stärker als in anderen Branchen vom jeweiligen Verkaufspreis des einzelnen Produktes ab und weniger von seinen grundsätzlichen Transporteigenschaften. Dementsprechend können Transportkostenangaben nur Durchschnittswerte darstellen, wie sie auch von Hersteller zu Hersteller und von Jahr zu Jahr etwas variieren.

Nach Angaben des größten Halbleiterherstellers in Japan, NEC, lagen die gesamten bei Produktion und Absatz anfallenden Kosten für Durchführung und Organisation von Transport, Lagerung, Umschlag und Verpackung der Halbleiter zwischen 1990 und 1994 bei 2,0-2,3% des Umsatzes, für den Absatz allein bei rund 1,5%. Andere Hersteller nennen vergleichbare, zum Teil etwas niedrigere Werte. Obwohl damit entgegen häufiger Annahme die Kosten des Gütertransportes von Halbleitern durchaus eine relevante Größe erreichen, so ist doch für die Halbleiterindustrie gegenüber anderen Branchen (wie auch gegenüber anderen Bereichen der Elektronikindustrie) eine ausgesprochen niedrige Kostenbelastung durch den Gütertransport festzustellen (NIHON ROJISUTIKUSU SHISUTEMU KYÔKAI 1994; YANASE 1991: 68-68).

Über diese direkt anfallenden Transportkosten hinaus spielen bei der Halbleiterindustrie Kosten durch Umsatzentgang bei mangelnder Lieferfähigkeit, wie oben beschrieben, eine besondere Rolle. Insofern ist die folgende Beschreibung der Veränderungen bei der Gütertransportgestaltung zwar auch vor dem Hintergrund der direkten Transportkostenentwicklung zu sehen. Als bedeutender ist jedoch das Erfordernis einer stetigen Verbesserung der Lieferfähigkeit einzuschätzen.

Zur Vereinfachung der Darstellung von Transportveränderungen wird zunächst exemplarisch die gegenwärtige Ausgestaltung des Gütertransportes beim größten Halbleiterhersteller NEC beleuchtet. Dieser hatte seine Produktion schon früh auf Standorte auf Kyûshû konzentriert, auf das nach Angaben von NEC in den achtziger Jahren wie auch zu Beginn der neunziger Jahre mehr als 50% der eigenen inländischen Produktion fielen (TAKEUCHI 1993: 97).

Abb. 35 zeigt, daß sich die Halbleiterproduktion von NEC auf Kyûshû mit dem die Wafer-Herstellung und -Montage umfassenden Hauptwerk und zahlreichen Zuliefer- und Montagewerken räumlich auf die Stadt Kumamoto und ihr Umland konzentriert. Gleichzeitig wird aber auch ein Teil der Endmontage in den eigenen Zweigwerken vorgenommen, die in den Präfekturen Fukuoka, Ôita und im Süden der Präfektur Kumamoto liegen. Dabei beträgt die Entfernung zwischen den Zweigwerken und dem Hauptwerk in der Stadt Kumamoto 50 bis 60 Kilometer, im Fall von Ôita etwa 100 Kilometer.

Abb. 37 stellt den entsprechenden Transport der fertigen Halbleiter zwischen der letzten Fertigungsstufe in Kyûshû (NEC-Werk, Montagewerk) und den verschiedenen Absatzpunkten innerhalb von Kyûshû und dem restlichen Japan dar. Der Hauptteil der Halbleiter wird nach Fertigstellung zunächst in das, in unmittelbarer Nachbarschaft des Hauptwerkes gelegene, Sammelzentrum in Kumamoto-Stadt transportiert, wo die Lieferungen der einzelnen Werke gesammelt und nach Bestimmungsorten sortiert und gebündelt werden. Ein zweites Verteilzentrum liegt in der Stadt Fukuoka. Hierhin wird die gesamte Produktion aus dem von Kumamoto weiter entfernten Werk in Oita geliefert, wie auch bestimmte, jedoch geringe Mengen der anderen Werke direkt nach Fukuoka transportiert werden. Die so an zwei Orten gebündelten Halbleiter werden per Groß-Lastkraftwagen weiter in die Hauptabsatzgebiete Ôsaka und Tôkyô transportiert.

Dort folgt zunächst die Aufnahme in ein Verteilzentrum, dem sich nach Zwischenlagerung und erneuter Sortierung die eigentliche Auslieferung an die einzelnen Abnehmer beziehungsweise der Transport zum Flughafen für den Export anschließt. Der regionale Absatz innerhalb Kyûshûs ist von deutlich untergeordneter Bedeutung und geschieht zumeist direkt ab Werk.

Abb. 37: Schema des Transportes fertiger Halbleiter zwischen Produktionsstätte und Abnehmern, dargestellt am Beispiel der auf Kyûshû gefertigten Halbleiter des Herstellers NEC (Stand 1995)

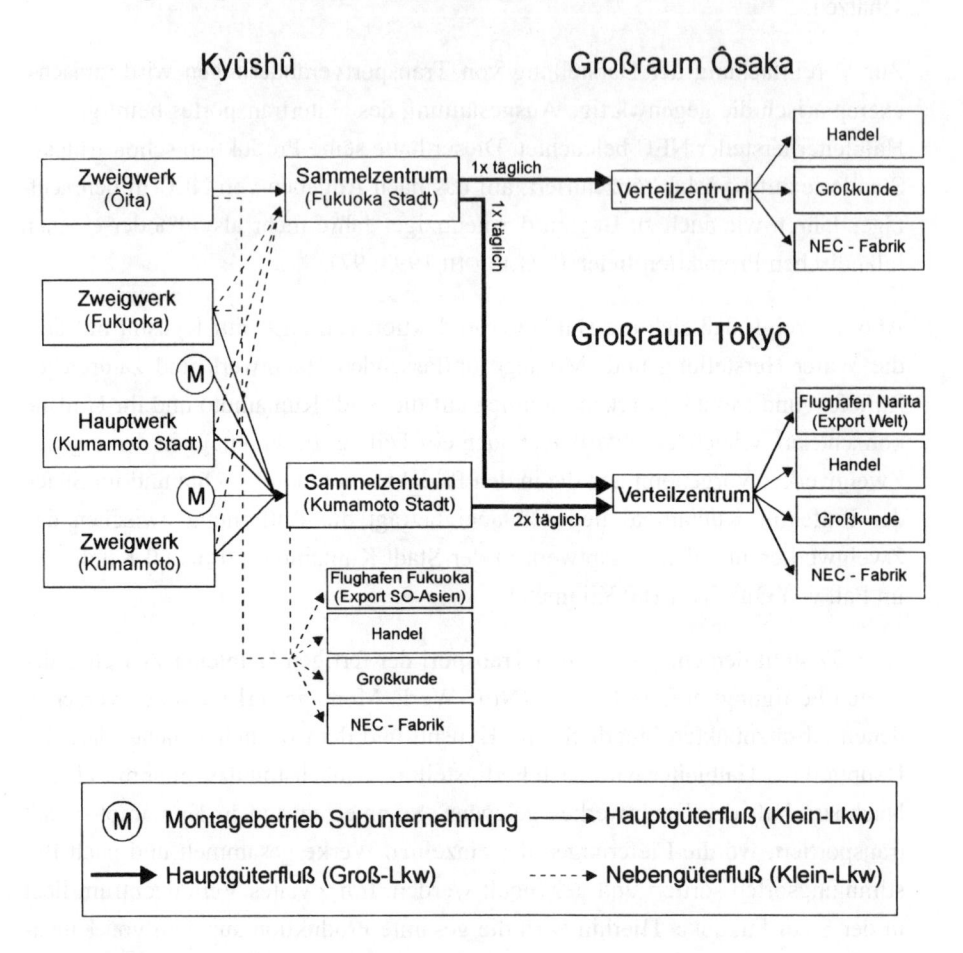

Quelle: eigene Darstellung nach Angaben von NEC

Organisiert und koordiniert wird der gesamte Transportbereich von der 1992 gegründeten NEC-Tochterunternehmung NEC-Logistics. Innerhalb der Organisationsstruktur von NEC-Logistics verfügt die Produktgruppe Halbleiter als einzige über eine eigene Abteilung mit landesweiten Zweigstellen und einer zentralen Koordinations- und Kontrollinstanz in Kawasaki bei Tôkyô. NEC-Logistics betreibt auch sämtliche Umschlagszentren; die eigentliche Durchführung der Transporte wird jedoch an verschiedene Transportunternehmungen weitervergeben (UCHIDA 1993: 22-24).

Beim Vergleich der derzeitigen Transportorganisation mit der der achtziger Jahre zeigen sich auffällige Unterschiede bei zwei Punkten, die sich gegenseitig bedingen. Zum einen ist die Bedeutung des Flugzeuges als Transportmittel absolut wie relativ stark gesunken (Abb. 38), zum anderen hat der Transport via Sammelbzw. Verteilzentrum gegenüber dem Direkttransport stark an Gewicht gewonnen.

Abb. 38: Entwicklung der Anteile der einzelnen Verkehrsmittel am inländischen Halbleitertransport des Herstellers NEC 1980-1994

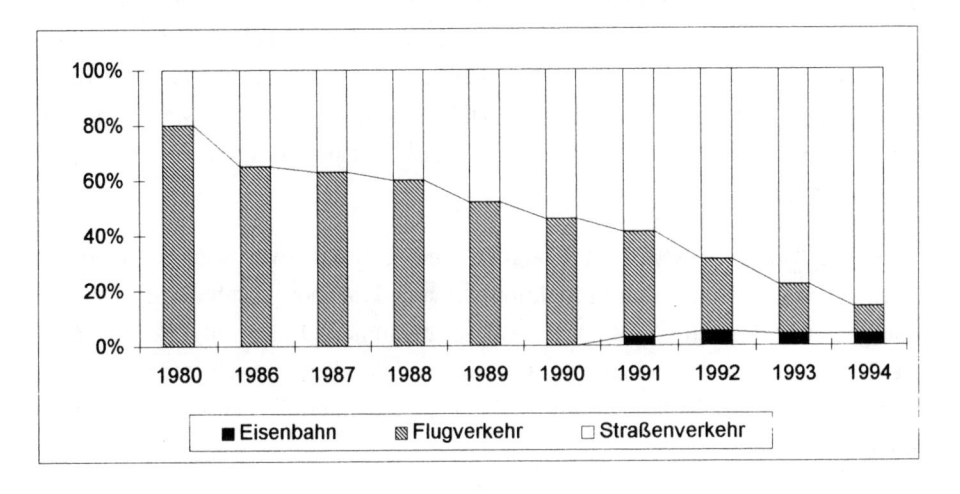

Quelle: eigene Darstellung nach Angaben von NEC

Mit dem Ausbau des Straßennetzes stieg die Leistungsfähigkeit des Lastkraftwagenverkehrs gegenüber dem Flugverkehr derart, daß dieser 1990 als wichtigstes Transportmittel für Halbleiter abgelöst wurde und seit Mitte der neunziger Jahre nahezu vollständig vom Straßenverkehr ersetzt wird. Neben der Beschleunigung der reinen Transportzeit (Fahrtzeitverkürzung, Wegfall von Umladevorgängen) wird als entscheidender Grund für diese Entwicklung von den Herstellern die größere Flexibilität des Straßenverkehrs (mengen-, zeit- und raumbezogen) genannt. Dies wird auch durch die Lage der Sammel- und Verteilzentren unterstrichen, die jeweils in unmittelbarer Nähe von Autobahnauffahrten anzutreffen sind. Außerdem erhöhten sich mit der raschen Produktionsausweitung auch die Transportmengen und damit die Möglichkeiten zur Transportkosteneinsparung bei Ersatz des Flugzeuges durch den Lastkraftwagen, da hier die Bündelungsmöglichkeiten mit steigender Transportmenge eine größere Transportstückkostendegression ermöglichen. Von allen Herstellern wird jedoch betont, daß vor allem die größere Flexibilität des Straßenverkehrs hinter seiner starken

Anteilszunahme steht. Verringerungen der direkten Transportkosten werden zwar begrüßt, scheinen jedoch nicht ursächlich für die beschriebene Entwicklung zu sein.

Mit der Abkehr vom Flugzeug als Hauptverkehrsmittel über weite Entfernungen sank auch die Ausrichtung der einzelnen Werke auf den jeweils nächstgelegenen Flughafen. So wurden beispielsweise von NEC in Kyûshû mit Ôita, Kumamoto und Fukuoka drei Flughäfen und damit Transportrouten gleichzeitig genutzt, so daß für ein zentrales Sammelzentrum weder die Möglichkeit noch der Bedarf gegeben war. Die Verteilzentren in den Hauptabsatzgebieten Tôkyô und Ôsaka hatten dagegen schon zum Teil ihre heutige Sammel- und Verteilfunktion, wenngleich ein beträchtlicher Teil der Halbleiter nach Entladung am Flughafen direkt an inländische Abnehmer geliefert beziehungsweise direkt in den Export gegeben wurden.

Neben Kyûshû hat NEC mit Chûgoku und Tôhoku zwei weitere regionale Schwerpunkte der Halbleiterproduktion,[75] deren Transportgestaltung im Produktionsgebiet analog aufgebaut ist. In den Absatzräumen Ôsaka und Tôkyô werden die Halbleiter aller Produktionsregionen in denselben Verteilzentren zusammengeführt,[76] was deren zentrale Stellung im gesamten Transportsystem unterstreicht.

In Ergänzung zu diesen Ausführungen sei kurz die Transportgestaltung beim Hersteller Hitachi skizziert. Die beiden Hauptwerke dieses Herstellers liegen nicht in einer peripheren Region, sondern in Kantô und damit innerhalb des wichtigsten Absatzgebietes. Aus diesem Lagemerkmal heraus ergibt sich eine gegenüber NEC Kyûshû veränderte Ausgangssituation, die sich auch in einer anderen Organisation des Halbleitertransportes niederschlägt (Abb. 39).

Wie bei NEC Kyûshû findet zunächst ein Transport der fertigen Halbleiter aus den beiden Hitachi-Werken beziehungsweise den Montagebetrieben der Subunternehmungen in die zwei Distributionszentren statt, die beide in unmittelbarer Nähe von jeweils einem Hauptwerk liegen. Der Antransport aus den Subunternehmungen geschieht zum Teil aus dem räumlichen Umland, zum Teil aber auch aus sehr weit entfernt gelegenen Regionen wie Hokkaidô und Chûgoku. Die aus-

---

[75] Ein weiterer strategischer Produktionsstandort bei Ôsaka kann hier wegen des geringen Transportaufkommens vernachlässigt werden.

[76] Die Spezialisierung der Produktionsstätten in Chûgoku und Tôhoku auf bestimmte Halbleitertypen verhindert dabei eine einseitige Ausrichtung des jeweiligen Absatzes auf Ôsaka oder Tôkyô (TAKEUCHI 1993: 97).

schließliche Ausrichtung der beiden Hitachi-Werke auf jeweils ein Distributionszentrum bedingt zusätzlich einen täglichen Güteraustausch zwischen diesen beiden.

Abb. 39: Schema des Transportes fertiger Halbleiter zwischen Produktionsstätte und Abnehmern, dargestellt am Beispiel der in Kantô gefertigten Halbleiter des Herstellers Hitachi (Stand 1994)

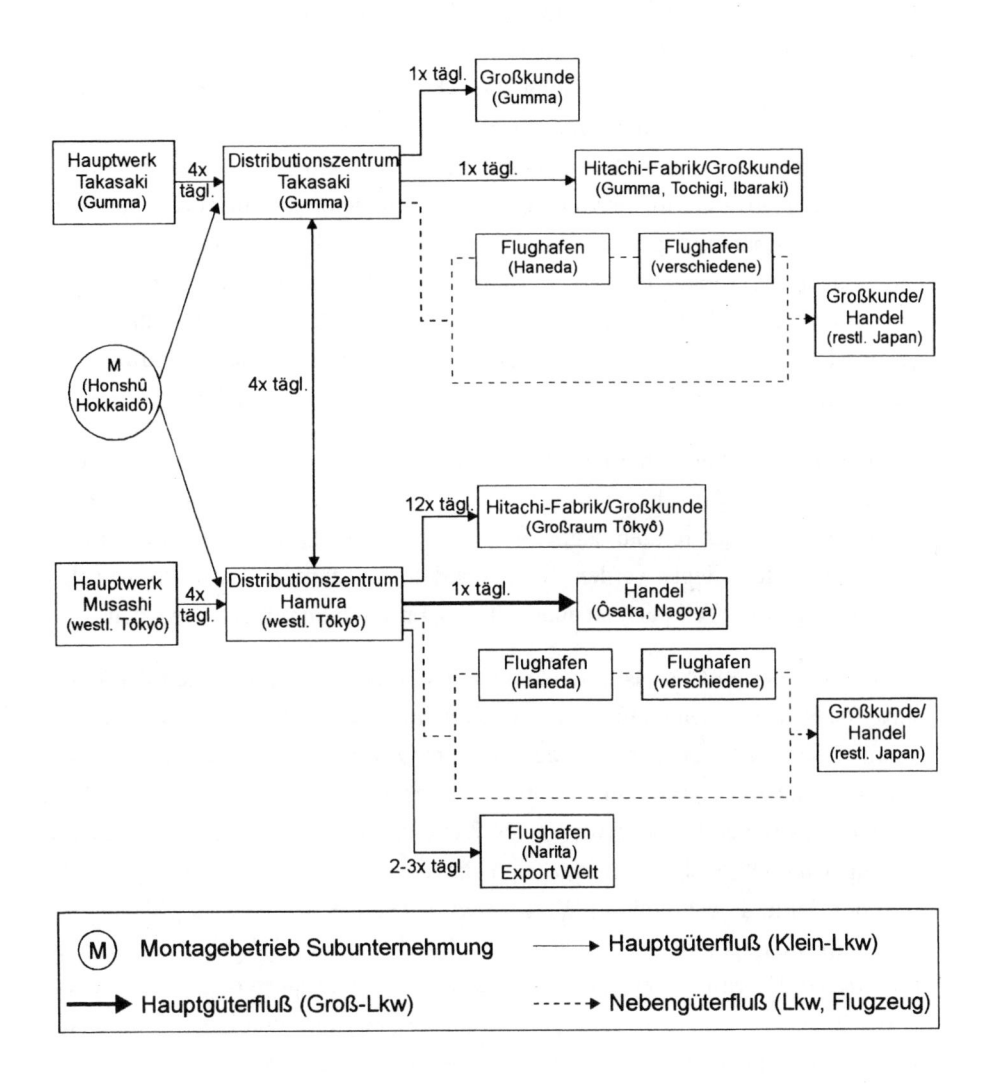

Quelle: eigene Darstellung nach Angaben von Hitachi

Im Gegensatz zu obigem NEC-Beispiel ist hier nur zum Teil Langstreckenverkehr zur Überbrückung der Entfernung in die Hauptabsatzgebiete erforderlich, so daß die Distributionszentren in räumlicher Einheit neben der Sammelfunktion auch gleichzeitig die Verteilfunktion übernehmen. Dabei wird eine räumlich vorgegebene Funktionsteilung zwischen beiden Zentren deutlich. Während das in Takasaki gelegene Distributionszentrum vor allem Abnehmer in der Region Kantô-Inland und Ibaraki bedient (Großkunden und hier konzentrierte Hitachi-Werke), versorgt das am Westrand von Tôkyô gelegene Distributionszentrum *Hamura* in erster Linie den restlichen Großraum Tôkyô und außerdem über eine tägliche Lastkraftwagen-Verbindung die Absatzgebiete Ôsaka und Nagoya im Westen. Außerdem werden von hier sämtliche für den Export bestimmte Halbleiter zum Flughafen Narita geliefert. Einzig beim Absatz in die Räume Ôsaka und Nagoya kommt es zu einem großvolumigen Ferntransport. Dabei wird als einziger Abnehmertyp der Handel beliefert, der die gesamte weitere Verteilung übernimmt und somit die Einrichtung von weiteren Verteilzentren obsolet werden läßt. Der Absatz in sonstige Regionen Japans fällt auch bei Hitachi sehr gering aus. Dabei kommen sowohl das Flugzeug als auch der Lastkraftwagen zum Einsatz, wobei der letztere in immer stärkerem Maße dominiert.

Wie bei NEC wird auch bei Hitachi der gesamte Gütertransport von einer Tochterunternehmung (Hitachi Transport System) organisiert. Während der Betrieb der Distributionszentren ausschließlich bei der Tochterunternehmung Hitachi Transport System liegt, werden die Transporte nur zum Teil von dieser selbst durchgeführt, zum Teil auch an andere Transportunternehmungen vergeben.

Ähnlich wie bei NEC Kyûshû fielen auch bei Hitachi Veränderungen der Transportgestaltung im Zeitablauf mit der Einrichtung der Distributionszentren zusammen. Bis zur Inbetriebnahme des Zentrums *Hamura* im Jahr 1984 konnte der Transport, auch aufgrund des deutlich geringeren Volumens, weitgehend im Direkttransport per Lastkraftwagen ab Werk durchgeführt werden. In den folgenden neun Jahren konzentrierte sich die Sammlung und Verteilung auf das Zentrum Hamura, während das Werk *Takasaki* seine Abnehmer hauptsächlich ab werkseitigem Lager belieferte. Mit der Einrichtung des Distributionszentrums *Takasaki* 1993 wurde einerseits dem gestiegenen Transportvolumen Rechnung getragen, andererseits aber auch die gesamte Organisation und Durchführung der Warendistribution endgültig räumlich von den Werken abgelöst.

Die Beispiele von NEC und Hitachi stehen repräsentativ für die Entwicklung bei den meisten Halbleiterherstellern, jeweils in Abhängigkeit von der Lage ihrer Produktionsstätten. Unterschiede ergeben sich nur aus der Größe der einzelnen Hersteller, aus einer verschieden starken Ausrichtung auf Tôkyô oder Ôsaka und aus einer unterschiedlichen Wahl des tatsächlichen Transportakteurs. So vergibt die Unternehmung Mitsubishi beispielsweise in Kyûshû den Transport ihrer Halbleiter nach Ôsaka und Tôkyô an eine Spedition, den diese aufgrund eines vergleichsweise geringen Transportaufkommens mit dem Transport von anderen Gütern verbindet. In den Absatzräumen werden die Halbleiter am Speditionsterminal auf kleinere Lastkraftwagen umgeladen und anschließend an die Verteilzentren von Mitsubishi ausgeliefert, so daß hier eine weitere Transportstufe anfällt.

Insgesamt kann festgehalten werden, daß den Verteilzentren in den Hauptabsatzgebieten eine besondere Rolle beim Halbleitertransport zukommt. Neben ihrer zentralen Stellung beim physischen Güterfluß fungieren sie auch meist in räumlicher Einheit als Steuerungs- und Koordinationszentrum und stehen damit auch im Mittelpunkt des Informationsflusses. Hier schließt sich auch der Kreis zur Betrachtung der Transportkosten und ihrer Bedeutung für die Gestaltung des Halbleitertransportes. Eingangs wurde die extrem große Bedeutung einer jederzeit gewährleisteten Lieferfähigkeit in dieser Branche betont. Zur Gewährleistung einer solchen ist eine abnehmernahe Konzentration der gesamten Produktpalette erforderlich, da nur so eine unverzügliche und rasche Auslieferung gewährleistet werden kann. Dabei erlaubt das im Verhältnis zum Wert sehr geringe Transportgewicht der Halbleiter eher als in anderen Branchen eine Form des Transportes, die von der jeweils kürzesten Strecke durch Direkttransport abweicht. Insofern haben auch die Verteilzentren nur in sekundärer Hinsicht Bedeutung als Umschlagplatz vom günstigen Massentransportmittel über weite Entfernungen zum Klein-Lastkraftwagen im regionalen Auslieferungsverkehr. Vielmehr dominiert ihre Funktion als absatznaher, zentraler Abrufort zur Gewährleistung einer maximalen Lieferbereitschaft.

VI. Ansätze zur Verallgemeinerung der Untersuchungsergebnisse

VI.A. Allgemeine Tendenzen der Entwicklung der Transportanforderungen, -möglichkeiten und -kosten

Im vorangegangenen Kapitel wurde anhand von drei ausgewählten Industriebranchen die jeweils spezifische Veränderung der Transportanforderungen, der Leistungsfähigkeit der Transportsysteme sowie der anfallenden Transportkosten beschrieben und als Hintergrund einer veränderten Gütertransportgestaltung präsentiert. Darauf aufbauend, wird nun die Betrachtung auf die gesamte Industrie erweitert, um so grundsätzliche Veränderungstendenzen abbilden zu können.

Schon in Kap. III wurde deutlich, daß dem Faktor Zeit bei den Veränderungen der Transportanforderungen eine besondere Stellung zukommt. Dabei gingen Verkürzungen der Lieferfrist und erhöhte Ansprüche an die Lieferzeitpunktgenauigkeit mit einer Reduzierung des einzelnen Lieferumfanges und damit einer Erhöhung der Lieferfrequenz einher. Verstärkt wurden die Wirkungen durch die gleichzeitige Erhöhung der Produktvielfalt und damit der gleichzeitig zu transportierenden Produkttypen. Während diese Veränderungen branchenweit zu beobachten waren, blieben Veränderungen bei den räumlichen Merkmalen stärker branchen- beziehungsweise unternehmungsspezifisch.

Das Beispiel der Eisen- und Stahlindustrie zeigt, daß es auch bei einer ausgesprochenen Grundstoffindustrie aufgrund eines veränderten Bestellverhaltens der Abnehmer zu den beschriebenen Veränderungen bei den Transportanforderungen kam. Entsprechend der Branchenunabhängigkeit dieses Wandels im Bestellverhalten traten auch bei den anderen Vertretern dieser Hauptgruppe in ähnlicher Weise veränderte Transportanforderungen auf. Notwendige Differenzierungen ergeben sich jedoch aus der unterschiedlichen Beschaffenheit der jeweils zu transportierenden Güter. So handelt es sich bei den meisten Produkten der Petro- und Grundstoffchemie und des Bereiches Keramik, Steine und Erden wie bei der Eisen- und Stahlindustrie um Massengüter mit spezifisch geringem Wert je Gewichtseinheit, die in größeren Mengen transportiert werden. Dem stehen Gummi-, Kunststoff- und auch pharmazeutische Produkte gegenüber, deren Hersteller der gleichen Hauptgruppe zugeordnet werden. Hierbei handelt es sich jedoch im Durchschnitt um Produkte mit höherem Wert je Gewichtseinheit und grundsätzlich anderen Transporteigenschaften und -anforderungen. Dies schlägt sich auch im auffällig kleineren Transportlos dieser Bereiche nieder (vergleiche Tab. 3). Diese Unterscheidung ist von erheblicher Bedeutung, da sich bei der ersten Gruppe, stärker als bei der zweiten, trotz der beschriebenen Veränderung der Transportanforderungen die Kosten des Transportes und seiner Gestaltung auch weiterhin in erster Linie als Funktion von Gewicht und Entfernung der zu transportierenden Güter darstellen. Eine solche Differenzierung ist in Abhängigkeit von den zu transportierenden Gütern sowohl zwischen Unternehmungen der gleichen Branche als auch zum Teil zwischen unterschiedlichen Produktgruppen der gleichen Unternehmung erforderlich. Das gleiche gilt für die räumliche Veränderung der Absatzbeziehungen; doch kann auch hier aufgrund der gesamtwirtschaftlichen Verlagerungstendenzen (siehe Kap. II.B.2.), ähnlich wie bei der Eisen- und Stahlindustrie, von einem partiellen Rückgang der Absatzkonzentration auf die Pazifikküste und damit einer stärkeren Binnenorientierung ausgegangen werden.

Die Halbleiterindustrie als Vertreter der Investitionsgüterindustrien stellt dagegen das Beispiel einer Branche dar, deren Produkte extrem klein, leicht und wertintensiv sind. Bei den Transporterfordernissen dominieren Flexibilität und Auslieferungsgeschwindigkeit; das durchschnittliche Transportlos liegt deutlich unter dem der meisten Grundstoffindustrien. Mit Ausnahme der Kraftfahrzeugindustrie gelten diese Aussagen für Unternehmungen nahezu aller Bereiche dieser Hauptgruppe. Die als wesentlich herausgearbeitete Umsetzung des Just-in-time-Prinzips ist hier am deutlichsten zu beobachten und aufgrund der ausgeprägt großen Arbeitsteilung zwischen einzelnen Betrieben für die Transportgestaltung von besonderer Bedeutung. Dies gilt insbesondere für die zahlreichen Zulieferunternehmen der Elektronik- und Kraftfahrzeugindustrie, aber auch für weite Teile des sonstigen Maschinenbaus und der Metallverarbeitung (SHÔKÔ CHÛKIN 1989: 63-64; SHÔKÔ CHÛKIN 1983: 46-47).

Bei den Veränderungen der räumlichen Lieferbeziehungen ist trotz zahlreicher Ausnahmen insgesamt von einer Abnahme der nahräumlichen und gleichzeitigen Zunahme der fernräumlichen Beziehungen auszugehen. So sank allein zwischen 1980 und 1985 der Anteil des innerregionalen Absatzes im Durchschnitt aller Regionen um knapp vier Prozentpunkte (Chiiki keizai repôto 1992: 39). Relativ unverändert blieb dagegen die Struktur des räumlichen Absatzes der vielen kleinen Zulieferbetriebe, die sich meist durch wenige nahräumliche Beziehungen auszeichnen.

Die bei der Bierindustrie beobachteten Veränderungen der Transportanforderungen können für weite Bereiche der sonstigen Verbrauchsgüterindustrien als repräsentativ angesehen werden, wie sich auch die grundsätzlichen Transporteigenschaften der einzelnen Güter hier ähneln. Trotz branchenspezifischer Unterschiede lassen sich die meisten Produkte in bezug auf ihre Gewichts-/Wertrelation zwischen denen der beiden anderen Hauptgruppen einordnen. Charakteristisch ist eine große Eilbedürftigkeit, die sich aus dem meist direkten Absatz an den Endverbraucher und damit aus der direkten Abhängigkeit von Nachfrageschwankungen ergibt. Hinzu kommt in weiten Bereichen ein hoher Verderblichkeitsgrad der Produkte, beispielsweise bei vielen Nahrungsmitteln oder auch - im übertragenen Sinne - Druckereierzeugnissen und Bekleidungsprodukten. Diese Produkteigenschaften hatten sich schon 1975 in äußerst niedrigen Transportlosen niedergeschlagen, wie auch deren fortgesetzte Verringerung bis 1990 zum größten Teil Ausdruck einer Erhöhung der Lieferfrequenz ist. Bei den räumlichen Transportanforderungen kam es insgesamt aufgrund der unverändert starken Bevölkerungs- und damit Abnehmerkonzentration auf die Kernräume Honshûs nur zu unternehmungsspezifischen Veränderungen.

Den Transportanforderungen stehen direkt die Transportmöglichkeiten (Leistungsfähigkeit der Transportsysteme) gegenüber. Hierbei kommt dem Straßenverkehr in Japan eine besondere Bedeutung zu, wie sich an den drei beispielhaft untersuchten Industriezweigen gezeigt hat.

Unterstrichen wird diese Aussage durch die auffälligen Anteilszuwächse des Straßenverkehrs in nahezu allen Industriezweigen, wie Tab. 21 verdeutlicht.[77] Bis 1990 wuchs der Anteil des Straßenverkehrs am Transportgewicht mit Ausnahme von drei Zweigen der Grundstoff- und Produktionsgüterindustrien überall auf über 82%, bezogen auf die Zahl der Transportbewegungen sogar industrieweit auf mindestens 93%. Die vergleichsweise niedrigen Anteile des Straßenverkehrs am Transportgewicht in den Branchen *Chemie* sowie *Öl- und Kohleprodukte* deuten wie in der Eisen- und Stahlindustrie auf die dort ebenfalls große Bedeutung und spezifische Leistungsfähigkeit der Küstenschiffahrt hin. Doch ist auch in diesen Industriezweigen eine deutliche Anteilssteigerung des Straßenverkehrs zu verzeichnen.

Diese Anteilszuwächse des Straßenverkehrs sind in erster Linie Ausdruck der veränderten Transportanforderungen. Ohne die Erhöhung der gesamtwirtschaftlichen Leistungsfähigkeit des Straßenverkehrs bei gleichzeitiger Einschränkung

---

[77] Die in Tab. 21 auffällige Bedeutungsabnahme des Straßenverkehrs im Bereich *Fahrzeugbau* um rund zwei Prozentpunkte ist auf den gewichtsbezogen stark durchschlagenden Anteil des Transportes von Neuwagen zurückzuführen. Bei diesem zeigte sich ein deutlicher Anstieg der Nutzung von Küstenseeschiffen als Transportmittel (Torakku yusô 1981-1994).

des Transportangebots der Eisenbahn wären sie jedoch in dieser Form undenkbar. Diese Aussage gilt auch angesichts der gewachsenen Verkehrsdichte und der damit verbundenen Staubelastung. Diese schränkt zwar die Leistungsfähigkeit des Straßenverkehrs hinsichtlich Transportzeit und Berechenbarkeit zunehmend ein, hat jedoch bis zur Gegenwart nicht zu merklichen Veränderungen bei der Transportmittelwahl geführt. Vielmehr zeigt der auch zu Beginn der neunziger Jahre weiterhin wachsende Anteil des Straßenverkehrs am industriellen Transportaufkommen dessen spezifische Leistungsvorteile bei der Erfüllung aktueller Transportanforderungen (Suji de miru un`yu hakusho 1995: 124-125).

Tab. 21: **Anteile des Straßenverkehrs am Transportaufkommen in Tonnen und Transportbewegungen nach Industriezweigen 1975 und 1990**

	Transportgewicht		Transportbewegungen	
	1975	1990	1975	1990
Holzverarbeitung	89,9%	95,8%	94,5%	99,4%
Papier	79,0%	84,1%	96,4%	99,2%
Chemie	47,4%	61,1%	91,6%	97,2%
Öl- und Kohleprodukte	13,0%	33,3%	85,0%	94,4%
Kunststoffe	·	99,2%	·	99,6%
Gummi	96,0%	96,7%	96,2%	98,7%
Keramik/Steine/Erden	85,4%	92,1%	95,6%	98,3%
Eisen und Stahl	45,4%	60,4%	92,3%	96,7%
Nichteisenmetalle	52,5%	82,8%	92,1%	98,6%
Grundstoff- und Produktionsgüterindustrien	**61,1%**	**75,2%**	**94,1%**	**98,4%**
Metallverarbeitung	95,6%	97,0%	93,9%	99,1%
Maschinenbau	96,5%	98,4%	94,7%	97,9%
Elektrogeräte	95,0%	98,2%	93,9%	93,1%
Fahrzeugbau	84,3%	82,5%	94,7%	95,6%
Präzisionsgeräte	98,1%	99,4%	94,8%	98,7%
Investitionsgüterindustrien	**92,0%**	**91,7%**	**94,0%**	**96,8%**
Nahrungsmittel	85,5%	93,0%	94,7%	99,8%
Getränke, Futter, Tabak	·	95,1%	·	97,4%
Textil	97,3%	99,4%	95,5%	99,3%
Bekleidung	94,3%	99,7%	95,3%	99,5%
Möbel, Hauseinrichtungen	97,3%	98,9%	98,2%	99,0%
Druckereierzeugnisse	89,7%	98,4%	86,5%	93,0%
Leder	97,6%	100,0%	95,2%	100,0%
Sonstige	93,0%	99,4%	92,2%	99,4%
Verbrauchsgüterindustrien	**87,9%**	**94,9%**	**93,8%**	**97,7%**
Industrie gesamt	**67,0%**	**78,8%**	**94,0%**	**97,7%**

Quelle: UN`YUSHÔ 1975: 186-187; UN`YUSHÔ 1990: 189

Die bisherige Betrachtung der Transportkosten hatte verdeutlicht, daß diese sowohl von den unternehmungsspezifischen Transportanforderungen als auch von den von der Einzelunternehmung nicht beeinflußbaren allgemeinen Kosten der Inanspruchnahme der einzelnen Transportsysteme abhängen. Damit stellen die Transportkosten zum einen die Kosten der jeweils in der Vergangenheit gewählten Transportgestaltung einer Unternehmung dar. Gleichzeitig bilden sie aber auch den Ansatzpunkt von Maßnahmen, die auf eine Transportkostensenkung in der Zukunft zielen.

Die folgende Abbildung stellt die Transportkostenentwicklung als Durchschnittswert der Gesamtindustrie dar.

Abb. 40: Anteil der Transportkosten am Gesamtumsatz in der Industrie Japans mit Unterscheidung nach einzelnen Kostenarten 1975-1993

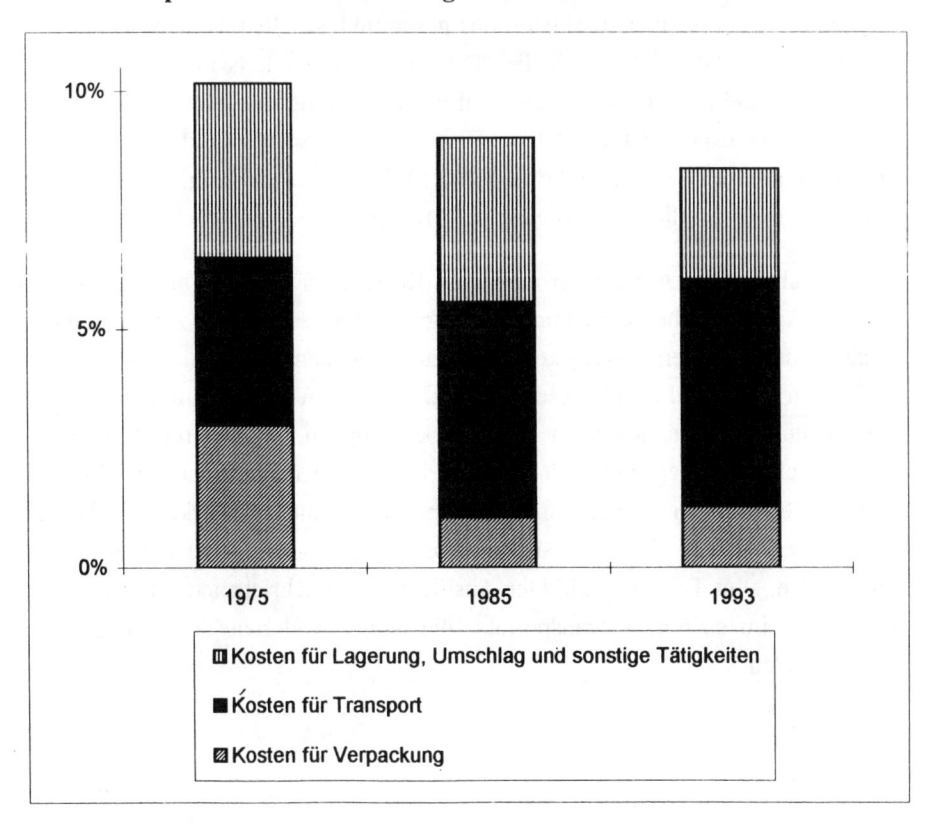

Quelle: NIHON ROJISUTIKUSU SHISUTEMU KYÔKAI 1994: 10

Bei der Interpretation der hier präsentierten Daten müssen einige Einschränkungen bezüglich der Aussagekraft dieser Zahlen gemacht werden. Sie beruhen auf Unternehmungsbefragungen einer Langzeitstudie im Auftrag des MITI, die sich nur an eine verhältnismäßig geringe Zahl (83 im Jahr 1993) von Unternehmungen richtete. Außerdem wurden zwar in jedem Untersuchungsjahr Vertreter aller drei Industriehauptgruppen ausgesucht, Gewichtung und konkrete Auswahl der Unternehmungen variierten jedoch von Untersuchung zu Untersuchung, so daß die Angabe eines Durchschnittswertes nur bedingt aussagekräftig ist.[78] Trotzdem geben die Zahlen einen gewissen Überblick über den allgemeinen Trend, zumal sie als einzige verfügbare Langzeitstudie neben Kosten für fremdbezogene Transportleistungen auch alle Ausgaben für selbststellte Leistungen in diesem Bereich einschließlich der Kosten im Organisationsbereich umfassen. Anlageinvestitionen bleiben jedoch auch hier ausgeklammert.

Erkennbar ist ein leichter Rückgang des gesamtindustriellen Transportkostenanteils bis 1993. Dabei ist jedoch die Höhe des Kostenanteils im Jahr 1975, im Anschluß an die erste Ölkrise, zum Teil auf die gerade in diesem Jahr deutlich verteuerten Transportleistungen bei zeitgleich stagnierenden Industrieumsätzen zurückzuführen (YAZAWA 1987: 11-12). Mithin kann im langfristigen Trend nicht von einem deutlichen Rückgang der Transportkosten gesprochen werden.

Bei Betrachtung der Anteile der einzelnen Kostenarten fällt der anteilige Rückgang der Ausgaben für Verpackung bis 1985 auf. Dieser läßt sich zum Teil damit erklären, daß die Verpackungskosten in zunehmendem Maße als Produktionskosten betrachtet und ausgewiesen werden. Außerdem ist der Anteil der Mehrwegtransportverpackungen nach 1975 stark gesunken, in jüngerer Zeit jedoch wieder leicht angestiegen (YAZAWA 1987: 13). Darüber hinaus ist, wie ablesbar, eine deutliche Steigerung des reinen Transportkostenanteils zu erkennen. Dessen Zuwachs ergibt sich zum Teil aus dem relativen Rückgang bei den sonstigen Kostenarten, zum Teil ist er direkter Ausdruck der beschriebenen Strukturveränderungen beim einzelnen Transportakt, die den veränderten Transportanforderungen folgten.

---

[78] Insgesamt scheinen die Werte nach Ansicht des Verfassers, durch eine zu starke Gewichtung von transportkostenintensiven Grundstoffindustrien einen leicht überhöhten Durchschnittswert auszuweisen.

Tab. 22: **Zusammensetzung der Transportkosten in der Industrie Japans nach betrieblicher Leistungsphase und Bezugsart der Leistungen 1975-1993**

	1975	1985	1993
Anteil fremdbezogener Leistungen	39,56%	50,73%	65,90%
Anteil eigenerstellter Leistungen	60,44%	49,27%	34,10%
Anteil Beschaffung	11,55%	17,01%	9,80%
Anteil Absatz	88,45%	82,99%	90,20%

Quelle: NIHON ROJISUTIKUSU SHISUTEMU KYÔKAI 1994: 10

Außerdem wird in Tab. 22 deutlich, daß heute wie früher die überwiegende Mehrheit der Transportkosten dem Absatzbereich zugeordnet werden kann. Interessant ist die kontinuierliche Zunahme der Ausgaben für fremdbezogene Transportleistungen auf einen Anteil von 66% im Jahr 1993. In diesem industrieweit beobachtbaren Trend zur Auslagerung spiegeln sich offenbar Veränderungen bei den Transportanforderungen wider, die eine stärkere Übergabe des Transportbereiches an logistische Dienstleister begünstigen.

In Ergänzung zu dieser stark verallgemeinernden Darstellung sei für das Jahr 1993 ein nach Branchen differenzierter Überblick über die anteilige Höhe der Transportkosten gegeben (Abb. 41), der der obengenannten Studie entnommen ist und dementsprechend dieselben Unternehmungen zum Untersuchungsobjekt hat.

Erwartungsgemäß wird deutlich, daß die Transportkosten bei materialintensiven Zweigen überdurchschnittlich hoch liegen. Die besonders große Bedeutung der Gewicht-/Wertrelation für die Transportkosten ist direkt in Abb. 41 ablesbar. Höhe und Reihenfolge der Unternehmungen veranschaulichen hier, wie stark das Gewicht der zu transportierenden Güter die Höhe der Transportkosten beeinflußt. Die Investitionsgüterindustrien zeigen sich insgesamt am wenigsten stark von Transportkosten belastet, was auch aufgrund der günstigen Gewichts-/Wertrelation nicht überrascht. Die Verbrauchsgüterindustrien nehmen eine mittlere Stellung ein. Vergleichbare Untersuchungen durch THE INSTITUTE OF LOGISTICS AND DISTRIBUTION MANAGEMENT (1990), BAILLEY ET AL. (1985), LALONDE/ ZINSZER (1976), VOIGT (1973) und SNYDER (1963) belegen auch für frühere Untersuchungszeitpunkte und andere Untersuchungsräume ein entsprechendes Bild mit hohen Transportkostenanteilen bei materialintensiven Grundstoffindustrien und entsprechenden Abstufungen in den sonstigen Branchen.

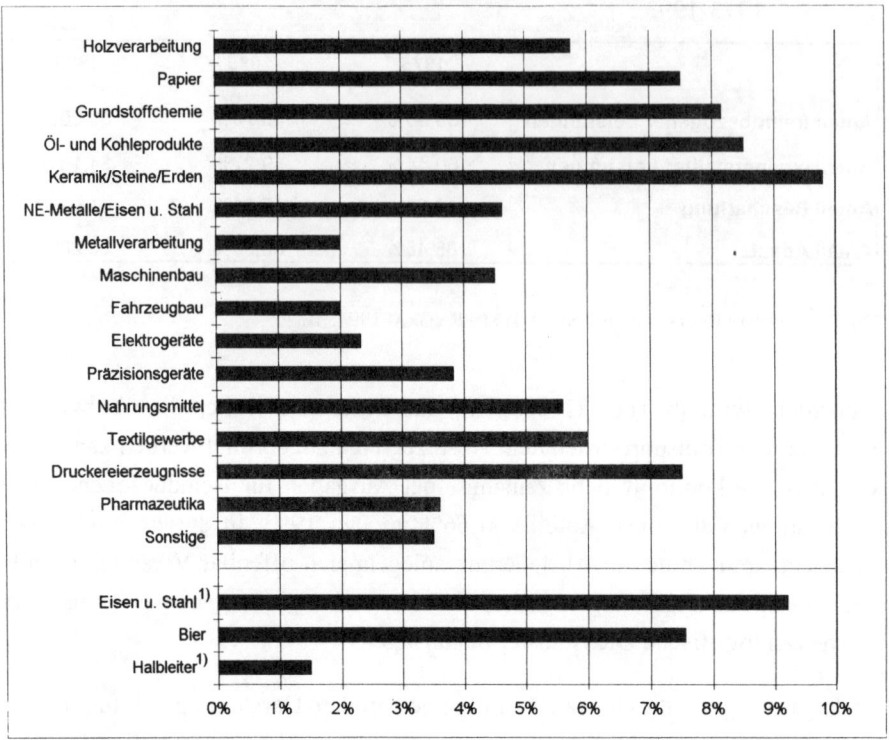

Abb. 41: Anteil der Transportkosten am Gesamtumsatz in ausgewählten Branchen der japanischen Industrie 1993

1) Angaben beruhen auf Herstellerbefragungen des Verfassers.

Quelle: NIHON ROJISUTIKUSU SHISUTEMU KYÔKAI 1994: 100

Unumgänglich bleibt es jedoch, je nach Transportgut und -anforderungen, innerhalb der einzelnen Hauptgruppen, wie auch innerhalb der einzelnen Zweige zu differenzieren. Dies zeigt schon die in Abb. 41 gesonderte Ausweisung der drei näher untersuchten Branchen Eisen- und Stahl, Bier und Halbleiter. So liegt die anteilige Transportkostenbelastung in der Bierindustrie aufgrund des im Verhältnis zum Wert hohen Transportgewichts deutlich über dem Durchschnitt der Hauptgruppe Verbrauchsgüter wie auch über der entsprechenden Angabe für die Nahrungsmittelbranche. Ebenso führt der gegenüber dem Gewicht besonders hohe Wert von Halbleitern für diese Branche zu einem Transportkostenanteil, der noch deutlich unter dem schon niedrigen Wert von 2,3% für Elektrogeräte insgesamt liegt.

Tab. 23: **Rangfolge der zehn Industrieunternehmungen mit den höchsten anteiligen Transportkosten in Japan 1984 und 1990**

	Unternehmung	Branche	1990	1984
1	Sumitomo Semento	Zementherstellung	23,33%	20,39%
2	Nihon Semento	Zementherstellung	19,90%	24,40%
3	Kamishima Kagaku Kôgyô	Grundstoffchemie	18,31%	·
4	Chiyoda Ûte	Grundstoffchemie	17,57%	·
5	Tokuyama Sôda	Grundstoffchemie	16,05%	·
6	Nihon Denki Garasu	Glasherstellung	15,82%	9,94%
7	Ôji Seishi	Papierherstellung	14,88%	11,03%
8	Sasaki Garasu	Glasherstellung	14,86%	·
9	Kunimine Kôgyô	Papierherstellung	14,06%	·
10	Onoda Semento	Zementherstellung	13,36%	21,72%

Quelle: Yûkashôken hôkokusho 1984, 1990 nach YANASE 1991: 67; RYÛTSÛ SEKKEI 1987: 31-37

Die besonders hohe Transportkostenbelastung von Herstellern ausgeprägt gewichtsintensiver Güter mit geringem Wert wie Zement, Glas oder Papier wird auch durch Tab. 23 verdeutlicht, die für das Jahr 1990 in Japan die zehn Industrieunternehmungen mit den höchsten anteiligen Ausgaben für fremdbezogene Transportleistungen benennt.

Abschließend kann festgehalten werden, daß die Transportkosten auch in der Gegenwart für die meisten Unternehmungen noch einen beträchtlichen Kostenfaktor darstellen. Als kostenmäßiger Ausdruck der jeweiligen Transportgestaltung sind sie insbesondere von den unternehmungsspezifischen Transportanforderungen und deren Umsetzung abhängig. Dementsprechend traten Transportkostensteigerungen besonders dort auf, wo aufgrund veränderter Auslieferungsanforderungen eine partielle Abkehr vom kostengünstigen Massentransport erforderlich wurde. Trotz erheblicher Differenzen zwischen einzelnen Industriezweigen und -unternehmungen führte insgesamt eine auffällige Gleichartigkeit im Wandel der Transportanforderungen in nahezu allen Bereichen zu Parallelen in der Kostenentwicklung.

VI.B. Allgemeine Tendenzen der sachlichen und räumlichen Neugestaltung des Gütertransportes

Die vorausgegangenen Ausführungen haben gezeigt, daß der Wandel bei der industriellen Gütertransportgestaltung auf eine gleichzeitige Veränderung von Transportanforderungen und -möglichkeiten und auf die damit verbundene Kostenentwicklung zurückzuführen ist. Dabei steht industrieweit das Bestreben um Verbesserung der Lieferfähigkeit und damit der Wettbewerbsposition der jeweiligen Unternehmung im Vordergrund. Von gleichfalls großer Bedeutung bleibt jedoch weiterhin die Beachtung der damit verbundenen Kostenentwicklung. Die je nach Branche und Unternehmung stark unterschiedlichen physischen, räumlichen und zeitlichen Merkmale der einzelnen Transportleistungen erschweren eine nach Industriezweigen gegliederte Darstellung der Veränderungen. Es lassen sich aber grundsätzliche Gemeinsamkeiten und Unterschiede herausarbeiten. Hierbei kann man nach sachlichen und räumlichen Veränderungen bei der Gütertransportgestaltung differenzieren. Als verbindendes Glied wird das Bestreben nach einer weitestmöglichen Bündelung von Transportströmen bei gleichzeitiger Flexibilisierung der Auslieferung an die einzelnen Abnehmer deutlich.

Als wesentlichster Punkt der sachlichen Transportgestaltung ist die Wahl des zwischen Produktionsstätte, möglichen Lager- und Umschlagsorten und Abnehmer zum Einsatz kommenden Transportmittels zu nennen. Hierbei hatte sich im Zuge der auf Lieferzeit und -umfang bezogenen Anforderungsverschiebungen industrieweit eine deutliche Anteilsveränderung zugunsten des Straßenverkehrs gezeigt. Der dadurch mögliche Flexibilitätsgewinn ging jedoch mit spezifisch höheren Transportkosten einher.

Diese stiegen auch innerhalb des Straßenverkehrs. Zum einen wurden durch eine wachsende Staubelastung des Straßennetzes zur Erbringung gleicher Transportleistungen zusätzliche Kapital- und Arbeitsaufwendungen notwendig. Zum anderen stiegen die Transportkosten durch eine stetige Verringerung der tatsächlichen Kapazitätsauslastung. So sank der durchschnittliche Auslastungsgrad in Japan zwischen 1970 und 1990 für große Lastkraftwagen von 62,8% auf 57,6%, für kleine Lastkraftwagen sogar von 33,7% auf 18,0%, worin sich auch eine Zunahme des Leerfahrtenanteils ausdrückt (FUJII 1992: 29-30). Diese Auslastungsgrade liegen deutlich unter Vergleichswerten, die BAUM ET AL. (1995b: 6-23) auf der Grundlage verschiedener eigener und fremder Untersuchungen für Deutschland angeben.

Damit zielen alle Veränderungen unabhängig von der jeweiligen Branche neben einer Erhöhung der Lieferbereitschaft auf eine verbesserte Kapazitätsauslastung der einzelnen Transporteinrichtungen, vor allem der eingesetzten Transportmittel. Industrieweit sind die folgenden drei Entwicklungen hervorzuheben:

Zwischen 1975 und 1992 sank der Anteil des Werkverkehrs in Japan, ausgedrückt in Tonnenkilometern und bezogen auf den gesamten Güterverkehr, von 46,6% auf 27,3% (Rikuun tôkei yôran 1993: 16). Dieser Rückgang ist um so auffälliger, als beispielsweise die Vergleichszahlen für Deutschland im gleichen Zeitraum nahezu unverändert blieben (Verkehr in Zahlen 1976: 163 und 1994: 231). Hinter den Verschiebungen in Japan stand zum einen die zunehmende Auslagerung von Transportleistungen an konzernfremde Speditionen. Zum anderen konnte seit Mitte der achtziger Jahre bei vielen größeren Herstellern die Gründung eigener Transport-Tochterunternehmungen in verstärktem Maße beobachtet werden. Beide Maßnahmen zielen auf eine verbesserte Koordination und einfachere Bündelung der einzelnen Lieferbedarfe. Wie in Deutschland, so liegen auch in Japan die oben erwähnten Auslastungsgrade im gewerblichen Straßengüterverkehr deutlich über denen des Werkverkehrs (BAUM ET AL. 1995: 12; UN'YUSHÔ 1994: 12).

Zweitens stieg in den letzten Jahren als Folge der wirtschaftlichen Rezession und der Verschärfung des allgemeinen Kostendrucks die Bereitschaft zu unternehmungsübergreifenden Kooperationen zwischen verschiedenen Herstellern der gleichen Branche. Bekanntestes Beispiel im Transportbereich sind die verschiedenen Fälle der gemeinsamen Nutzung von Schiffen und Lastkraftwagen bei Beschaffung und Absatz der Kraftfahrzeughersteller seit 1993 (NAKAYAMA 1994: 28). Aber auch in vielen anderen Branchen aller drei Hauptgruppen kam es seit diesem Zeitpunkt zu einer auffälligen Zunahme der gemeinsamen Nutzung von Transportmitteln und Lager- und Umschlagsorten (NISHIMURA 1993c: 118-120; NIHON KEIZAI SHINBUN 1993a: 17, 1993b: 13). Gleichzeitig stieg auch die Kooperation zwischen einzelnen Speditionen im Sinne eines den jeweiligen Kapazitäten angepaßten Austausches von Transportaufträgen (NIHON KEIZAI SHINBUN 1993c: 37).

Als dritter Punkt sind schließlich alle Bemühungen zu nennen, die auf eine stärkere Nutzung des Behälterverkehrs (Container, Paletten) und den Ausbau des Huckepack-Verkehrs (piggy back, roll on/roll off) zielten. Beide Formen ermöglichen eine stärkere Bündelung von Stückgütern und vereinfachen deren Umschlag. Damit fördern sie die Zugänglichkeit der Verkehrssysteme Eisenbahn und

Schiff, die gegenüber dem Straßenverkehr beim Ferntransport ein großes Potential für Kostensenkungen bieten. Kap. IV.C.3. und IV.C.4. haben für die letzten Jahre deutliche Steigerungsraten im kombinierten Verkehr für Japan aufgezeigt, bei denen jedoch ein niedriges Ausgangsniveau zu berücksichtigen ist (LEGEWIE 1995: 65-69). Bisher als wesentlicher erwiesen sich branchenspezifische Veränderungen, wie beispielsweise die Vereinheitlichung der Palettengröße in der Grundstoffchemie (Torakku yusô 1992: 19), wobei solche Maßnahmen vor allem auf die wichtige Effizienzsteigerung innerhalb des Straßenverkehrs zielen.

Bei der räumlichen Transportgestaltung ist als wichtigster Punkt die Zahl und Lage von Lager- und Umschlagsorten zwischen Produktionsstätte und Abnehmer zu nennen. In den achtziger Jahren sanken die Vorteile einer gestreuten Lagerhaltung mit vielen kleineren, zum Teil produktspezifisch ausgerichteten Einheiten. Diese konnten den nach Umfang, Zusammensetzung und Zeitpunkt stärker variierenden Lieferanforderungen einzeln immer weniger gerecht werden. Zur Aufrechterhaltung der gleichen Lieferfähigkeit mußte alternativ entweder der notwendige Lagerumfang oder die Zahl von Ausgleichslieferungen erhöht werden, so daß der Vorteil kürzerer Auslieferungswege durch eine große Streuung der Lagerorte zunehmend entfiel.

Dagegen ermöglicht eine Konzentration auf wenige Lager- und Umschlagseinrichtungen zwischen den Produktions- und Umschlagsstätten eine stärkere Bündelung der Transportströme und damit eine größere Kapazitätsauslastung der Transportmittel. In Abhängigkeit von den zu transportierenden Gütern erlaubt dabei eine stärkere Bündelung zum einen eine allgemein bessere Auslastung im Straßenverkehr. Zum anderen erleichtert sie auch den Einsatz größerer Lastkraftwagen sowie der günstigen Massentransportmittel Eisenbahn und Küstenschiffahrt.

Auf der Auslieferungsseite bedeutet die Verringerung der Lager- und Umschlagsorte jeweils eine Ausweitung des Absatzgebietes mit theoretisch höherem Zeit- und Kostenaufwand, da mit räumlicher Ausdehnung des Auslieferungsgebietes die durchschnittlich zu überbrückenden Entfernungen und damit der Zeitaufwand zunehmen. Dem stehen jedoch folgende Faktoren gegenüber. Zum einen hat der beschriebene Ausbau des Straßennetzes in Japan trotz der gestiegenen Verkehrsdichte zu einer effektiven Beschleunigung des Lastkraftwagen-Verkehrs im Fernverkehr geführt. So können Anfang der neunziger Jahre bei Auslieferung ab Tôkyô beziehungsweise Ôsaka die wesentlichen Abnehmer und damit Absatzgebiete auf der Hauptinsel Honshû, auf Shikoku und im Norden Kyûshûs zumeist innerhalb eines Tages erreicht werden (Chiiki keizai repôto 1992: 85). Zum anderen läßt sich durch den weitgehenden Wegfall von Ausgleichslieferungen zwischen einzelnen Lagerstätten wie auch von Lieferungen aus entfernter liegenden Lagerstätten ein effektiver Zeitgewinn realisieren. Parallel dazu ist auch bei der Auslieferung an die Abnehmer ein Bündelungseffekt erzielbar, da sich die verschiedenen Güter leichter nach produkt- und abnehmerspezifischen Anforderungen zusammenstellen lassen. Gerade dieser Punkt gewann angesichts einer gestiegenen Produktvielfalt und einer merklichen Verringerung des einzelnen Lieferumfanges für viele Bereiche zur besseren Auslastung ihrer Transportkapazitäten stark an Bedeutung.

Tatsächlich ist in Japan, vor allem seit Ende der achtziger Jahre, aufgrund der beschriebenen Sachverhalte ein industrieweiter Trend zur Einrichtung von immer weniger, aber gleichzeitig leistungsstärkeren Lager- und Verteilzentren zu beobachten. Allerdings kam es wegen der branchen- und unternehmungsspezifisch stark unterschiedlichen Transportanforderungen zu verschiedenen Ausformungen der jeweiligen Transportgestaltung. Insbesondere Unterschiede in der räumlichen Struktur der Absatzbeziehungen wie auch in den physischen Eigenschaften der zu transportierenden Güter lassen verschiedene Typen erkennen.[79]

Auffällig ist die unverändert große Zahl der Verteilzentren bei den meisten materialintensiven Grundstoffindustrien. Hier zwingen auch in der Gegenwart großes Transportgewicht und oft landesweite Absatzbeziehungen zur räumlichen Streuung der Umschlagsorte, da nur so der gewichtsbedingt kostenintensive Verteilungsverkehr minimiert werden kann. Während jedoch Mitte der siebziger Jahre die direkte Belieferung wichtiger Abnehmer ab Werk einen größeren Teil der Transporte ausmachte, stieg seit den achtziger Jahren - wie bei der Eisen- und Stahlindustrie - auch in den Bereichen Grundstoffchemie, Papier- und Zementherstellung der Anteil der Transporte via Verteilzentren (SHIODA 1994: 24; NAGATA 1994: 24).

Hinter dieser Entwicklung steht vor allem eine Verringerung des durchschnittlichen Lieferumfangs bei gleichzeitiger Erhöhung der Lieferfrequenz und damit eine gestiegene Bündelungsnotwendigkeit. Dies zeigen beispielhaft auch die folgenden Angaben für Mitsubishi Petrochemical. So stieg der Anteil der

---

[79] Zum grundsätzlichen Optimierungsproblem bei der Lagerstandortwahl und den dabei relevanten Determinanten, insbesondere zur Entscheidung zwischen Zentrallagerkonzepten und einer dezentralen Lagerhaltung, siehe aus verkehrswissenschaftlicher Sicht die aktuellen Arbeiten von BAUM ET AL. 1995: 149-152 und BAUM/PESCH/WEINGARTEN 1994: 70-74.

Abnehmer, die von Mitsubishi Petrochemical monatlich mehr als achtmal beliefert werden, auf rund die Hälfte aller Abnehmer an, während gleichzeitig der durchschnittliche Lieferumfang bis auf knapp zwei Tonnen auffällig abnahm (UTSUMI 1994: 24). Allgemein bestimmen die jeweiligen räumlichen Absatzbeziehungen die Lage der Verteilzentren. Diese sind häufiger als bei anderen Branchen an der Küste zu finden, wodurch die Vorteile des Massentransportes per Schiff genutzt werden können.

Im Kontrast hierzu steht die Entwicklung der Gütertransportgestaltung bei den meisten Unternehmungen der Investitionsgüterindustrien. Das Beispiel der Halbleiterindustrie hatte eine starke Konzentration der Verteilzentren auf Tôkyô und Ôsaka gezeigt. Hier erlaubt die umgekehrte Gewichts-/Wertrelation weitere Wege im Auslieferungsverkehr an die Abnehmer. Höchste Priorität kommt der flexiblen Zusammenstellung und raschen Auslieferung der einzelnen Bestellmengen zu. Dazu bedarf es einer stark konzentrierten Lagerhaltung, die außerdem eine größtmögliche Bündelung der Transportmengen ab Werk erlaubt.

Dies ist insbesondere für die größeren Hersteller mit einer Vielzahl von jeweils produktspezifisch ausgerichteten Werken von Bedeutung, da die verschiedenen Produkte zur gemeinsamen Auslieferung in den Verteilzentren zusammengeführt werden müssen. Beispielhaft für viele sei hier der Elektronik-Konzern Tôshiba genannt, der zwischen 1985 und 1992 die Zahl seiner Lager- und Umschlagsorte landesweit von 177 auf 23 deutlich verringerte, diese aber gleichzeitig zu neuen und leistungsfähigen Verteilzentren mit räumlichen Schwerpunkten in Tôkyô und Ôsaka ausbaute (SEKIGUCHI 1994: 28). Die große Eilbedürftigkeit der Güter führte bei Tôshiba wie auch bei anderen Herstellern beim Gütertransport zur weitgehenden Konzentration auf den Straßenverkehr und damit zur regelmäßigen Lokalisation der Verteilzentren in der Nähe von Autobahnauffahrten.[80]

Im Gegensatz zu Endherstellern mit meist landesweiten Absatzbeziehungen stellt sich die räumliche Absatzstruktur für die große Gruppe der kleinen Zulieferunternehmungen völlig anders dar. Gemäß einer Untersuchung des MITI hatten

---

[80] Einen gewissen Sonderfall bilden die Kraftfahrzeughersteller, die durch das hohe Transportgewicht ihrer Produkte eine starke Ausrichtung auf den Schiffstransport, Anteil 30-45% (Torakku yusô 1994: 30), aufweisen. Hier ermöglichen seeseitige Zwischenlager in den Absatzgebieten die Umsetzung des Prinzips eines möglichst günstigen Massentransportes über weite Entfernungen mit anschließendem Verteilungsverkehr per Lastkraftwagen. Diesem Gedanken folgt auch die Einrichtung des neuen Verteilzentrums von Mitsubishi in Chiba, welches die bisher in Kantô gestreute Lagerhaltung ablöst und so ein Viertel des gesamten inländischen Absatzes über einen zentralen Ort laufen läßt (FUNABASHI 1994: 24).

Ende der achtziger Jahre über 80% von ihnen fünf oder weniger Abnehmer, über 40% belieferten sogar ausschließlich einen Abnehmer (CHÛSHÔ KIGYÔCHÔ 1990). Durch die damit meist verbundene Nähe und die Ausrichtung auf wenige Auslieferungsorte entfällt für diese Unternehmungen weithin die Notwendigkeit einer betriebsexternen Lagerhaltung. Hier stellt sich umgekehrt das Koordinationserfordernis auf der Beschaffungsseite der Abnehmer, deren einzelne Produktionsstätten einer Vielzahl von Zulieferbetrieben gegenüberstehen.

Interessant ist das Beispiel des Herstellers Toyota, dessen elf Fabriken im Jahr 1991 täglich Zulieferungen von über 250 Unternehmungen mit zum Teil mehreren Betriebsstätten erhielten (SAEKI/MATSUDAIRA/TAKAYAGI 1991: 12-16). Zur besseren Koordination dieser Vielzahl von Transportströmen wurden von Toyota zusätzlich zur Direktbelieferung Sammeldepots eingerichtet. Diese werden entweder direkt von den Zulieferbetrieben oder, wie auch seit 1988 beim Hersteller Kubota, von Sammelfahrzeugen, die gemäß dem Prinzip des "travelling salesman" (FLOOD 1956) bei den einzelnen Zulieferbetrieben nacheinander Waren aufnehmen, beliefert (HOSHIBA/NISHIMOTO/TAKAYAGI 1993: 20). In ähnlicher Weise ist ein Sammelzentrum zwischen die Zulieferer und den Schiffstransport geschaltet, der über die Häfen Nagoya und Hakata die Zulieferer in der Präfektur Aichi mit der neuen Fabrik von Toyota in Kyûshû verbindet (TAKAYAGI 1994: 78).

Auch beim Beispiel der Bierindustrie als Vertreter der Verbrauchsgüterindustrien ist für die jüngere Zeit eine verstärkte Einrichtung großer Verteilzentren konstatiert worden. Die räumliche Streuung der Produktionsstätten ermöglicht und bedingt auch in vielen anderen Bereichen der Nahrungsmittelbranche eine starke Regionalisierung des landesweiten Absatzes, was sich in Funktion und Lage der Verteilzentren niederschlägt. Dabei geht der Trend großer Hersteller zur Aufteilung Japans in sechs bis acht Blöcke, in denen meist je ein Groß-Verteilzentrum eingerichtet wird, dem eine reduzierte Zahl von Auslieferungslagern nachgeschaltet wird. Besonders deutlich trifft dies auf Hersteller kühl- und damit meist eilbedürftiger Güter zu (Torakku yusô 1994: 24, 1993: 24). Auf diese Weise wird die Bündelung der Transporte zwischen Produktions- und Lager-/Umschlagsort erleichtert. Entscheidend ist jedoch die verbesserte Möglichkeit zur Bündelung des Auslieferungsverkehrs, bei dem die Eilbedürftigkeit der Güter bei ausgeprägten Schwankungen der jeweiligen Bestellmengen besonders stark einer effizienten Auslastung der Transportkapazitäten entgegensteht.

Diesem Aufbau einer größeren Zahl voneinander relativ unabhängiger Produktions- und Distributionssysteme je eines Herstellers steht mit der Aufteilung des japanischen Absatzmarktes in nur zwei Blöcke, Ost und West, bei anderen Verbrauchsgüterindustrien ein weiteres Muster auffällig gegenüber. Hierbei wird die Zahl der Verteilzentren auf zwei beschränkt. Zumeist wird eins im Raum Tôkyô und ein zweites im Raum Ôsaka eingerichtet, da so eine extrem große Produktbündelung mit der Möglichkeit zu einer weitgehenden gebietsweiten Auslieferung innerhalb eines Tages kombiniert werden kann. Beispiele finden sich in der Nahrungsmittel- und Bekleidungsbranche wie auch im pharmazeutischen Bereich, der ebenfalls als konsumorientiert eingestuft werden kann (NIKKAN KÔGYÔ SHINBUN 1994: 8; ARAI 1994: 47-50; NISHIMURA 1993b: 53; Torakku yusô 1992: 12-13). Grundsätzliche Voraussetzung für eine sinnvolle Umsetzung dieses Musters ist eine große Eilbedürftigkeit der zu transportierenden Güter. Außerdem sind eine Absatzkonzentration auf die Großräume Kantô und Kinki, eine günstigere Wert-/Gewichtsrelation und auch eine weniger starke Streuung der Produktionsorte als in der Bierindustrie zu nennen.[81]

Insgesamt haben die obigen Ausführungen gezeigt, daß es in Japan branchenweit zu ähnlichen sachlichen und räumlichen Veränderungen der Transportgestaltung gekommen ist. Bei einer Einteilung nach typischen Veränderungsmustern erwies sich eine Orientierung an der jeweiligen Industriehauptgruppe zwar als hilfreich. Zur genaueren Charakterisierung ist jedoch eine differenzierte Betrachtung des einzelnen Betriebes unerläßlich. Insbesondere den Eigenschaften der jeweils zu transportierenden Güter und auch den unternehmungsspezifischen Absatzbeziehungen muß Rechnung getragen werden. Viele der beschriebenen Veränderungen sind zwischen den jeweiligen Branchen beziehungsweise den einzelnen Unternehmungen stark zeitversetzt zu beobachten, wobei ein Großteil der Umstrukturierungen erst vor wenigen Jahren stärker eingesetzt hat.

---

[81] Nicht näher eingegangen wird auf die zahlreichen Kleinbetriebe mit nahräumlichen Absatzbeziehungen, die bei der Transportorganisation große Ähnlichkeiten zu den erwähnten Zulieferunternehmungen der Investitionsgüterindustrien aufweisen. Ebenfalls nicht näher betrachtet wird die Transportgestaltung von Druckereierzeugnissen. Diese weist dadurch besondere Charakteristika auf, daß seit 1975 rund die Hälfte der landesweiten Produktion auf die Stadt Tôkyô entfällt (Dêta de miru kensei 1993/94: 256; Kôgyô tôkeihyô, hinmokuhen 1990: 80). Daraus resultierende Besonderheiten bei der Transportgestaltung würden eine umfangreiche gesonderte Darstellung erfordern.

Abb. 42: Errichtungsvorhaben bei verschiedenen Lager- und Umschlagseinrichtungen nach Industriehauptgruppen (Anteile der jeweiligen Nennungen)

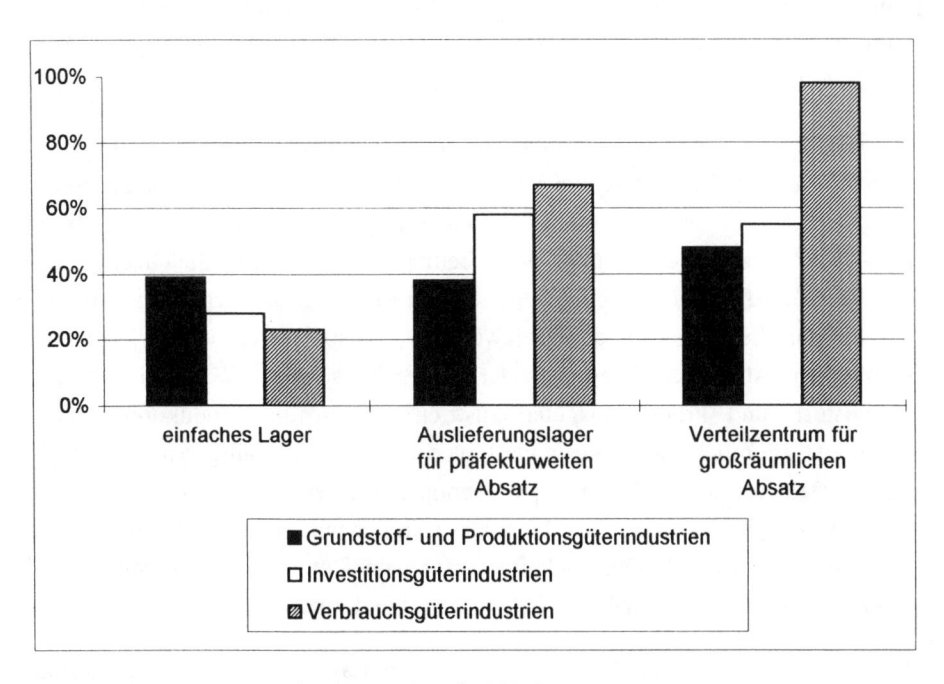

- ■ Grundstoff- und Produktionsgüterindustrien
- ☐ Investitionsgüterindustrien
- ▨ Verbrauchsgüterindustrien

Quelle: DÔRO SHINSANGYÔ KAIHATSU KIKÔ 1993: 8

Abb. 43: Räumliche Verteilung bei den Errichtungsvorhaben verschiedener Lager- und Umschlagseinrichtungen (Anteile der jeweiligen Nennungen)

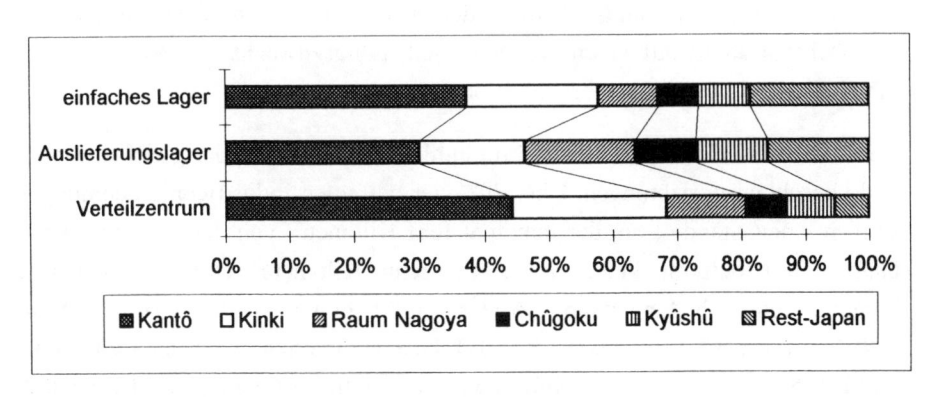

■ Kantô ☐ Kinki ▨ Raum Nagoya ■ Chûgoku ▥ Kyûshû ▨ Rest-Japan

Quelle: DÔRO SHINSANGYÔ KAIHATSU KIKÔ 1993: 8

Deutlich wurde, daß die Einrichtung leistungsfähiger Verteilzentren den Kernpunkt aller sachlichen und räumlichen Veränderungen darstellt. Die große Bedeutung, die den Verteilzentren von den Industrieunternehmungen auch für die Zukunft beigemessen wird, unterstreicht eine 1993 durchgeführte Großstudie (Abb. 42 und 43).

Nahezu jede befragte Unternehmung der Verbrauchsgüterindustrien beabsichtigt in der Zukunft die Errichtung eines großen Verteilzentrums. Für die beiden anderen Hauptgruppen liegt der Anteil deutlich niedriger, mit jeweils rund der Hälfte aller Nennungen jedoch immer noch bemerkenswert hoch. Gleichzeitig fällt zwischen den drei Hauptgruppen bei allen drei Einrichtungstypen eine Abstufung auf, die vor allem das Gewicht der jeweiligen Transportgüter und die jeweiligen räumlichen Absatzbeziehungen widerzuspiegeln scheint. Während bei den Grundstoff- und Produktionsgüterindustrien die oft am Produktionsstandort orientierte, räumlich stärker gestreute Lagerhaltung ein auffällig großes Gewicht besitzt, steht bei den beiden anderen Hauptgruppen der absatzorientierte Verteilaspekt stärker im Vordergrund. Dabei läßt sich der mittlere Wert für die Investitionsgüterindustrien als Durchschnittsangabe von Unternehmungen mit sowohl fernräumlichem als auch nahräumlichem Absatz interpretieren.

Die großräumliche Ausrichtung der jeweiligen Lager- und Umschlagseinrichtungen (Abb. 43) zeigt für die großen Verteilzentren eine ausgeprägte Konzentration auf Kantô und Kinki. Gleichmäßiger verteilt präsentieren sich die beiden anderen Lagertypen, was auch ihren stärkeren Ergänzungscharakter den Verteilzentren gegenüber betont. Insgesamt unterstreichen diese Zahlen, daß die räumliche Reorganisation des Gütertransportes in Japan derzeit als keineswegs abgeschlossen gelten kann. Vielmehr deuten die Investitionsabsichten auch für die nächsten Jahre auf einen weiteren Bedeutungszuwachs der Verteilzentren innerhalb der Gütertransportorganisation.

Ebenfalls aufschlußreich ist die mikroräumliche Ausrichtung der gleichen Lager- und Umschlagseinrichtungen. Über 70% der befragten Industrieunternehmungen streben einen Standort an, der maximal fünf Kilometer von der nächsten Autobahnauffahrt entfernt liegt; weiter als zehn Kilometer entfernte Standorte kommen lediglich für knapp 3% der Unternehmungen in Betracht (DÔRO SHINSANGYÔ KAIHATSU KIKÔ 1993: 32). Dies verdeutlicht die große Bedeutung, die dem Straßenverkehr beim Gütertransport der Industrie auch für die Zukunft beigemessen wird.

In der vorliegenden Arbeit wurde deutlich, daß die veränderten Transportanforderungen in Japan großen Einfluß auf die Standortwahl für bestimmte Betriebsteile, die Lager- und Umschlagseinrichtungen, ausgeübt haben und auch weiterhin ausüben werden. Transportseitige Einflüsse auf die Standortwahl der Produktionsstätten waren dagegen nicht Untersuchungsgegenstand. Die Ausführungen haben jedoch gezeigt, daß Transportbedingungen und -kosten für nahezu alle Bereiche bis zur Gegenwart bedeutsame Standortfaktoren darstellen, wenngleich branchenspezifische Gewichtungen deutliche Unterschiede ergeben. Eine steigende Bedeutung kommt der Ausrichtung auf einen leistungsfähigen Straßenverkehr zur Beschleunigung und Flexibilisierung der Beschaffungs- und Absatzstrukturen zu. So fielen 1990 schon über 60% aller Neugründungen von Produktionsstätten auf Standorte, die maximal zehn Kilometer von der nächsten Autobahnauffahrt entfernt liegen (Chiiki keizai repôto 1992: 83).

Abschließend kann festgehalten werden, daß sich die Veränderungen bei der Gütertransportgestaltung in der Industrie bei langfristiger Betrachtung als kontinuierlicher Prozeß der Anpassung an Transportanforderungen und -möglichkeiten begreifen lassen. Dies umfaßt auch so kurzfristig und umfassend wirksam werdende Veränderungen wie die beschriebenen Umstellungen in der Halbleiterindustrie, wo binnen weniger Jahre die Dominanz eines Verkehrsmittels nahezu völlig von der eines anderen abgelöst wurde.

Der unveränderte Fortbestand eines arbeitsteiligen Produktionsprozesses und das räumliche Auseinanderfallen von Produktion und Konsumtion bedingen auch weiterhin physische Transportvorgänge. Dabei steigt mit der zunehmenden Umsetzung des Just-in-time-Gedankens das Erfordernis einer Beschleunigung und einer ganzheitlichen Abstimmung und Optimierung der Organisation von Beschaffung, Produktion und Absatz. Dies gilt um so stärker, als sich Teilbereiche von Produktion und Transport immer weniger sachlich und räumlich voneinander trennen lassen und somit verstärkt eine ganzheitliche Betrachtung der Unternehmungslogistik erfordern.

Dem Straßenverkehr kommt beim zwischenbetrieblichen Gütertransport eine besondere Bedeutung zu, da er einerseits über spezifische Leistungspotentiale verfügt, andererseits jedoch durch eine steigende Verkehrsdichte in seiner Leistungsfähigkeit partiell eingeschränkt wird. Produktions- und absatzseitig läßt sich jedoch derzeit in Japan keine Abkehr vom Just-in-time-System erkennen. Selbst nach massiven Lieferausfällen und Produktionsverzögerungen als Folge des Hanshin-Erdbebens im Januar 1995 wird von den Herstellern auch weiterhin die grundsätzliche Vorteilhaftigkeit der just-in-time-orientierten Produktionsorganisation betont (SUMIYA 1995: 9). Dabei bleibt auch weiterhin der Einsatz von Lastkraftwagen unersetzlich, wenngleich es insbesondere durch eine Ausweitung des kombinierten Verkehrs mittelfristig zu geringfügigen Veränderungen im modal split kommen dürfte.

Damit bedarf es aus Herstellersicht einer weiteren Optimierung des Gütertransportes und einer ständigen Überprüfung seiner jeweiligen sachlichen und räumlichen Ausgestaltung. Durch die fortschreitende Internationalisierung der Beschaffungs- und Absatzmärkte ergibt sich dabei in Japan wie auch anderswo ein steigendes Anpassungserfordernis mit weiter zu erwartenden Veränderungen im Gütertransportbereich.

Entscheidend für die jeweilige Ausgestaltung dürften auch weiterhin die Transportkosten sein. Dabei umfassen diese nicht nur die Kosten für die Durchführung und Organisation der einzelnen Transportvorgänge. Vielmehr erfordert eine umfassende Betrachtung in zunehmender Weise auch die Erfassung indirekter Transportkosten. Diese werden verstanden als Opportunitätskosten bei transportbedingten Mängeln in der Lieferbereitschaft, die sich aus Umsatzentgang und einer Verschlechterung der jeweiligen Wettbewerbsposition der Unternehmung ergeben.

LITERATURVERZEICHNIS

Analysis of Japanese Industries 1985(-1995): Nikko Research Center (Hg.): Analysis of Japanese Industries for Investors 1985(-1995), Tôkyô 1985(-1995).

Arai, I. 1994: Butsuryû sâbisu suijun ni awase - sentâ o 2 ka sho ni bunri [Anpassung an das Niveau beim logistischen Service - Aufteilung auf 2 Center], in: Nikkei Lojisutikusu 3/1994, S. 47-50.

Arbeitsstättenzählung 1987: Statistisches Bundesamt Wiesbaden (Hg.): Arbeitsstätten, Unternehmen und Beschäftigte 1987, 1970, 1961, 1950 = Heft 11 der Fachserie 2 - Unternehmen und Arbeitsstätten, Wiesbaden 1989.

Asai, S. 1992: Development of Roads in Japan - History and Civil Engineering Technology -, in: Japan Society of Civil Engineers (Hg.): Civil Engineering in Japan 1992, S. 1-13, Tôkyô 1992.

Asheim, B.T. 1992: Flexible specialisation, industrial districts and small firms: A critical appraisal, in: Ernste, H./Meier, V. (Hg.): Regional development and contemporary industrial response, S. 45-63, London 1992.

Auf der Heide, U. 1989: Die Distanz als differenzierender Faktor der räumlichen Ordnung der Wirtschaft - Veränderungen in der Bewertung, in: Zeitschrift für Wirtschaftsgeographie Jg. 33, Heft 1/2 1989, S. 41-48.

Bailly, A.S. et al. (1988): Comprendre et maîtriser l'espace, ou la science régionale et l'aménagement du territoire, 2. Aufl., Montpellier 1988.

Bauer, M./Bonny, H.W. 1989: Zu den räumlichen Wirkungen des logistischen Strukturwandels im warenproduzierenden Gewerbe, Studie im Auftrag des Institutes für Landes- und Stadtentwicklungsforschung Nordrhein-Westfalen, Dortmund 1989.

Baum, H. et al. 1995a: Rationalisierungspotentiale im Straßenverkehr - Maßnahmen, Entlastungswirkungen, gesamtwirtschaftliche Rentabilität, Band 5 der Kölner Diskussionsbeiträge zur Verkehrswissenschaft, Köln 1995.

Baum, H. et al. 1995b: Verringerung von Leerfahrten im Straßengüterverkehr, Nr. 58 der Buchreihe des Instituts für Verkehrswissenschaft an der Universität zu Köln, Düsseldorf 1995.

Baum, H./Pesch, S./Weingarten, F. 1994: Verkehrsvermeidung durch Raumstruktur im Güterverkehr, Nr. 57 der Buchreihe des Instituts für Verkehrswissenschaft an der Universität zu Köln, Düsseldorf 1994.

Bertram, H. 1992: Industrieller Wandel und neue Formen der Kooperation - Ein transaktionskostenanalytischer Ansatz am Beispiel der Automobilindustrie, in: Geographische Zeitschrift, Heft 4/1992, S. 214-229.

Bertram, H./Schamp, E. 1989: Räumliche Wirkungen neuer Produktionskonzepte in der Automobilindustrie, in: Geographische Rundschau 41, Heft 5/1989, S. 284-290.

Bîru hyakka 1992: Bîru Shuzô Kumiai (Hg.): Bîru hyakka 1992 [Enzyklopädie des Bieres 1992], Tôkyô 1992.

Bîru hyakka 1994: Bîru Shuzô Kumiai (Hg.): Bîru hyakka 1994 [Enzyklopädie des Bieres 1994], Tôkyô 1994.

Bîru Shuzô Kumiai (Hg.) 1995: Bîru seihin ichiranhyô [Tabellarische Übersicht über Bierprodukte], (interne Veröffentlichung), Tôkyô 1995.

Brewers Association of Japan (Hg.) 1993(-1994): The Beer Industry of Japan 1993(-1994), Tôkyô 1993(-1994).

Brücher, W. 1982: Industriegeographie, Braunschweig 1982.

Bukka shisû nenpô 1993: Nihon Ginkô (Hg.): Bukka shisû nenpô 1993 [Price Indexes Annual 1993], Tôkyô 1994.

Butsuryû yoran 1986(-1993): Kâgo Japan (Hg.): Butsuryû yôran 1986(-1993) [Logistiküberblick 1986(-1993)], Tôkyô 1985(-1992).

Chapman, K./Walker, D.F. 1991: Industrial Location, Principles and Policies, 2. Aufl., Oxford/Cambridge (Massachusetts) 1991.

Chiiki keizai repôto 1992: Keizai Kikakuchô (Hg.): Heisei 4-nen chiiki keizai repôto [Bericht zur Regionalwirtschaft 1992], Tôkyô 1992.

Chiiki tôkei yôran 1994: Chiiki Shinkô Seibi Kôdan (Hg.): Chiiki tôkei yôran 1994 nenhan [Überblick über Regionalstatistiken Jahrgang 1994], Tôkyô 1994.

Chûô Daigaku Keizai Kenkyûjo (Hg.) 1976: Chûshô kigyô no kaisô kôzô [Die Stufenstruktur der kleinen und mittleren Unternehmen], Tôkyô 1976.

Chûshô Kigyôchô (Hg.) 1990: Dai 7-kai kôgyô jittai kihon chôsa hôkokusho, sôkatsuhen [7. Basisbericht zur Lage der Industrie, Überblicksband], Tôkyô 1990.

Claussen, T. 1981a: Verkehrsleistungs und Verkehrsbetriebslehre, in: Zeitschrift für Verkehrswissenschaft 1981, S. 49-59.

Claussen, T. 1981b: Zur Diskussion des "Verkehrsleistungs"-Begriffs, in: Zeitschrift für Verkehrswissenschaft 1981, S. 245-257.

Dankert, U. 1995: Planung des Designs flexibler Fertigungssysteme = Band 27 der Reihe Betriebswirtschaftliche Forschung zur Unternehmensführung, Wiesbaden 1995.

De Lamarlière, I. 1991: The determinants of the location of the semiconductor industry, in: Benko, G./Dunford, M. (Hg.) 1991: Industrial change and regional development: the transformation of new industrial spaces, S. 171-189, London/New York 1991.

Delfmann, W. 1995: Logistik, in: Corsten, H./Reiß, M. (Hg.): Handbuch Unternehmensführung, Konzepte-Instrumente-Schnittstellen, S. 505-517, Wiesbaden 1995.

Delfmann, W./Waldmann, J. 1987: Distribution 2000, Informations- und Kommunikationsmanagement bestimmen die Positionen von Industrie und Handel in den Distributionssystemen der Zukunft, in: Schwarz, C. et al. (Hg.): Marketing 2000: Perspektiven zwischen Theorie und Praxis, S. 71-93, Wiesbaden 1987.

Demes, H. 1989: Die pyramidenförmige Struktur der japanischen Automobilindustrie und die Zusammenarbeit zwischen Endherstellern und Zulieferern, in: Altmann, N./Sauer, D. (Hg.): Systematische Rationalisierung und Zuliefererindustrie, S. 251-297, Frankfurt 1989.

Dêta de miru kensei 1993/94: Yano Kôta Kinenkai (Hg.) 1992: Dêta de miru kensei 1993/94 nenban [Die Präfekturlage in Zahlen 1993/94], Tôkyô 1992.

Dichtl, E. 1993: Produktionstiefe, in: Wittmann, W. et al. (Hg.): Handwörterbuch der Betriebswirtschaft, Teilband II, 5. Aufl., Stuttgart 1993.

Diederich, H. 1977: Verkehrsbetriebslehre, Wiesbaden 1977.

Doetsch, E./Wolf, H.-Chr. 1986: Mit CAI bereit zur Innovation - Augsburger CIM-Konzept führt mit CAO zu CAI, in: Sonderdruck aus Siemensmagazin COM 1986, S. 8-11.

Dôro Shinsangyô Kaihatsu Kikô (Hg.) 1993: Kôsoku dôro tô dôro ittaika rojisutikusu sentâ ni kansuru chôsa kenkyû [Umfrageergebnisse zur Vereinheitlichung von Logistikcentern an Autobahnen und Schnellstraßen], (interne Veröffentlichung), Tôkyô 1993.

Elsham, R. 1992: Verkehrschaos bedroht Wirtschaftskraft, Kanban-System funktioniert nicht mehr, in: JAPAN aktuell, Feb./März 1992, S. 15.

Engländer, O. 1924: Theorie des Güterverkehrs und der Frachtsätze, Jena 1924.

Erlenmaier, A. 1934: Die Bedeutung des Kraftwagens für den Standort in Produktion und Handel, Leipzig 1934.

Ernst, A./Laumer, H. 1989: Struktur und Dynamik der mittelständischen Wirtschaft in Japan, Hamburg 1989.

Eversheim, W. 1992: Flexible Produktionssysteme in: Frese, E. (Hg.) 1992: Handwörterbuch der Organisation Band 1, 3. Aufl., Sp. 2058-2066, Stuttgart 1992.

Fandel, G./François, P. 1989: Just-in-Time-Produktion und -Beschaffung - Funktionsweise, Einsatzvoraussetzungen und Grenzen, in: Zeitschrift für Betriebswirtschaft, 5/1989, S. 531-544.

Filz, B. et al. 1989: Lieferabrufsysteme, Auswirkungen auf die stahlverarbeitende Zulieferindustrie, Reihe: Logistik aktuell, Köln 1989.

Flood, M.M. 1956: The travelling salesman problem, in: Journal of the Operations Research Society of America 4, 1956.

Florida, R. 1992: Restructuring in Place: Japanese Investment, Production and Organization, and the Geography of Steel, in: Economic Geography, Vol. 68, Jg. 1992, S. 146-173.

Frese, E. 1992: Organisation der Produktion in: Frese, E. (Hg.) 1992: Handwörterbuch der Organisation Band 1, 3. Aufl., Sp. 2039-2058, Stuttgart 1992.

Fujii, T. 1992: Kamotsu yusô to enerugî mondai [Der Gütertransport und das Energieproblem], in: Yusô Tenbô 223/7, S. 26-34.

Fukuyama, Y. 1993: Kyogaku no shisutemu henkô de mo soroban ga au - shin nippon seitetsu, butsuryû kosuto no sakugen kôka [Auch mit umfangreichen Systemveränderungen Verbesserungen am Rechenbrett - Shin Nippon Seitetsu, Erfolge bei der Eindämmung von Logistikkosten], in: Shûkan Daiyamondo vom 6.11.1993, S. 13.

Funabashi, Y. 1994: Mitsubishi jikô, chiba ni "habu" sôko. Shinsha no nagare 25% o shûyaku [Mitsubishi Motor, "Halb"-Lager in Chiba. Konzentration des Flusses von Neuwagen auf 25%], in: Nikkei Sangyô Shinbun vom 12.9.1994, Teil 25 der Reihe: Butsuryû o semeru [Angriff auf die Logistik], S. 24.

Gandow, A. 1978: Stahlindustrie und Wettbewerbsordnung in Japan, Band 3 der Berliner Beiträge zur sozial- und wirtschaftswissenschaftlichen Japan-Forschung, Bochum 1978.

Gordon, R./Kimball, L. 1987: The Impact of Industrial Structure on Global High Technology Location, in: Brotchie, J.F. et al. (Hg.): The Spatial Impact of Technological Change, London/New York/Sydney 1987.

Gregory, G. 1981: The Samurai and the technological high, in: Far Eastern Economic Review 114 (50), S. 43-52.

Gyôkai bunseki 1985(-1995): Nikkô Risâchi Sentâ (Hg.): Tôshika no tame no gyôkai bunseki 1985(-1995) [Industrieanalyse für Investoren 1985(-1995)], Tôkyô 1985(-1995).

Hahn, O. 1991: Just im Stau statt JIT?, in: Deutsche Verkehrswissenschaftliche Gesellschaft e.V. (Hg.) 1992: Zukunftsperspektiven des kombinierten Verkehrs, Seminarpapier des Kurses VIII/91 in Augsburg, S. 20-30, Bergisch Gladbach 1992.

Handelsblatt (Hg.) 1995: Tokio setzt zur Aufholjagd an, in: Handelsblatt vom 13.4.95 (Nr. 74), S. 9.

Handôtai nenkan 1991: Puresu Jânaru (Hg.): 1991 nendo han nihon handôtai nenkan [Jahrbuch der japanischen Halbleiterindustrie 1991], Tôkyô 1991.

Handôtai sôran 1986: Sangyô Taimuzu-sha (Hg.): Handôtai sangyô keikaku sôran 1986 [Überblick über die Halbleiterindustrie 1986], Tôkyô 1986.

Harada, K. 1993: New developments in Transportation (1955-1980) - Policy, in: Yamamoto, H. (Hg.): Technological Innovation and the Development of Transportation in Japan, S. 222-229, Tôkyô 1993.

Harvey, D. 1987: The geographical and geopolitical consequences of the transition from Fordism to flexible accumulation, Arbeitspapier - präsentiert bei der Konferenz America's New Economic Geography in Washington DC am 29./30. April 1987.

Healey, M.J./Ilbery, B.W. 1990: Location & Change, Perspectives on Economic Geography, Oxford/New York/Toronto 1990.

Helmich, K. 1970: Strukturwandlungen in der Eisen- und Stahlindustrie und ihr Einfluß auf den Verkehrssektor = Heft 59 der Beiträge aus dem Institut für Verkehrswissenschaft an der Universität Münster, Göttingen 1970.

Hemmert, M. 1993: Vertikale Kooperation zwischen japanischen Industrieunternehmen, Wiesbaden 1993.

Hemmert, M. 1994: Die Struktur und Organsiation der Industrie, in: Demes, H. et al. (Hg.): Die japanische Wirtschaft heute - Ein Überblick -, Miscellanea des Deutschen Instituts für Japanstudien, Heft 10, S. 73-90, Bonn/Tôkyô 1994.

Henckel, D. et al. 1986: Produktionstechnologien und Raumentwicklung, Band 76 der Schriften des Deutschen Instituts für Urbanistik, Stuttgart/Berlin/Köln/ Mainz 1986.

Hepworth, M. 1992: Geography of the information economy, London 1992.

Hilgenfeldt, J. 1995: Die Einordnung der Logistik in die Organisationsstruktur industrieller Unternehmungen, Köln 1995.

Hilpert, H.G. 1994: Staatliche Förderung der Halbleiterindustrie in Japan, in: Japan: Analysen - Prognosen, Nr. 99, 9/1994, S. 1-9.

Hirano, H. 1990: Jasuto-in-taimu seisan no jissai [Fakten zur Just-in-time-Produktion], Tôkyô 1990.

Hoover, E.M. 1948: Location of Economic Activity, New York 1948.

Horak, H. 1977: Transportkosten und Standortwahl aus betrieblicher Sicht, in: Akademie für Raumforschung und Landesplanung (Hg.) 1977: Verkehrstarife als raumordnungspolitisches Mittel = Bd. 120 der Veröffentlichungen der Akademie für Raumordnung und Landesplanung, S. 181-191, Hannover 1977.

Hoshiba, K./Nishimoto, I./Takayagi, M. 1993: Kaikaku: Buhin chôtatsu, Butsuryû bukki ni kosuto o sakugen [Reform: Teilebeschaffung, Logistikwaffen für eine Kostenreduzierung], in: Nikkei Logistics 12/1993, S. 12-23.

Hunt, D. 1988: Mechatronics: Japan´s Newest Threat, New York/London 1988.

Ichiki, K. 1990: Naikô kaiun no dôkô to kadai [Trends und Aufgaben in der Küstenschiffahrt], in: Ryûtsû Mondai Kenkyû No. 16, 10/1990, S. 87-102.

Ichiki, K. 1993: Tekkô yusô no dôkô [Trend im Stahltransport], in: Ryûtsû Mondai Kenkyû No. 22/1993, S. 3-41.

Ihde, G. 1991a: Transport, Verkehr, Logistik, Gesamtwirtschaftliche Aspekte und einzelwirtschaftliche Handhabung, 2. Aufl., München 1991.

Ihde, G. 1991b: Mehr Verkehr durch Just in time? in: Zeitschrift für Verkehrswissenschaft, Heft 4/1991, S. 192-198.

Ikeda, Masayoshi 1988: An International Comparison of Subcontracting Systems in the Automobile Component Manufacturing Industry, in: Keizai Gakuronseki, Vol. 29, 5/6-1988, S. 53-73.

Industrial Statistics Yearbook 1982 (1984): United Nations (Hg.) 1984 (1986): Industrial Statistics Yearbook 1982 (1984), Vol. I, General Industrial Statistics, New York 1984 (1986).

International Auto Statistics 1994: Verband der Automobilindustrie e.V. (Hg.) 1994: International Auto Statistics, 1994 edition, Frankfurt 1994.

Isermann, H. 1995: Unternehmensübergreifende Transportketten: Verkehrsintegration als logistische Aufgabe, in: Internationales Verkehrswesen, Jg. 47, 10/1995, S. 602-608.

Jigyôsho tôkei chôsa hôkoku 1975: Sômuchô Tôkeikyoku (Hg.): Shôwa 50-nen jigyôsho tôkei chôsa hokuku, daiikkan, zenkokuhen [1975 Establishment Census of Japan, Volume 1, Results for Japan], Tôkyô 1976.

Jomini, H. 1830: Traité de l'art de guerre, Paris 1830.

Jünemann, R. 1989: Materialfluß und Logistik, Systemtechnische Grundlagen mit Praxisbeispielen, Berlin/Heidelberg 1989.

Kagô Njûsu (Hg.) 1994: Omona ninushi kigyô no 94nendo butsuryû tôshi keikaku [Investitionspläne der großen verladenden Unternehmungen im Bereich Logistik 1994], 23.8.94, S. 16.

Kahnert, R. 1993: Innovation in der Getränkelogistik, in: Deutsche Verkehrszeitung, Nr. 76, 29.6.93, S. 43-44.

Kaisha Shikihô 1994: Tôyô Keizai (Hg.): Kaisha Shikihô, 1994-nen 2-shû, shunkigô [Vierteljährlicher Unternehmensführer, Band 2 - Frühlingsausgabe 1994], Tôkyô 1994.

Kawasaki Seitetsu (Hg.) 1992: Tekkô butsuryû no gaikyô [Allgemeine Lage im Bereich der Stahllogistik], (interne Veröffentlichung), Tôkyô 1992.

Keizai hakusho 1957: Keizai Kikakuchô (Hg.) 1957: Keizai hakusho [Jahrbuch Wirtschaft 1957], Tôkyô 1957.

Kenney, M./Florida, R. 1988: Beyond mass production: production and the labor process in Japan, in: Politics and Society, Vol. 16 1988, S. 121-158.

Kikai tôkei nenpô 1979(-1991): Tsûshô Sangyô Daijin Kanbô Chôsa Tôkeibu (Hg.): Kikai tôkei nenpô 1979(-1991) [Jährliche statistische Berichte zum Maschinenbau 1979(-1991)], Tôkyô 1980(-1992).

Kimura, Y. 1988: The Japanese Semiconductor Industry: Structure, Competitive Strategies, and Performance, London 1988.

Kirin (Hg.) 1993: Kirin no butsuryû ga wakaru [Verstehen der Logistik von Kirin], (interne Veröffentlichung), Tôkyô 1993.

Kirin (Hg.) 1994: Bîru butsuryû furô [Der logistische Bierfluß], (unveröffentliches Arbeitspapier), Tôkyô 1994.

Kirsch, W. et al. 1973: Betriebswirtschaftliche Logistik - Systeme, Entscheidungen, Methoden, Wiesbaden 1973.

Kiyonari, T. 1990: Flexible Specialization and Small Businesses in Japan, in: Keiei Shirin, The Hosei Journal of Business, Vol. 27 No. 3, S. 47-61.

Kodama, F. 1985: Mechatronics Technology as Japanese Innovation: A Study of Technological Fusion, Tôkyô 1985.

Kôgyô jittai kihon chôsa hôkokusho 1974: Chûshô Kigyôchô (Hg.): Dai 4-kai kôgyô jittai kihon chôsa hôkokusho, sôkatsuhen [4. Basisbericht zur Lage der Industrie, Überblicksband], Tôkyô 1974.

Kôgyô jittai kihon chôsa hôkokusho 1979: Chûshô Kigyôchô (Hg.): Dai 5-kai kôgyô jittai kihon chôsa hôkokusho, sôkatsuhen [5. Basisbericht zur Lage der Industrie, Überblicksband], Tôkyô 1979.

Kôgyô jittai kihon chôsa hôkokusho 1984: Chûshô Kigyôchô (Hg.): Dai 6-kai kôgyô jittai kihon chôsa hôkokusho, sôkatsuhen [6. Basisbericht zur Lage der Industrie, Überblicksband], Tôkyô 1984.

Kôgyô jittai kihon chôsa hôkokusho 1990: Chûshô Kigyôchô (Hg.): Dai 7-kai kôgyô jittai kihon chôsa hôkokusho, sôkatsuhen [7. Basisbericht zur Lage der Industrie, Überblicksband], Tôkyô 1990.

Kôgyô tôkeihyô, hinmokuhen 1975(-1993).: Tsûshô Sangyô Daijin Kanbô Chôsa Tôkeibu (Hg.): Shôwa 50-nen(- Heisei 7-nen) kôgyô tôkeihyô, hinmokuhen [Census of Manufactures 1975(-1993), Report by Commodities], Tôkyô 1977(-1995).

Kôgyô tôkeihyô, sangyôhen 1975(-1993).: Tsûshô Sangyô Daijin Kanbô Chôsa Tôkeibu (Hg.): Shôwa 50-nen(- Heisei 7-nen) kôgyô tôkeihyô, sangyôhen [Census of Manufactures 1975(-1993), Report by Industries], Tôkyô 1977(-1995).

Kohl, J.G. 1841: Der Verkehr und die Ansiedelungen der Menschen in ihrer Abhängigkeit von der Gestaltung der Erdoberfläche, Dresden/Leipzig 1841.

Kôkû tôkei yôran 1985/86: Nihon Kôkû Kyôkai (Hg.): Kôkû tôkei yôran 1985/86 [Statistischer Überblick über die Luftfahrt 1985/86], Tôkyô 1986.

Kôkû tôkei yôran 1991/92: Nihon Kôkû Kyôkai (Hg.): Kôkû tôkei yôran 1991/92 [Statistischer Überblick über die Luftfahrt 1991/92], Tôkyô 1993.

Kôtsu nenkan 1994: Kôtsu Kyôryokukai (Hg.): Kôtsû nenkan 1994 [Transportjahrbuch 1994], Tôkyô 1994.

Kraus, T. 1953: Individuelle Länderkunde, in: Geographisches Taschenbuch 1953, S. 455-458.

Kubota, H./Witte, H. 1990: Strukturvergleich des Zulieferwesens in Japan und in der Bundesrepublik Deutschland, in: Zeitschrift für Betriebswirtschaft, 60. Jg. Heft 4, S. 383-406.

LaLonde, B.J./Zinszer, P.H. 1976: Customer Service: Meaning and Management, Chicago 1976.

Länderbericht Japan 1988: Statistisches Bundesamt Wiesbaden (Hg.): Länderbericht Japan 1988, Wiesbaden 1988.

Länderkurzbericht Großbritannien und Nordirland 1976: Statistisches Bundesamt Wiesbaden (Hg.) 1976: Länderkurzbericht Großbritannien und Nordirland 1976, Stuttgart und Mainz 1976.

Langan, P. 1991: Just-in-time System falters, in: Asian Business, 7/1991, S. 74.

Lashinsky, A. 1995: Shippers struggle to reroute cargo, in: Nikkei Weekly vom 30.1.1995, S. 8.

Launhardt, W. 1882: Die Bestimmung des zweckmäßigsten Standorts einer gewerblichen Anlage, in: Zeitschrift des Vereins deutscher Ingenieure, 26/1882, S. 105-116.

Lauschmann, E. 1976: Grundlagen einer Theorie der Regionalpolitik, 3. Aufl., Hannover 1976.

Lay, G. 1990: Strategic Options for CIM Integration, in: Warner, W. et al. (Hg.): New Technology and Manufacturing Management - Strategic Choices for Flexible Production Systems, S. 124-144, Chichester 1990.

Leborgne, D./Lipietz, A. 1988: New technologies, new modes of regulation: some spatial implications, in: Environment and Planning D: Society and Space, 6/1988; S. 263-280.

Legewie, J. 1995: Der Straßengüterverkehr und die Belastung der Umwelt - Probleme und Lösungsansätze in Japan, in: Deutsches Institut für Japanstudien der Philipp-Franz-von-Siebold-Stiftung (Hg.): Japanstudien, Jahrbuch des deutschen Instituts für Japanstudien der Philipp-Franz-von-Siebold-Stiftung, Band 6, S. 47-78, München 1995.

Lempa, S. 1990: Flächenbedarf und Standortwirkung innovativer Technologie und Logistik unter besonderer Berücksichtigung des Logistikkonzeptes Just-In-Time in der Automobilindustrie, Band 36 der Münchner Studien zur Sozial- und Wirtschaftsgeographie, Regensburg 1990.

Maier, J./Atzkern, H.D. 1992: Verkehrsgeographie - Verkehrsstrukturen, Verkehrspolitik, Verkehrsplanung, Teubners Studienbücher der Geographie, Stuttgart 1992.

Mashiba, Y. 1994: Kirin wa ni do oishii? Mikka de shukka, hokanhi uku [Ist Kirin doppelt lecker? Auslieferung in drei Tagen, Senkung der Lagerkosten], in: Nikkei Sangyô Shinbun vom 2.8.1994, Teil 2 der Reihe: Butsuryû o semeru [Angriff auf die Logistik], S. 20.

Maskery, A. 1991: Just-in-time deliveries clog Japanese highways, in: Automotive News, 25.3.1991, S. 43.

Masuda, H. 1993: Transportation during Wartime (1938-1949) - Coastal and River Transport, in: Yamamoto, H. (Hg.): Technological Innovation and the Development of Transportation in Japan, S. 186-195, Tôkyô 1993.

Matsubara, H. 1993: The Japanese Semiconductor Industry and Regional Development: the case of "Silicon Island" Kyushu, in: Seinan Gakuin Daigaku Keizai Gakuronshû No. 34 (1), 3/1993, S. 43-65.

McCann, M. 1989: Steel's Traffic Turns To JIT Distribution, in: Iron Age, 5/1989, S. 27-29.

Meyer-Ohle, H. 1994: Das Distributionssystem, in: Demes, H. et al. (Hg.): Die japanische Wirtschaft heute - Ein Überblick -, Miscellanea des Deutschen Instituts für Japanstudien, Heft 10, S. 91-107, Bonn/Tôkyô 1994.

Miksch, L. 1951: Zur Theorie des räumlichen Gleichgewichts, in: Weltwirtschaftliches Archiv, Band 66, S. 5-50.

Mitsusada, H. 1995: Bucking industry trend, NEC opts for domestic production, in: Nikkei Weekly 24.7.1995, S. 8.

Mitsusada, H. 1995: Harbor business drifting to Asian ports, in: Nikkei Weekly vom 5.6.1995, S. 1, 9.

Miyaoka, M. 1985: Nihon denki denshi dibaisu shôhin sentâ shisutemu [System der Warenzentren für Elektrokomponenten von NEC], in: Kigyô Kenkyûkai (Hg.): Butsuryû kakushin to jôhô shisutem [Erneuerungen beim Güterfluß und Informationssysteme], S. 415-430, Tôkyô 1985.

Monden, Y. 1983: Toyota Production System, Atlanta 1983.

Monthly Bulletin of Statistics 1982(-1992): United Nations (Hg.) : Monthly Bulletin of Statistics, versch. Ausgaben, New York 1982(-1992).

Morgenstern, O. 1955: Note on the Formulation on the Theory of Logistics, in: Naval Research Logistics Quarterly Review, 2/1955, S. 129-136.

Morimiya, K. 1990: Shôhikôzô no henka to yoka [Veränderungen in der Zusammensetzung von Konsum und Freizeit], in: Nihon Shôhi Keizai Gakkai (Hg.): Shôhi keizai no hensen to 90nendai e no tenbô [Veränderungen in der Konsumwirtschaft und Ausblick auf die 90er Jahre], S. 25-36, Tôkyô 1990.

Morris, J. 1992: Flexible specialisation or the Japanese model: Reconceptualising a new regional industrial order, in: Ernste, H./Meier, V. (Hg.): Regional development and contemporary industrial response, S. 67-80, London 1992.

Murakami, M./Yamamoto, S. 1980: Iron and Steel, in: Murata, K. (Hg.): An Industrial Geography of Japan, S. 139-150, London 1980.

Murata, K. (Hg.) 1980: An Industrial Geography of Japan, London 1980.

Murata, K./Takeuchi, A. 1987: The Regional Division of Labor: Machinery Manufacturing, Microelectronics and R & D in Japan, in: Hamilton, I. (Hg.): Industrial Change in Advanced Economies, S. 213-239, London/Sydney/ Wolfeboro/New Hampshire 1987.

Nagata, T. 1994: Semento kakaku no 3 wari o shiboru. Sumitomo/Ôsaka - 3 nen ato 20 oku en [Belastung des Zementpreises um drei Zehntel. Sumitomo/Ôsaka - nach 3 Jahren 2 Mrd. Yen], in: Nikkei Sangyô Shinbun vom 10.8.1994, Teil 7 der Reihe: Butsuryû o semeru [Angriff auf die Logistik], S. 24.

Nakayama, A. 1994: Toyota - Nissan, rikusô ainori. 1 wari genmoku sashi "domyaku" kyôyû [Toyota - Nissan, Einstieg in gemeinsamen Landtransport. Ziel 10%-ige Kostensenkung, gemeinsamer Besitz der Schlagader, in: Nikkei Sangyô Shinbun vom 24.8.1994, Teil 15 der Reihe: Butsuryû o semeru [Angriff auf die Logistik], S. 28.

Nei, T. 1988: Saikin no kôjô ritchi dôkô [Jüngere Trends bei der Standortfestlegung von Produktionsstätten], in: Sangyô Ritchi 2/1988, S. 26-33.

Nihon butsuryû nenkan 1974(-1994): Un'yushô (Hg.) 1976(-1994): Nihon butsuryu nenkan [Logistikjahrbuch für Japan], Tôkyô 1976(-1994).

Nihon Dôro Kôdan (Hg.) 1993: General Information 1993, Tôkyô 1993.

Nihon Dôro Kôdan (Hg.) 1994: Nihon Dôro Kôdan no shiori [JH Information], Tôkyô 1994.

Nihon Jidôsha Tâminaru (Hg.) 1993: Jigyô no go-annai [Vorstellung der Unternehmungsaktivitäten], Tôkyô 1993.

Nihon Keizai Shinbun (Hg.) 1993a: Kyûshû de mo kyôdô haisô [Auch in Kyûshû gemeinsame Auslieferung], in: Nihon Keizai Shinbun vom 28.10.1993 (Morgenausgabe), S. 17.

Nihon Keizai Shinbun (Hg.) 1993b: Kêburu o kyôdô yusô [Gemeinsamer Transport von Kabeln], in: Nihon Keizai Shinbun vom 24.10.1993 (Morgenausgabe), S. 13.

Nihon Keizai Shinbun (Hg.) 1993c: Kanren kakusha kyôdô de risutora [Gemeinsame Reorganisation mit allen verbundenen Unternehmungen], in: Nihon Keizai Shinbun vom 20.12.1993 (Morgenausgabe), S. 37.

Nihon Keizai Shinbun (Hg.) 1994: Ôgata no butsuryû shisetsu [Logistikeinrichtungen in großem Umfang], in: Nihon Keizai Shinbun vom 5.4.1994 (Morgenausgabe), S. 21.

Nihon no tekkôgyô 1993: Nihon Tekkô Renmei (Hg.): Nihon no tekkôgyô 1993 [Die japanische Eisen- und Stahlindustrie 1993], Tôkyô 1993.

Nihon Ritchi Sentâ (Hg.) 1992: Butsuryû to keizai seichô - Kigyô hatten no kîpointo [Güterfluß und Wirtschaftswachstum - Entscheidende Punkte der wirtschaftlichen Entwicklung], Tôkyô 1992.

Nihon Rôdô Kenkyû Kikô (Hg.) 1992: Sangyô bungyô kôzô to rôdô shijô no kaisôsei [Die Struktur der industriellen Arbeitsteilung und die Vielstufigkeit des Arbeitsmarktes], Tôkyô 1992.

Nihon Rojisutikusu Shisutemu Kyôkai (Hg.) 1994: 1993 nendo gyôshubetsu butsuryû kosuto jittai chôsa hôkokusho [Berichtsband 1993 zur Untersuchung der tatsächlichen Entwicklung der Logistikkosten unter Branchendifferenzierung], Tôkyô 1994.

Nihon Tôkei Kyôkai (Hg.) 1987: Nihon chôki tôkei sôran dai-4-kan [Überblick über lange Zeitreihen in der japanischen Statistik, Band 4], Tôkyô 1987.

Nihon tôkei nenkan 1993: Sômuchô Tôkeikyoku (Hg.) 1993: Nihon tôkei nenkan 1993 [Japan Statistical Yearbook 1993], Tôkyo 1993.

Nikkan Kôgyô Shinbun (Hg.) 1994: Ryûtsû kyoten 2 ka sho ni shûyaku [Konzentration der Umschlagsorte auf 2], in: Nikkan Kôgyô Shinbun vom 27.6.94, S. 8.

Nikkei Logistics (Hg.) 1994: Seisan-butsuryû no gôrika ga saidai no keiei mokuhyô ni [Vereinheitlichung von Produktion und Logistik wird wichtigstes Betriebsziel], in: Nikkei Logistics 4/1994, S. 1.

Nikkei Sangyô Shinbun (Hg.) 1994: Kosuto sakugen, butsuryûhi kara [Kostenreduzierung, Ausgang Logistikkosten], in: Nikkei Sangyô Shinbun vom 18.3.1994, S. 18.

Nikkei Weekly (Hg.) 1994: Integrated circuits, in: Nikkei Weekly vom 1.8.1994, S. 9.

Nikkei Weekly (Hg.) 1995: Leaders hold on in machinery, materials, in: Nikkei Weekly vom 14.9.1995, S. 9.

Nippon Steel Corporation (Hg.) 1992: Facts in Graphs: Japan´s Steel Industry and Kimitsu Works, Tôkyô 1992.

Nishimoto, I. 1993: Mêkâ to gekiron o takawase, 100 nin no shôninka kôka o jitsugen [Hitzige Debatte mit Herstellern, Effekte der Einsparung von 100 Arbeitskräften werden sichtbar], in: Nikkei Logistics 7/1993, S. 30-33.

Nishimura, K. 1993a: 1000 dai no torakku o yôsha shi, dekitate no aki o todokeru [Gebrauch von 1000 Lastkraftwagen, Auslieferung des Geschmackes von Frische], in : Nikkei Logistics 1/1993, S. 35-38.

Nishimura, K. 1993b: Oyakaisha to no kyôhai o teko ni eigyô o butsuryû kara kaihô [Gemeinsame Auslieferung mit der Mutterunternehmung als Hebel, Befreiung des Geschäftsbetriebes vom Güterfluß], in : Nikkei Logistics 4/1993, S. 52-55.

Nishimura, K. 1993c: Shûeki teimei de bubunteki ni kaishi, honkakuka e no fuseki to naru ka [Partieller Beginn durch Gewinnrückgänge, Vorbereitungen zur tatsächlichen Umsetzung?], in: Nikkei Logistics 9/1993, S. 118-120.

Nishioka, H./Takeuchi, A. 1987: The Development of High Technology Industry in Japan, in: Breheny, M./McQuaid, R. (Hg.): The Development of High Technology Industries - An International Survey, S. 262-295, London/New York 1987.

Nittsû Sôgô Kenkyûjo (Hg.) 1983: Butsuryû saikôchiku no dôkô ni kansuru chôsa hôkukusho [Untersuchungsbericht zum Trend der Reorganisation des Güterflusses], Tôkyô 1983.

Nittsû Sôgô Kenkyûjo (Hg.) 1992: Butsuryû yôgo jiten [Wörterbuch der Ausdrücke zum Güterfluß], 4. Aufl., Tôkyô 1992.

Nittsû Sôgô Kenkyûjo (Hg.) 1994: Butsuryû kosuto - gaibu fukeizai no yokusei o mezashita butsuryû kiban kyôka ni kansura chôsa, hôkokusho [Untersuchung zur Stärkung der logistischen Basis mit dem Ziel der Kostenbeherrschung des Güterflusses und seiner externen Effekte, Berichtsband], Tôkyô 1994.

OECD 1988: Organisation for Economic Co-Operation and Development OECD (Hg.): New Technologies in the 1990s - A Socio-economic Strategy, Paris 1988.

Ôkurashô Saiseikinyû Kenkyûjo (Hg.) 1992: Ôkurashô Saiseikinyû Kenkyûjo (Hg.): Kurashiburi to shôhi no henka [Wandel von Lebensart und Konsum], Tôkyô 1992.

Ôno, T. 1982: The Origin of Toyota Production System and Kanban System, in: Monden, Y. (Hg.): Applying Just-In-Time: The American/Japanese Experience, Norcross 1986.

Ôno, T. 1991: Toyota seisan hôshiki [Das Toyota-Produktionssystem], 50. Aufl., Tôkyô 1991.

Ôya, M. 1994a: 14 kômoku no manzokudo o chôsa [Überprüfung des Ausmaßes an Zufriedenheit in 14 Bereichen], in: Nikkei Logistics 4/1994, S. 39-42.

Ôya, M. 1994b: Ryûtsu kôzô kyûhen ni yureru butsuryû seisaku [Logistikmaßnahmen werden erschüttert durch einen plötzlichen Wechsel der Distributionsstruktur], in: Nikkei Logistics 7/1994, S. 28-32.

Palander, T. 1935: Beiträge zur Standorttheorie, Stockholm 1935.

Pawellek, G. 1995: Mit EDV-Unterstützung die Strukturen vereinfachen, in: Handelsblatt vom 15.2.95, S. 31.

Peters, S. 1981: Die Leistung des Verkehrsbetriebs - Eine Bemerkung zu einer Untersuchung von Thies Claussen, in : Zeitschrift für Verkehrswissenschaft 1981, S. 35-48.

Phohl, H.-Chr. 1988: Logistiksysteme - Betriebswirtschaftliche Grundlagen, 3. Aufl., Berlin/Heidelberg/New York/London/Paris/Tokyo 1988.

Piore, M.J./Sabel, C.F. 1984: The Second Industrial Divide - Possibilities for Prosperity, New York 1984.

Predöhl, A. 1925: Das Standortproblem in der Wirtschaftstheorie, in: Weltwirtschaftliches Archiv, Band 21, S. 294-321.

Predöhl, A. 1958: Verkehrspolitik, Grundriß der Sozialwissenschaft Band 15, Göttingen 1958.

Reid, N. 1995: Just-in-time Inventory Control and the Economic Integration of Japanese-owned Manufacturing Plants with the County, State and National Economies of the United States, in: Regional Studies, Vol 29, No. 4, 7/1995, S. 345-355.

Rhys, D.G./McNabb, R./Nieuwenhuis, P. 1992: Japan Hits the Limits of Just-In-Time, in: EIU Japanese Motor Business 10/92, S. 81-89.

Riebel, P. 1975: Anforderungen der Transportrationalisierung an die Leistungs- und Kostenanalyse, in: Internationales Verkehrswesen, Jg. 27, 5/1995, S. 217-226.

Rikuun tôkei yôran 1993: Un'yushô Un'yu Seisakukyoku Jôhô Kanribu (Hg.): Rikuun tôkei yôran 1993 [Überblick über die Statistiken zum Landtransport 1993], Tôkyô 1994.

Ritschl, H. 1927: Reine und historische Dynamik des Standorts der Erzeugungszweige, in: Schmollers Jahrbuch, Band 51.

Ryûtsû Seisaku Kenkyûjo (Hg.) 1992: Tahindo koguchi haisô no bukka ni ataeru eikyô ni kansuru kenkyû chôsa hôkokusho [Untersuchungsbericht zum Einfluß des Hochfrequenz-Transportes mit kleinen Losgrößen auf die Preise], (unveröffentliches Arbeitspapier), Tôkyô 1992.

Ryûtsû Sekkei (Hg.) 1987: Butsuryûhi [Logistikkosten], in: Ryûtsû Sekkei 4/1987, S. 2-37.

Ryûtsû Sekkei (Hg.) 1993: Heisei 5-nendo ninushi shukka mitôshi - butsuryû yosan - butsuryû jûten shisaku [Ausblick der Verlader auf 1993 - Logistikbudget - Wesentliche Maßnahmen im Logistikbereich], in: Ryûtsû Sekkei 3/1993, S. 22-25.

Saeki, H./Matsudaira, Y./Takayagi, M. 1991: Toyotaizumu wa eien ka kanban hôshiki o kenshô suru [Toyotaismus bis in alle Ewigkeit oder Überprüfung des Kanban-Systemes], in: Nikkei Logistics 9/1991, S. 12-26.

Sakaguchi, Y. 1980: Characteristics of the physical nature of Japan with special reference to landform, in: The Association of Japanese Geographers (Hg.): Geography of Japan, S. 3-28, Tôkyô 1980.

Sangyô Gijutsu Sâbisu Sentâ (Hg.) 1992: Ryûtsû jôhô nettowâku sôran [Überblick über das Informationsflußnetzwerk], Tôkyô 1992.

Sargent, J. 1987: Industrial location in Japan with special reference to the semiconductor industry, in: The Geographical Journal, Vol. 153, No. 1, 3/1987, S. 72-85.

Sato, M. 1995: Deregulation worries coastal shippers, in: Nikkei Weekly vom 12.6.1995, S. 8.

Sayer, A. 1986: New developments in manufacturing: the just-in-time system, in: Capital and Class, Vol. 30 1986, S. 43-72.

Schamp, E. 1991: Towards a spatial reorganisation of the German car industry? The implications of new production concepts, in: Benko, G./Dunford, M. (Hg.) 1991: Industrial change and regional development: the transformation of new industrial spaces, S. 149-170, London/New York 1991.

Schneider, E. 1978: Die langfristige Optimierung der physischen Distribution der Brauerei, Band 5 der Schriftenreihe des Betriebswirtschaftlichen Instituts an der Universität Basel, Bern 1978.

Schoenberger, E. 1988: From Fordism to flexible accumulation: technology, competitive strategies, and international location, in: Environment and Planning D: Society and Space, Vol. 6 1988, S. 245-262.

Sekiguchi, K. 1994: Tôshiba, gurûpude konsai. Nenkan 90 oku en no sakugen mokuhyô [Tôshiba, Zusammenfassung innerhalb der Gruppe. Ziel der jährlichen Kostensenkung 9 Mrd. Yen], in: Nikkei Sangyô Shinbun vom 7.9.1994, Teil 23 der Reihe: Butsuryû o semeru [Angriff auf die Logistik], S. 28.

Semmelroggen, H.G. 1988: Logistik-Geschichte: Moderner Begriff mit Vergangenheit, in: Logistik im Unternehmen, Jan./Feb. 1988, S. 6-9.

Shin Nippon Seitetsu (Hg.) 1993a: Nihon tekkôgyô no hatten to ryûtsû - butsuryû keitai [Entwicklung der japanischen Eisen- und Stahlindustrie und ihr Güterfluß - Formen des Materialflusses], (internes Arbeitspapier), Tôkyô 1993.

Shin Nippon Seitetsu (Hg.) 1993b: Shinnitetsu gaido [Shinnitetsu-Führer], Tôkyô 1993.

Shioda, H. 1994: Shinôji, kôjô no yûzâ kôkan. Kôsaku yusô minaoshi 3 oku en gen [Shinôji, Austausch zwischen Fabrik und Abnehmer. 300 Mio. Yen Einsparung durch Neuorganisation beim gemeinsamen Transport], in: Nikkei Sangyô Shinbun vom 9.8.1994, Teil 6 der Reihe: Butsuryû o semeru [Angriff auf die Logistik], S. 24.

Shiohata, H. 1991: Butsuryû mondai no genkyô to taiou no hôkô [Gegenwärtige Logistikprobleme und der Trend bei Gegenmaßnahmen], in: Un`yu to Keizai, Vol. 51, No. 10, 10/1991, S. 60-66.

Shôkô Chûkin (Hg.) 1983: Shitauke chûshô kigyô no shin kyokumen, sono jiritsuka shikô to shitauke saihensei [Die neue Lage der kleinen und mittleren Zulieferunternehmen, Verselbständigungsabsicht und Umorganisation der Zulieferungen], Tôkyô 1983.

Shôkô Chûkin (Hg.) 1989: Atarashii bungyô kôzô no kôchiku o mezashite, endaka no shitauke kikai kôgyô no shintenkai [Auf der Suche nach neuen Arbeitsteilungsstrukturen, neue Aussichten für die Maschinenbauzulieferer nach der Yen-Aufwertung], Tôkyô 1989.

Skorstad, E. 1991: Mass production, flexible specialization and just-in-time, in: Futures, Heft 12 1991, S. 1075-1984.

Smith, D.M. 1981: Industrial Location, An Economic Geographical Analysis, 2. Aufl., New York/Chichester/Brisbane/Toronto 1981.

Smitka, M.J. 1991: Competitive Ties: Subcontracting in the Japanese Automotive Industry, New York 1991.

Snyder, R.E. 1963: Physical Distribution Costs. A Two-Year-Analysis, in: Distribution Age, 62. Jg./1963, S. 46-56.

Spur, G. 1987: Die Fabrik der Zukunft: produktionstechnische Entwicklung und industrielle Organisation, in: Deutsche Verkehrswissenschaftliche Gesellschaft (Hg.): Telekommunikation und physischer Verkehr - Jahrestagung 1987 in Berlin, S. 3-17, Bergisch Gladbach 1988.

Statistische Grundzahlen 1995: Eurostat-Statistisches Amt der Europäischen Gemeinschaften (Hg.) 1995: Statistische Grundzahlen der Europäischen Union, Vergleich mit den wichtigsten Partnern der Europäischen Union, 32. Ausgabe, Brüssel/Luxemburg 1995.

Statistisches Jahrbuch 1978: Statistisches Bundesamt (Hg.): Statistisches Jahrbuch 1978 für die Bundesrepublik Deutschland, Wiesbaden 1978.

Statistisches Jahrbuch 1992: Statistisches Bundesamt (Hg.): Statistisches Jahrbuch 1992 für die Bundesrepublik Deutschland, Wiesbaden 1992.

Statistisches Jahrbuch der Stahlindustrie 1994: Wirtschaftsvereinigung Stahl (Hg.): Statistisches Jahrbuch der Stahlindustrie 1994, Düsseldorf 1994.

Statistisches Jahrbuch für das Ausland 1989 (1995): Statistisches Bundesamt (Hg.) 1989 (1995): Statistisches Jahrbuch 1989 (1995) für das Ausland, Wiesbaden 1989 (1995).

Steel Industry of Japan 1993: The Japan Iron and Steel Federation (Hg.) 1993: The Steel Industry of Japan 1993, Tôkyô 1993.

Sternberg, R. 1995: Technologiepolitik und High-Tech Regionen - ein internationaler Vergleich = Band 7 der Reihe Wirtschaftsgeographie, München/Hamburg 1995.

Storper, M./Scott, A. 1989: The geographical foundations and social regulations of flexible production complexes, in: Wolch, J./Dear, M. (Hg.): The Power of Geography: How Territory Shapes Social Life, S. 21-40, Winchester 1989.

STRATOS Group (Hg.) 1990: Strategic Orientations of Small European Businesses, Avebury 1990.

Suji de miru butsuryû 1984(-1993): Un`yu Keizai Kenkyû Sentâ (Hg.): Suji de miru butsuryû 1984(-1993) [Der Güterfluß in Zahlen und Fakten 1984(-1993)], Tôkyô 1984(-1993).

Suji de miru butsuryû 1994: Butsuryû Gijutsu Jôhô Sentâ (Hg.): Suji de miru butsuryû 1994 [Der Güterfluß in Zahlen und Fakten 1994], Tôkyô 1994.

Suji de miru kôkû 1984: Kôkû Shinkô Zaidan (Hg.): Suji de miru kôkû 1984 [Zahlen und Fakten zur Luftfahrt 1984], Tôkyô 1984.

Suji de miru kôkû 1992: Kôkû Shinkô Zaidan (Hg.): Suji de miru kôkû 1992 [Zahlen und Fakten zur Luftfahrt 1992], Tôkyô 1992.

Suji de miru nihon no kaiun/zôsen 1990: Nihon Kaiji Kôhô Kyôkai (Hg.): Suji de miru nihon no kaiun/zôsen 1990 [Zahlen und Fakten zur Küstenschiffahrt und zum Schiffsbau], Tôkyô 1990.

**Suji de miru un`yu hakushô 1993(-1995):** Un`yushô (Hg.): Heisei 5(-7)-nenban suji de miru un`yu hakusho [Zahlen und Fakten zum Transportweißbuch 1993 (-1995)], Tôkyô 1993(-1995).

Sumiya, F. 1995: Venerable `just-in-time´ proves vulnerable, in: Nikkei Weekly, 27.2.95, S. 9.

Takayagi, M. 1994: Toyota kyûshû e no buhin yusô senyôsen riyô no JIT ou [Transport nach Kyûshû von Toyota bei der Teilebeschaffung, durch den Einsatz von Spezialschiffen dem JIT folgen], in: Nikkei Logistics 1/1994, S. 78-80.

Takeuchi, A. 1989: The Changing Investment Behavior of Japanese Steel Manufacturer in the Changing Economic Environment: A Case Study of Nippon Steel Corporation, in: Report of Researches Nippon Institute of Technology, Vol. 19, No. 3, 11/1989, S. 341-355.

Takeuchi, A. 1993: Location Dynamics of the Japanese Semiconductor Industry in the Rapid Technological Innovation, in: Geographical Review of Japan, Vol. 66 (Ser. B), No. 2, S. 91-104.

Tanimoto, T. 1991: Tahinshu, shôryô, tahindo, JIT butsuryû - Sono haikei to kongo tenbô [Die Logistik der Vielfalt der Warensorten, der kleinen Menge, der hohen Lieferfrequenz, des Just-in-time-Prinzips - Hintergrund und Ausblick in die Zukunft], in: Un`yu to keizai, Nr. 51, 8/1991, S. 63-67.

The Institute of Logistics and Distribution Management (Hg.) 1990: Survey of Distribution Costs, Results of a study into current distribution costs and trends in U.K. indsutry, Bracknell 1990.

Thomson, J.M. 1978: Grundlagen der Verkehrspolitik, (deutsche Übersetzung der englischen Ausgabe "Modern Transport Economies" durch G.W. Heinze), Bern/Stuttgart 1978.

Toda, T. 1987: The location of high-technology industry and the Technopolis plan in Japan, in: Brotchie, J.F. et al. (Hg.): The Spatial Impact of Technological Change, S. 271-283, London 1987.

Tokyo Business 1993: Kyosei: Japanese Firms Must Pick Up the Social Tab As Well, in: Tokyo Business, Jan./Feb. 1993, S. 33-34.

Tomita, Y. 1994: Sapporo kabushiki kaisha [Die Aktiengesellschaft Sapporo], Tôkyô 1994.

Torakku yusô 1981(-1994): Zennihon Torakku Kyôkai (Hg.): Kigyô butsuryû to torakku yusô 1981(-1994) [Unternehmenslogistik und Lastkraftwagentransport 1981(-1994)], Tôkyô 1981(-1994).

Torakku yusô 1994: Zennihon Torakku Kyôkai (Hg.): Kigyô butsuryû to torakku yusô `94 [Unternehmenslogistik und Lastkraftwagentransport `94], Tôkyô 1994.

Tsûshô Sangyôshô (Hg.) 1992: 90-nendai no butsuryu kôritsuka bijon - shakai shisutemu toshite no butsuryû no kôchiku ni mukete [Aussichten der Effizienzsteigerung im Güterfluß der 90er Jahre - Zum Aufbau eines auf das Gesellschaftssystem ausgerichteten Güterflusses], Tôkyô 1992.

Uchida, M. 1993: NEC, butsuryû kogaisha 3sha no gappei de 70 oku no kosuto sakugen [NEC, Kostenreduzierung um 7 Milliarden durch Fusion der 3 Logistik-Tochterunternehmen], in: Ryûtsû sekkei, 9/1993, S. 22-24.

Uekusa, M. 1982: Sangyô soshikiron [Industrielle Organisationstheorie], Tôkyô 1982.

**Un`yu hakusho 1966(-1993):** Un`yushô (Hg.): Un`yu hakusho 1966(-1993) [Transportweißbuch 1966(-1993)], Tôkyô 1966(-1993).

Un`yu Keizai Kenkyû Sentâ (Hg.) 1985: Sangyô kôzô no henka ga kokunai yusô ni oyobosu eikyô ni kansuru chôsa kenkyû hôkokusho [Basisforschungsbericht zum Einfluß des industriellen Strukturwandels auf den inländischen Gütertransport], Tôkyô 1985.

Un'yu Keizai Kenkyû Sentâ (Hg.) 1986: Shin kamotsu ryûtsû seisaku no kisoteki chôsa kenkyû hôkokusho [Basisforschungsbericht zur Untersuchung der neuen Maßnahmen zum Güterumlauf], Tôkyô 1986.

Un'yu Keizai Kenkyû Sentâ (Hg.) 1990: Un'yu jigyô no unchin ryôkin seido [Das System der Frachtgebühren im Transportwesen], Tôkyô 1990.

Un'yu keizai tôkei yôran 1977(-1993): Un'yu Keizai Kenkyû Sentâ (Hg.): Un'yu keizai tôkei yôran, National Transportation Statistics Handbook 1977 (-1993), Tôkyô 1977(-1993).

Un'yu Seisakukyoku (Hg.) 1993: Gyôsei shiryôshû, kamotsu ryûtsûhen 1993 (bunai shiryô) [Sammelband Verwaltungsdaten 1993, Band zum Güterfluß (interne Veröffentlichung)], Tôkyô 1993.

Un'yushô (Hg.) 1975 (1990): Zenkoku kamotsu junryûdô chôsa hôkokusho, sôkatsuhen 1975 (1990) [Untersuchungsbericht zum Güterumlauf in Gesamtjapan, Überblicksband 1975 (1990)], Tôkyô 1977 (1992).

Un'yushô (Hg.) 1976: Un'yu keizai zusetsu [Graphische Erläuterungen zu Transport und Wirtschaft], Tôkyô 1976.

Un'yushô (Hg.) 1994: Un'yushô no kamotsu ryûtsû seisaku [Maßnahmen des Transportministeriums zur Güterzirkulation], (unveröffentliches Arbeitspapier), Tôkyô 1994.

UNIDO 1986: United Nations Industrial Development Organization UNIDO (Hg.): Recent Trends in Flexible Manufacturing, New York 1986.

Utsumi, M. 1994: Mitsubishi Kagaku, ichi hayaku hakki? Keijôeki no 1 wari shiboridasu. [Mitsubishi Chemical, führend bei der Manifestation? Ein Zehntel des laufenden Gwinns erzwingen], in: Nikkei Sangyô Shinbun vom 8.8.1994, Teil 5 der Reihe: Butsuryû o semeru [Angriff auf die Logistik], S. 24.

Veltz, P. 1991: New models of production organisation and trends in spatial development, in: Benko, G./Dunford, M. (Hg.) 1991: Industrial change and regional development: the transformation of new industrial spaces, S. 193-204, London/New York 1991.

Verkehr in Zahlen 1976: Bundesminister für Verkehr (Hg.): Verkehr in Zahlen 1976, Berlin 1976.

Verkehr in Zahlen 1994: Bundesminister für Verkehr (Hg.): Verkehr in Zahlen 1994, Berlin 1994.

Voigt, F. 1973: Verkehr - 1.Band, 1. Hälfte: Die Theorie der Verkehrswirtschaft, Berlin 1973.

Von Böventer, E. 1979: Standortentscheidung und Raumstruktur = Band 76 der Veröffentlichungen der Akademie für Raumforschung und Landesplanung, Hannover 1979.

Voppel, G. 1969: Analyse und Erfassung eines Wirtschaftsraumes, in: Geographische Rundschau, Jg. 21, Heft 10, 10/1969, S. 369-379.

Voppel, G. 1975: Wirtschaftsgeographie, 2. Aufl. = Band 98 Schaeffers Grundriß des Rechts und der Wirtschaft, Stuttgart/Düsseldorf 1975.

Voppel, G. 1980: Verkehrsgeographie = Band 135 der Erträge der Forschung, Darmstadt 1980.

Voppel, G. 1983: Verkehrserschließung und Raumgestaltung in der Bundesrepublik Deutschland, in: Geographie und Schule, Heft 26, 12/1983, S. 1- 9.

Voppel, G. 1984: Grundlagen der räumlichen Ordnung der Wirtschaft, in: Wirtschaftsgeographie und Wirtschaftswissenschaften, 1984, S. 39-65.

Voppel, G. 1990: Industrialisierung der Erde, Teubners Studienbücher der Geographie, Stuttgart 1990.

Wagner, H.G. 1981: Wirtschaftsgeographie, Braunschweig 1981.

Waldenberger, F. 1991: Vertikale Integration von Unternehmen, Eine theoretische und empirische Analyse, Köln 1991.

Warncke, H.J. 1986: Entwicklungen in der Produktionstechnik: Die "Fabrik der Zukunft" - eine Determinante der Raumentwicklung, in: Akademie für Raumforschung und Landesplanung (Hg.) 1987: Technikentwicklung und Raumstruktur: Perspektiven für die Entwicklung der wirtschaftlichen und räumlichen Struktur der Bundesrepublik Deutschland, Forschungs- und Sitzungsberichte Band 170, S. 143-173.

Weber, A. 1909: Über den Standort der Industrie, I. Teil, Reine Theorie des Standortes, Tübingen 1909.

Weber, J. 1987: Logistikkostenrechnung, Berlin/Heidelberg/New York/London/Paris/Tokyo 1987.

Welker, C.B. 1988: Anforderungen an logistische Dienstleistungen der Speditionsbetriebe unter Berücksichtigung eines geänderten Bestellverhaltens industrieller Unternehmungen, Band 49 der Buchreihe des Instituts für Verkehrswissenschaft an der Universität zu Köln, Düsseldorf 1988.

Whenmouth, E. 1991: The End of the Road?, in: intersect 9/91, S. 33-36.

Wildemann, H. 1988: Das Just-in-Time Konzept. Produktion und Zulieferung auf Abruf, Frankfurt/Main 1988.

Wobbe, W. 1993: Der Mensch in der Logistik - Lean-Management und anthroprozentrische Produktionssysteme, in: VDI-Gesellschaft Fördertechnik, Materialfluss, Logistik (Hg.): Lagerlogistik: Erfolgspotentiale, neue Konzepte, Organisation, Qualitätssicherung, Nutzen, Düsseldorf 1993.

World Industrial Robots 1994: United Nations Economic Commission for Europe (Hg.): World Industrial Robots 1994 - Statistics 1983-1993 and Forecast to 1997, Genf 1994.

Worldwide Airport Traffic Report 1994: Airports Council International (Hg.) 1995: Worldwide Airport Traffic Report, Calendar Year 1994, Genf 1995.

Yada, T. 1988: Nihon keizai no chiiki kôzô [Die regionale Struktur der japanischen Wirtschaft], in: Asano, Y. et al. (Hg.): Chiiki no gainen to chiiki kôzô [Regionalgedanke und Regionalstruktur], S. 11-36, Tôkyô 1988.

Yamada, J. 1985: Butsuryû jôhô shisutemu [Informationssysteme zum Güterfluß], in: Kigyô Kenkyûkai (Hg.): Butsuryû kakushin to jôhô shisutemu [Erneuerungen beim Güterfluß und Informationssysteme], S. 385-399, Tôkyô 1985.

Yamaguchi, H. 1974: Kôtsû chiri no kisoteki kenkyû [Grundsätzliche Studien zur Verkehrsgeographie], Tôkyô 1974.

Yamamoto, H. 1993: New Developments in Transportation (1955-1980) - Roads, in: Yamamoto, H. (Hg.): Technological Innovation and the Development of Transportation in Japan, S. 244-254, Tôkyô 1993.

Yamanobe, Y./Kawano, S. 1985: Nihon keizai to ryûtsû sentâ [Die japanische Wirtschaft und Distributionszentren], in: Ryûtsû Mondai Kenkyû, Vol. 5/6, 10/1985, S. 1-20.

Yanase, H. 1991: 1919 sha shiharai butsuryûhi chôsa [Untersuchung zu den zahlungswirksamen Logistikkosten von 1919 Unternehmen], in: Nikkei Logistics 10/1991, S. 67-88.

Yazawa, H. 1987: Butsuryûhi no jittai chôsa [Untersuchung zur tatsächlichen Lage der Logistikkosten], in: Shôgaku Ronshû, Vol. 44, 9/1987, S. 1-26.

Yearbook of Industrial Statistics 1979: United Nations (Hg.) 1981: Yearbook of Industrial Statistics 1979 Edition, Vol. I, General Industrial Statistics, New York 1981.

Yonekura, S. 1994: The Japanese Iron and Steel Industry, 1850-1990, Continuity and Discontinuity, New York 1994.

Yûkashôken hôkokusho 1984(-1993): Ôkurashô (Hg.): Kakusha yûkashôken hôkokusho - shôhô fuzoku meisaisho [Geschäftsberichte aller an der Börse notierten Unternehmen - handelsrechtliche Beilage 1984(-1993)], Tôkyô 1985 (-1994).

Anmerkung:

Bei allen im Text nicht durch Kapitälchen hervorgehobenen Quellenangaben handelt es sich um periodisch erscheinende Veröffentlichungen, bei denen anstelle der Autoren beziehungsweise der Herausgeber der Titel angegeben wurde.

VERZEICHNIS DER INTERVIEWPARTNER
(Zeitraum: November 1993 - September 1994, September 1995)

Institution / Unternehmung	Name
Ajinomoto General Foods	Nishida, Hisashi
Aoyama Gakuin University	Mitsuhashi, Setsuko
Asahi Beer	Motoyama, Kazuo
Brewers Association of Japan	Kose, Tsuneyuki
Electronic Industries Association of Japan	Harada, Tamotsu
Electronic Industries Association of Japan	Kinoshita, Reiko
Hitachi Transport System	Fujimoto, Takahiro
Hitachi Transport System	Hashizume, Fumihiko
Hitachi Transport System	Ôkuni, Tetsuo
Hitachi Transport System	Seki, Shizuo
Hitachi Transport System	Ôsawa, Atsushi
Hitotsubashi University, Faculty of Economics	Mizuoka, Fujio
Hitotsubashi University, Faculty of Economics	Okamuro, Hiroyuki
Japan Freight Railway Company	Nakamichi, Yoshiko
Japan Industrial Location Center	Iwasaki, Yoshikazu
Japan Industrial Location Center	Kobayashi, Shin
Japan Institute of Logistics Systems	Inatsuka, Motoki
Kawasaki Steel Corporation	Nukazawa, Hisao
Kirin Beer	Nakatsuma, Kazuaki
Matsushita Logistics Service	Takahashi, Hisao
Ministry of Transport	Nanao, Hidehiro
Mitsubishi Electric Corporation	Kajiyama, Yoshio
Mitsubishi Electric Corporation	Nakatsukasa, Shizuo
Mitsubishi Electric Corporation	Sugita, Hiroshi
NEC Logistics	Kimura, Shinya
NEC Logistics	Yamaguchi, Nobuaki
Nikkei Logistics	Nishimoto, Ichiro
Nikko Research Center	Môda, Yoshinori
Nippon Express	Tomita, Takeshi
Nippon Institute of Technology	Takeuchi, Atsuhiko
Nippon Steel Corporation	Iwamoto, Teruo
Nittsu Research Center	Harada, Yoichi
Nittsu Research Center	Ishizaka, Masao
Nittsu Research Center	Yamamoto, Yûgo

Nittsu Research Center	Oshida, Kazuyoshi
NIX Company	Tanaka, Hiroyuki
NIX Company	Nabeyama, Masaki
Sumitomo Chemical	Hayashi, Takaharu
Toray	Miyoshi, Kôichi
Toray	Iwamuro, Nobutada
Toshiba Corporation	Makita, Yoshihisa
Toyota Motor Corporation	Katô, Mamoru
Toyota Motor Corporation	Soyama, Mikiya
Waseda University, Faculty of Commerce	Nishizawa, Osamu

SUMMARY

The recent development of industrial freight transport has been one of considerable change. This change manifests itself in a remarkable increase, both relative as well as absolute, in transport by truck and in new tendencies concerning the number, function and location of the storage and handling facilities of respective companies. The changes in the way transportation is organized have to be considered in relation to the background of general modifications in purchasing, production and distribution.

This book deals with the changes of industrial freight transport in Japan since the mid-seventies. They will be viewed according to the following three determinants: transport requirements, modes of transport and transport costs. These three factors determine the way in which transport is organized and show that individual companies have many similarities but also notable differences. The examination of these three determinants and their effects provides the structural outline of this book.

After presenting the overall economic development and distribution of industrial output and transport volume, the first focus will involve transport requirements. The approach will be made from the perspective of single companies. Overall industrial characteristics of organizing production will be presented and examined with respect to their general effect on the requirements of transport.

Clearly, the use of the just-in-time principle in production and distribution has affected, at least indirectly, the requirements of transport of nearly all industrial companies. These changes in transport requirements can be seen, primarily, in a reduction of lead time, an increase of just-in-time delivery and delivery frequence, and a reduction of the single delivery lot. Obviously, transport time and flexibility have become more important.

The following section will examine the capacity of single transport systems in Japan after 1975. While coastal ship transport has steadily increased in its capacity, that of railway transport has undergone a remarkable decline. As far as road transport is concerned, the extension of the road network is especially important. This is paralled, however, with a dramatic rise in traffic density which has put certain limits on the capacity of roads, especially in the densely-populated areas of Tokyo, Osaka and Nagoya.

An overview of the cost development of single transport systems reveals that road transport has experienced a disproportional cost increase since the mid-eighties. In addition to the rising demand for road transport, this can also be explained by limits on the supply side (lack of truck drivers).

The main part of the book will illustrate general findings for three selected industrial sectors in Japan (iron and steel, beer, semiconductors). Focus will be placed on presenting and explaining concrete changes in the way transport is organized. Changes in transport requirements and the capacity of single transport systems will be analyzed as the relevant terms of reference; special attention will be given to the development of transport costs and their determinants.

The results of the examination of these three sectors suggest that the number and location of factories and the spatial distribution of demand are one important factor. A second factor involves the way in which goods have to be transported, especially given the value/weight-relation and time constraints.

Even in the nineties, the transport of steel still relies on inexpensive ship transport. In contrast, the importance of rail transport has decreased nearly to zero, while the transport of beer and semiconductors has become almost solely dependent on trucking. A greater degree of versatility has allowed trucks to surpass even planes in transporting semiconductors.

Storage and handling facilities have become increasingly important in all three sectors. This can be seen in their functional enlargement to increase efficiency at distribution centers. Within the iron and steel industry today, as twenty years ago, they are used in a great number along the coastline to allow inexpensive long-distance ship transport. In contrast, the two other sectors have increasingly concentrated their distribution centers to a few places in the main sales areas, especially the agglomerations of Tokyo and Osaka. This tendency reflects an increasing need to concentrate all goods in only a limited number of places to enable a high delivery potential and avoid operating a cost-intensive delivery network of numerous places.

Finally, a survey of the results will be presented, with special attention given to the differences between the individual sectors. This will help to derive general findings for typical measurements of reorganization within freight transport. On one hand, it appears that the importance of road transport for nearly every industrial sector will continue to increase in the future. On the other hand, the central role of distribution centers within transport organization will be further expanded. Their function to collect, sort and distribute goods will increase in importance according to the rising need for versatility in the entire production and distribution process. This is especially important in order to resolve the conflict between transport costs and flexibility requirements because it will enable the industry both to combine large volume transport and to deliver small lots.

まとめ

工業の貨物輸送における近年の発達は、大きな変化があった。この変化には、二つの傾向がある。一つはトラック輸送が、割合、実質と共に増加した事であり、もう一つは、各企業とも保管と荷役の設備が、数、機能、場所いずれもが変化した事である。この変化は、調達、生産、販売を背景に見なければならない。

この本は、日本における１９７５年頃よりの工業貨物輸送の変化について、輸送ニーズ、輸送機関、輸送コスト、の三因子を背景にし分析したものである。この三因子は、工業貨物輸送の三大ポイントとなるものであるが、各企業により、それぞれの特色を持つものである。この三大ポイントと、その効果が、この本の概要となっている。

日本における経済全体の発展に伴う、産業地域別の生産量、輸送量を提唱し、個々の企業における輸送ニーズを説明し、プロダクションオルガニゼーションの特徴を述べながら、その輸送ニーズへの影響が分析されている。

考えられる様に、生産と販売におけるジャスト*イン*タイム制度は、少なくとも間接的に、個々の企業の輸送ニーズへ影響を与えいる。この影響というのは、リードタイムの短縮、多頻度、時間指定輸送の増加、そして小ロット輸送と思われ、輸送時間と融通性が、重要となってきている。

それから、日本における１９７５年よりの交通制度の輸送力における変化の分析となる。海運の増加に比べ、鉄道輸送は下降した。トラック輸送の発達にとって、道路の拡張は一番の要因であるが、同時に交通量の増加により、道路における輸送力には限度がある。それらは特に、東京、大阪、名古屋の首都圏で大きな問題となっている。

各輸送機関のコストの伸びを見ると、１９８０年代中頃よりトラック輸送におけるコストの伸びが目立っている。その理由としては、トラック輸送への需要の増大と、供給の不足（ドライバーの不足）があげられる。

本文では、前に述べた事柄について、事例を上げ（製鉄、ビール、半導体）更に詳しく検討し、トランスポートオルガニゼーションの推移について、具体的に説明している。又、輸送ニーズと各輸送機関の輸送力を分析し、輸送コストの変化を詳しく述べている。
事例研究の結果によると、トランスポーオルガニゼーションには、工場の数、場所、需要分布、又、製品の輸送方法が大きな要因となる。更に輸送方法については、製品の価値、重さ、時間という条件が関係してくる。

１９９０年代においても製鉄輸送では、コストの安い海運に頼っている。反対に、鉄道輸送は、殆どゼロとなった。製鉄輸送に対し、ビール、半導体の輸送は、現在殆どトラックでの輸送となっている。特に半導体の輸送においては、そのフレキシビリティの為、航空輸送よりトラック輸送が主流となった。

保管と荷役の設備は、前に述べた三産業部門において叙々に、又、更に重要となり、効率的な物流センターへと、拡張された。製鉄産業では、２０年前と同じく、現在でも、長距離輸送については、沿岸の流通基地を利用し、コストの安価な海運の割合が大きい。それ対し、他、二産業部門の物流センターは、東京、大阪、等の主要販売地域に集中している。この事は、数多くの場所に、高コストのネットワーク無しで、ハイデリバリーを保証する為、製品が小数地域に集中して必要がある事を反映している。

最後に、各産業部門の特徴と相異を見ながら結果のまとめとなり、全工業のトランスポートオルガニゼーションを、どの様に変化させてゆくか、ということの結論を出している。まず、トラック輸送と物流センターの機能性は、殆どの産業部門において更に重要となる。全体の調達、生産、販売工程では、フレキシビリティなニーズが高くなり、物流センターの機能（収集、分類、配送）が焦点となる。すなわち、低コスト大量輸送に対する、小ロットや緊急の配送、又、輸送コストに対する、フレキシビリティなニーズ、という利害の不一致の解決が、物流センターに要求される必要条件となってゆく。

KÖLNER FORSCHUNGEN
ZUR WIRTSCHAFTS- UND SOZIALGEOGAPHIE

HERAUSGEGEBEN VON ERICH OTREMBA († 1984),
EWALD GLÄSSER UND GÖTZ VOPPEL

SCHRIFTLEITUNG: JOCHEN LEGEWIE

Ab Band XXIII im Selbstverlag des Wirtschafts-und Sozialgeographischen Instituts der Universität zu Köln

Bd. XXIII	Ulrich auf der Heide: Städtetypen und Städtevergesellschaftungen im rheinisch-westfälischen Raum. 1977. 294 Seiten, 2 Karten, brosch. (vergriffen)	DM 23,--
Bd. XXIV	Lutz Fehling: Die Eisenerzwirtschaft Australiens. 1977. 234 Seiten, 46 Tab., 37 Abb., brosch.	DM 19,--
Bd. XXV	Ewald Gläßer und Hartwig Arndt: Struktur und neuzeitliche Entwicklung der linksrheinischen Bördensiedlungen im Tagebaubereich Hambach unter besonderer Berücksichtigung der Ortschaft Lich-Steinstraß. 1978. 93 Seiten, 10 Tab., 10 Abb., 2 Fig., brosch.	DM 16,--
Bd. XXVI	Hartwig Arndt: Sozio-ökonomische Wandlungen im Agrarwirtschaftsraum der Jülich-Zülpicher Börde. 1980. 284 Seiten, 19 Tab., 17 Abb., 16 Karten, brosch.	DM 22,--
Bd. XXVII	Werner Richter: Jüdische Agrarkolonisation in Südpalästina (Südisrael) im 20. Jahrhundert. 1980. 157 Seiten, 5 Tab., 17 Abb., davon 1 Karte, 9 Luftbilder, 5 Bilder, brosch.	DM 21,--
Bd. XXVIII	Karl Ferdinand: Düren, Euskirchen, Zülpich - drei Städte am Nordostrand der Eifel, ihre Entwicklung von 1945 bis zur Gegenwart. 1981. 273 Seiten, 72 Tab., 6 Abb., 10 Karten, brosch.	DM 17,--
Bd. XXIX	Eike W. Schamp: Persistenz der Industrie im Mittelgebirge am Beispiel des märkischen Sauerlandes. 1981. 138 Seiten, 36 Tab., 17 Abb., brosch.	DM 18,--

Bd. XXX   Ewald Gläßer und Klaus Vossen
               unter Mitarbeit von H. Arndt und A. Schnütgen:
               Die Kiessandwirtschaft im Raum Köln. Ein Beitrag zur Roh-
               stoffproblematik. 1982. 122 Seiten, 27 Tab., 14 Abb., brosch.   DM 18,--

Bd. XXXI   Klaus Vossen:
               Die Kiessandwirtschaft Nordwesteuropas unter Berücksichtigung
               der Rohstoffsicherung und deren Anwendung in Raumordnungs-
               plänen. 1984. 250 Seiten, 41 Tab., 35 Abb., brosch.   DM 20,--

Bd. XXXII   Horst Brandenburg:
               Standorte von Shopping-Centern und Verbrauchermärkten im
               Kölner Raum - Entwicklung und Auswirkungen auf das Einzel-
               handelsgefüge. 1985. 345 Seiten, 146 Tab., 5 Abb., 26 Karten,
               brosch.   DM 38,--

Bd. XXXIII   Johann Schwackenberg:
               Die Fischwirtschaft im Norwegischen Vestland - Sozio-öko-
               nomische Strukturen und Entwicklungen in einer traditionellen
               Fischereiregion. 1985. 344 Seiten, 63 Tab., 16 Fotos, 48 Abb.,
               brosch.   DM 28,--

Bd. XXXIV   Ottar Holm:
               Die öl- und gaswirtschaftliche Entwicklung Norwegens und ihre
               Auswirkungen auf die sozio-ökonomische Struktur der west-
               lichen Landesteile. 1988. 339 Seiten, 19 Tab., 42 Abb., brosch.   DM 28,--

Bd. XXXV   Wirtschaftsgeographische Entwicklungen in Köln. 1988.
               178 Seiten, 14 Tab., 27 Abb., brosch.   DM 22,--

Bd. XXXVI   Ewald Gläßer:
               Etzweiler, Manheim und Morschenich. Eine sozio-ökonomische
               Analyse rheinischer Bördensiedlungen im Tagebaubereich
               Hambach I. 1989. 72 Seiten, 17 Tab., 12 Abb., 3 Luftbilder,
               brosch.   DM 18,--

Bd. XXXVII   Jörg Sieweck:
               Die Wirtschaftsbeziehungen zwischen der Bundesrepublik
               Deutschland und Nordeuropa unter besonderer Berücksichtigung
               der wirtschaftsgeographischen Verflechtungen. 1989. 314 Seiten,
               10 Tab., 39 Abb., 16 Karten, brosch.   DM 27,--

Bd. XXXVIII   Mechthild Scholl
               Telekommunikationsmittel als Entscheidungskomponente
               betrieblicher Standortwahl. 1990. 240 Seiten, 47 Abb. brosch.   DM 25,--

Bd. XXXIX   Thomas Stelzer-Rothe:
Standortbewährung und Raumwirkung junger Industriegründungen
unter besonderer Berücksichtigung des Raumpotentials - dargestellt
an den Beispielen Brunsbüttel, Stade und Wolfsburg. 1990.
337 Seiten, 143 Abb., 8 Tab., brosch.   DM 28,--

Bd. XL   Susanne Eichholz:
Wirtschaftlicher Strukturwandel im Siegerland seit 1950.
1993. 350 Seiten, 69 Tab., 38 Abb., brosch.   DM 30,--

Bd. 41   Götz Voppel:
Standortanalyse im Gewerbegebiet Köln-Braunsfeld/Ehrenfeld.
1993. 118 Seiten, 18/3 Tab., 32/5 Abb., 2 Karten, brosch.   DM 20,--

Bd. 42   Bernard Achiula:
Rückkehr zu traditionellen Formen? Zur Umweltverträglichkeit von
Anbau- und Siedlungsformen der Landbewohner im semiariden
tansanischen Hochland. 1993. 205 Seiten, 17 Tab., 8 Abb.,
2 Luftbilder, brosch.   DM 23,--

Bd. 43   Margrit Keßler-Lehmann:
Die Kunststadt Köln - von der Raumwirksamkeit der Kunst in
einer Stadt. 1993. 356 Seiten, 8 Tab., 11 Abb., brosch.   DM 30,--
(vergriffen)

Bd. 44   Ewald Gläßer (Hrsg.):
Wirtschaftsgeographische Entwicklungen in Nordrhein-Westfalen.
1995. 231 Seiten, 30 Tab., 30 Abb., brosch.   DM 26,--

Bd. 45   Alexander Fuchs:
Lösungsansätze für den Konflikt zwischen Ökonomie und
Ökologie im tropischen und subtropischen Regenwald am
Beispiel der Mata Atlântica Brasiliens. 1996. 294 Seiten,
31 Tab., 25 Abb., brosch.   DM 48,--

Bd. 46   Jochen Legewie:
Industrie und Gütertransport in Japan - Veränderungen der
Unternehmungslogistik seit Mitte der siebziger Jahre. 1996.
210 Seiten. 23 Tab., 43 Abb., brosch.   DM 42,--